Florence Scovel Shinn

Das Lebensspiel uns seine Regeln

Sammelband

Florence Scovel Shinn

I
Das Lebensspiel und seine Regeln

II
Die Kraft des gesprochenen Wortes

III
Das geheime Tor zu Fortschritt und Erfolg

freya VERLAG

ISBN 978-3-901279-57-7

www.freya.at www.fairbook.org
Layout: Wolf Ruzicka
printed in EU

Inhalt

Das Lebensspiel und seine Regeln

Das Spiel

Die meisten Menschen betrachten das Leben als einen Kampf, aber es ist kein Kampf, sondern ein Spiel.

Es ist jedoch ein Spiel, das ohne Kenntnisse der geistigen Gesetze nicht erfolgreich gespielt werden kann, und das Alte und das Neue Testament legen die Regeln des Spiels mit wunderbarer Klarheit dar. Jesus Christus lehrte, dass es ein großartiges Spiel des Gebens und des Nehmens ist.

»Denn was der Mensch sät, das wird er ernten.« Dies bedeutet: Alles, was ein Mensch in Worten oder durch die Tat aussendet, wird zu ihm zurückkehren, er wird empfangen, was er gibt.

Gibt er Hass, so wird er Hass empfangen; gibt er Liebe, so wird er Liebe empfangen; kritisiert er, so wird er kritisiert; lügt er, so wird er belogen werden; betrügt er, so wird er betrogen werden. Es wird uns auch gelehrt, dass die Fähigkeit, uns etwas zu verbildlichen, eine leitende Rolle im Spiel des Lebens einnimmt.

»Behüte dein Herz (d. h. die Fähigkeit der Verbildlichung) mit allem Fleiß, denn daraus geht das Leben.«

Dies bedeutet, dass das, was der Mensch sich bildlich vorstellt, früher oder später in seinem Leben zum Ausdruck kommt. Ich habe von einem Mann gehört, der eine gewisse Krankheit fürchtete. Sie war eine außergewöhnliche und seltene Krankheit, aber trotzdem stellte er sich diese Krankheit andauernd vor und las darüber, bis sie sich in seinem Körper zeigte. Er starb als Opfer seiner verkehrten Vorstellungskraft.

Hieraus ersehen wir, dass wir, um das Lebensspiel erfolgreich zu spielen, das Vorstellungsvermögen üben müssen. Der Mensch, der sein Vorstellungsvermögen darin geübt hat, nur das Gute zu verbildlichen, bringt jeden rechtschaffenen Wunsch seines Herzens in sein Leben hinein: Gesundheit, Wohlstand, Liebe, Freunde, vollkommene Ausdrucksmöglichkeit, seine höchsten Ideale.

Das Vorstellungsvermögen ist die »Schere des Geistes« genannt worden, und es schneidet Tag für Tag die Bilder, die der Mensch im Geiste sieht. Früher oder später begegnet er seinen eigenen Schöpfungen in der äußeren Welt. Um das Vorstellungsvermögen erfolgreich zu üben, muss der Mensch die Tätigkeit seines eigenen Denkens verstehen. Die Griechen sagten: »Erkenne dich selbst«.

Es gibt drei Abteilungen des Denkens: das Unterbewusstsein, das Bewusstsein und das Überbewusstsein. Das Unterbewusstsein ist lediglich Macht ohne Führung. Es ist wie Dampf oder Elektrizität und führt das aus, wozu es hingeleitet wird; es kann sich nicht von selbst betätigen.

Jedes tiefe Erlebnis und jede deutliche Vorstellung wird dem Unterbewusstsein eingeprägt und von ihm in den kleinsten Einzelheiten ausgeführt. Als Beispiel hierfür dient das Folgende: Eine mir bekannte Frau hatte als Kind gerne gespielt, dass sie Witwe sei. Sie zog schwarze Kleider an und trug einen langen schwarzen Schleier. Ihre Angehörigen fanden dies entzückend und amüsant. Als sie erwachsen war, heiratete sie einen Mann, den sie sehr liebte. Nach kurzer Zeit starb er, und sie trug viele Jahre lang schwarze Kleider und Trauerflor. Das Bild ihrer selbst als Witwe hatte sich so tief in ihrem Unterbewusstsein eingeprägt, dass es sich mit der Zeit auswirkte, ungeachtet der Not, die es verursachte.

Das Bewusstsein ist als vergängliches Denken oder »fleischlich gesinnt« bezeichnet worden. Es ist das menschliche Denken und sieht das Leben, wie es zu sein scheint. Es sieht Tod, Unglück, Krankheit, Armut und Begrenzungen, es prägt dies dem Unterbewusstsein auf.

Das Überbewusstsein ist Gottes Geist in jedem Menschen und es ist das Reich vollkommener Ideen. In ihm ist das göttliche Vorbild. Jeder Mensch hat ein göttliches Vorbild.

»Es gibt einen Platz, den du ausfüllen sollst und den kein anderer ausfüllen kann. Etwas, das du tun sollst und das kein anderer tun kann.«

Im Überbewusstsein gibt es dieses vollkommene Bild. Es blitzt gewöhnlich durch das Bewusstsein als ein unerreichbares Ideal, als etwas, was zu gut ist, um wahr zu sein. In Wirklichkeit ist es die wahre Bestimmung und der Bestimmungsort des Menschen, die ihm aus der in ihm wohnenden unendlichen Intelligenz blitzartig mitgeteilt werden.

Die meisten Menschen sind sich jedoch ihrer wahren Bestimmung nicht bewusst und strengen sich an, Dinge und Zustände zu erlangen, die ihnen nicht zu Eigen sind und die ihnen nach der Erlangung nur Misserfolge und Unzufriedenheit bringen würden. Eine Frau besuchte mich und bat mich, »das Wort« zu sprechen, dass sie einen bestimmten Mann, den sie sehr liebte, heiraten würde. Sie nannte ihn Herrn A. Ich erklärte ihr, dass dies eine Verletzung des geistigen Gesetzes wäre, aber dass ich das Wort sprechen würde für den richtigen Mann, für die göttliche Bestimmung, für den Mann, der ihr kraft göttlichen Rechts gehöre. Ich fügte hinzu: »Wenn Herr A. der richtige Mann ist, können Sie ihn nie verlieren, wenn aber nicht, werden Sie einen anderen statt seiner finden.« Sie traf Herrn A. öfter, aber sie kamen in ihrer Freundschaft nicht voran. Eines Abends besuchte sie mich und sagte: »Denken Sie, in letzter Zeit schien Herr A. mir gar nicht so wunderbar.« Ich antwortete: »Vielleicht ist er nicht die göttliche Bestimmung – vielleicht ist ein anderer Mann der richtige.« Bald darauf lernte sie einen anderen Mann kennen, der sich sofort in sie verliebte und der ihr sagte, sie sei sein Ideal. Tatsächlich sagte er alles das zu ihr, was sie früher von Herrn A. hören wollte. Sie sagte: »Es ist beinahe unheimlich.« Bald erwiderte sie seine Liebe und hatte kein weiteres Interesse an Herrn A.

Dies zeigt das Gesetz des Ersatzes. Eine richtige Idee wurde für eine falsche eingesetzt, deshalb waren kein Verlust und keine Entbehrung darin eingeschlossen.

Jesus Christus sagte: »Trachtet am besten nach dem Reich Gottes und nach seiner Gerechtigkeit, so wird euch solches alles zufallen«, und er sagte, dass das Reich inwendig im Menschen ist.

Das Reich ist das Reich der richtigen Ideen oder des göttlichen Vorbildes.

Jesus Christus lehrte, dass die Worte des Menschen eine leitende Rolle im Spiel des Lebens haben. »Aus deinen Worten wirst du gerechtfertigt werden, und aus deinen Worten wirst du verdammt werden.«

Viele Menschen haben durch unnütze Worte Unglück in ihr Leben gebracht. So fragte mich einst eine Frau, warum ihr Leben jetzt von Armut und Beschränkungen begleitet sei. Früher hatte sie ein Heim, war mit schönen Sachen umgeben und hatte reichlich Geld. Wir stellten fest, dass sie oft der Führung ihres Haushaltes müde geworden war und öfters gesagt hatte: »Ich habe diese Dinge satt – ich wünschte, ich lebte in einem Koffer.« Und dann fügte sie hinzu: »Heute lebe ich in diesem Koffer.« Sie hatte sich selbst in einen solchen »Kofferzustand« hineingeredet. Das Unterbewusstsein versteht keinen Humor, und sehr häufig drücken sich unglückliche Zustände aus, die nur als Spaß gemeint waren.

Ein Beispiel: Eine Frau, die viel Geld hatte, sagte andauernd im Spaß, dass sie bald reif sein würde für das Armenhaus. Nach einigen Jahren war sie beinahe arm, da sie ihrem Unterbewusstsein das Bild des Mangels und der Begrenzung eingeprägt hatte.

Glücklicherweise wirkt sich das Gesetz nach beiden Seiten aus, und ein Zustand des Mangels kann in einen Zustand des Wohlstandes umgewandelt werden.

An einem heißen Sommertag kam eine Frau zu mir und bat mich sehr, sie für Wohlstand zu »behandeln«. Sie war müde, niedergeschlagen und entmutigt. Sie erzählte mir, dass sie nur noch 4 Euro besäße. Ich sagte: »Gut, wir wollen diese 4 Euro segnen und sie vermehren, wie Jesus Christus die Brote und die Fische vermehrt hat.« Er lehrte, dass jeder Mensch die Macht hat, zu segnen und zu vermehren, zu heilen und gedeihen zu lassen.

»Was soll ich jetzt tun?« fragte sie.

»Folgen Sie Ihrer Eingebung«, antwortete ich. »Haben Sie irgendeine Eingebung, ein Gefühl, etwas zu tun oder irgendwohin zu gehen?« Eingebung heißt, auf die innere Stimme horchen, von innen geführt werden. Sie ist des Menschen unfehlbarer Führer. In einem späteren Kapitel werden wir mehr über ihre Gesetze lernen.

Die Frau antwortete: »Ich weiß nicht – es scheint mir, als ob ich nach Hause gehen sollte; ich habe gerade genug Geld für das Fahrgeld.« Ihr Heimathaus war in einer entfernten Stadt und war ein Heim des Mangels und der Begrenzung. Das konkrete Denken oder der Intellekt hätte gesagt: »Bleibe hier, suche Arbeit und verdiene dir Geld.« Ich sagte: »Dann gehen Sie nach Hause, weigern Sie sich nicht, einer Eingebung zu folgen.« Ich gab ihr folgende Geleitworte: »Unendlicher Geist, öffne du den Weg zu großer Fülle für Frau … Sie ist ein unwiderstehlicher Magnet für alles, was ihr nach der göttlichen Bestimmung zusteht.« Ich riet ihr, diese Worte auch ständig zu wiederholen. Sie reiste sofort nach ihrer Heimatstadt ab. Dort besuchte sie eines Tages eine Frau, durch die sie einen alten Freund ihrer Familie traf. Durch diesen Freund erhielt sie auf ganz wunderbare Weise viel Geld. Oft sagte sie zu mir: »Erzählen Sie nur anderen von der Frau, die zu Ihnen kam mit 4 Euro und einer Eingebung.«

Auf des Menschen Pfad ist stets Überfluss; dieser kann jedoch nur durch Wunsch, Glaube oder das gesprochene Wort in Erscheinung treten. Jesus Christus betonte deutlich, dass der Mensch den ersten Schritt machen muss.

»Bittet, so wird euch gegeben; suchet, so werdet ihr finden; klopfet an, so wird euch aufgetan.«

In der Bibel lesen wir ferner: »Fraget mich um das Zukünftige; weiset das Werk meiner Hände zur mir!«

Die unendliche Intelligenz, Gott, ist stets bereit, die kleinsten oder die größten Anforderungen des Menschen auszuführen.

Jeder Wunsch, gesprochen oder nicht gesprochen, ist eine Anforderung. Oft sind wir erstaunt, einen Wunsch plötzlich erfüllt zu sehen.

So ging es mir einmal an einem Osterfest. Ich hatte in den Schaufenstern der Gärtner viele schöne Fliederbüsche gesehen und wünschte mir, einen solchen geschenkt zu bekommen; im Geiste sah ich einen kurzen Augenblick, wie ein solcher Fliederbusch an meiner Türe abgeliefert wurde. Ostern kam und brachte mir einen wunderschönen Fliederbusch. Am nächsten Tag dankte ich meiner Freundin und sagte ihr, dass ich mir gerade dies gewünscht hatte.

»Ich habe dir keinen Fliederbusch geschickt«, sagte sie, »ich bestellte Lilien.«

Der Gärtner hatte die Bestellung mit einer anderen verwechselt und sandte mir einen Fliederbusch, lediglich weil ich das Gesetz in Bewegung versetzt hatte und einen Fliederbusch erhalten musste.

Nichts steht zwischen dem Menschen und seinen höchsten Idealen und einem jeglichen Herzenswunsch als Zweifel und Furcht. Wenn der Mensch sich etwas wünschen kann, ohne sich darum zu sogen, so wird jeder Wunsch sofort erfüllt werden.

In einem späteren Kapitel werde ich den wissenschaftlichen Grund eingehender angeben und zeigen, wie die Furcht aus dem Bewusstsein ausgelöscht werden muss. Die Furcht ist der einzige Feind des Menschen: Furcht des Mangels, Furcht des Misserfolgs, Furcht der Krankheit, Furcht des Verlustes und ein Gefühl der Unsicherheit auf irgendeinem Gebiet. Jesus Christus sagte: »Ihr Kleingläubigen, warum seid ihr so furchtsam?« Wir begreifen deshalb, dass wir den Glauben anstelle der Furcht setzen müssen, denn die Furcht ist nur verkehrter Glaube; sie ist der Glaube an das Böse anstatt an das Gute.

Es ist der Zweck des Lebensspiels, unser Gutes klar zu sehen und alle geistigen Bilder des Bösen auszulöschen. Dies geschieht dadurch, dass dem Unterbewusstsein eine Vorstellung vom Guten aufgeprägt wird. Ein sehr geistreicher und erfolgreicher Mann erzählte mir, dass er alle Furcht aus seinem Bewusstsein plötzlich dadurch ausgelöscht hatte, dass er ein an der Wand hängendes Schild las. In großen Buchstaben gedruckt sah er diesen Satz: »Warum sich sorgen? Es wird wahrscheinlich nie eintreten.« Diese Worte wurden seinem Unterbewusstsein so unauslöschlich eingeprägt, dass er jetzt die feste Überzeugung hat, dass nur Gutes in sein Leben eintreten kann; deshalb kann sich nur Gutes verwirklichen.

In einem späteren Kapitel wollen wir die verschiedenen Arten besprechen, durch die das Unterbewusstsein beeinflusst wird. Es ist des Menschen treuer Diener, doch muss man auf der Hut sein, ihm die richtigen Befehle zu geben. Der Mensch hat stets einen schweigsamen Zuhörer an seiner Seite – sein Unterbewusstsein.

Jeder Gedanke, jedes Wort wird ihm eingeprägt und wird mit erstaunlicher Genauigkeit ausgeführt. Es ist wie bei einem Sänger, der zur Aufnahme auf die empfindliche Grammophonplatte singt. Jede Note und jeder Ton von des Sängers Stimme wird dort festgehalten. Wenn er hüstelt oder zögert, wird dies auch festgehalten. Lasst uns deshalb alle die alten, schlechten Platten im Unterbewusstsein zerbrechen, jene Platten unseres Lebens, die wir nicht länger behalten möchten, und lasst uns neue und schöne Platten herstellen.

Sprich mit Macht und Überzeugung folgende Worte laut aus: »Ich zerbreche und vernichte jetzt (durch mein gesprochenes Wort) jede unwahre Platte in meinem Unterbewusstsein. Sie sollen zu dem

Nichts zurückkehren, von dem sie herstammen, denn sie entstanden aus meinen eigenen unnützen Vorstellungen. Ich stelle jetzt durch Christus in mir vollkommene Platten her, Platten der Gesundheit, des Wohlstandes, der Liebe und des vollkommenen Ausdrucks.« Dies ist das vollendete Lebensspiel.

In den nächsten Kapiteln werde ich zeigen, wie der Mensch seine Zustände durch eine Änderung seiner Worte herbeiführen kann. »Jeder, der die Macht des Wortes nicht kennt, ist auf dem Weg des Fort-Schritts.« (=fortschreiten vom Echten, Wahren)

»Tod und Leben stehen in der Zunge Gewalt.«

Das Gesetz des Wohlstands

»So wird der Allmächtige dein Gold sein und wie Silber, das dir zugehäuft wird.«

Eine der größten Botschaften, die der Menschheit durch die Bibel gegeben wurde, ist, dass Gott des Menschen Versorgung ist und dass der Mensch, durch sein ausgesprochenes Wort, alles das, was ihm als sein göttliches Vorrecht zusteht, entbinden kann. Er muss jedoch an sein gesprochenes Wort vollständig glauben.

Jesaja sagt: »Also soll das Wort, so aus meinem Munde geht, auch sein. Es soll nicht wieder zu mir leer kommen, sondern tun, was mir gefällt, und soll ihm gelingen, dazu ich's sende.« Wir wissen jetzt, dass Worte und Gedanken eine mächtige, belebende Energie sind, die andauernd des Menschen Körper und Angelegenheiten umgestalten.

Eine Frau kam in großer Not zu mir und erzählte mir, dass sie am 15. des Monats wegen Geld verklagt werden würde. Sie wusste nicht, wo sie das Geld herholen sollte, und war verzweifelt. Ich sagte ihr, dass Gott ihre Versorgung sei und dass für jedes Bedürfnis die notwendige Versorgung vorhanden sei.

So sprach ich das Wort. Ich dankte, dass die Frau zur rechten Zeit in rechter Weise Bargeld erhalten würde. Ich sagte ihr, sie müsse vollkommenen Glauben haben und ihrem vollkommenen Glauben entsprechend handeln. Der 15. kam, es war aber kein Geld in Erscheinung getreten.

Sie rief mich an und fragte, was sie tun solle.

Ich antwortete: »Heute ist Sonnabend, deshalb werden Sie heute nicht mehr verklagt. Ihre Aufgabe ist es, sich als reich zu benehmen, dass Sie das Geld bis Montag erhalten werden.«

Sie bat mich, sie in einem Restaurant zu treffen, um ihren Mut aufrechtzuerhalten. Als ich sie dort traf, sagte ich: »Jetzt ist keine Zeit, sich einzuschränken. Benehmen Sie sich so, als wenn Sie reich wären. Bestellen Sie ein gutes Essen.«

»Alles, was ihr bittet im Gebet, so ihr glaubet, werdet ihr's empfangen. Sie müssen sich so benehmen, als ob Sie es schon empfangen hätten.« Am nächsten Morgen rief sie mich an und bat mich, den Tag mit ihr zu verbringen. »Nein«, sagte ich, »Sie sind göttlich geschützt, und Gott kommt nie zu spät.«

Abends rief sie mich nochmals an und sagte in großer Aufregung: »Denken Sie, ein Wunder ist geschehen! Heute Vormittag saß ich in meinem Zimmer, als es an der Tür klingelte. Es war mein Vetter. Er blieb etwa eine Stunde, und bevor er sich verabschiedete, sprachen wir über meine Finanzen. Ich erzählte ihm, dass ich das Geld brauchte, und er sagte, er würde es mir am Ersten des Monats geben. Ich wollte ihm nicht sagen, dass ich verklagt werden würde. Was soll ich tun? Ich werde das Geld erst am 1. des Monats bekommen und werde es morgen nicht haben.«

Daraufhin erwiderte ich: »Wir wollen das Wort weiterhin festhalten.«

Ich sagte zu mir selbst: »Der Geist verspätet sich nie. Ich danke, dass sie das Geld im Unsichtbaren schon erhalten hat und dass es sich rechtzeitig verwirklichen wird.« Am nächsten Morgen rief ihr Vetter sie an und sagte: »Komm lieber heute Vormittag auf mein Kontor, ich werde Dir das Geld geben.«

Am Nachmittag desselben Tages bezahlte sie alle Schulden.

Wenn jemand um Erfolg bittet und Misserfolg erwartet, wird er gerade den erwarteten Zustand erhalten. Zum Beispiel: Ein Mann besuchte mich und bat mich, das Wort zu sprechen, dass eine bestimmte Schuld getilgt würde.

Ich erfuhr, dass er seine Zeit damit verbrachte, zu planen, was er zu dem Manne sagen würde, wenn er die Rechnung nicht bezahlte, wodurch meine Worte zunichte gemacht wurden. Er hätte sich selbst vorstellen sollen, wie er die Schuld bezahlte.

In der Bibel haben wir hierfür ein sehr schönes Beispiel mit den drei Königen in der Wüste, die kein Wasser für ihr Gefolge und ihre Pferde hatten. Sie befragten den Propheten Elia, der ihnen folgende erstaunliche Botschaft gab:

»So spricht der Herr: Macht hier und da Gräben an diesem Bach! Ihr werdet keinen Wind noch Regen sehen; dennoch soll der Bach voll Wasser werden.«

Der Mensch muss sich für das, was er erbeten hat, vorbereiten, wenn auch noch nicht das kleinste Anzeichen davon in Sicht ist.

Eine Frau war genötigt, eine Wohnung zu suchen zu einer Zeit, wo in ihrer Stadt Wohnungsmangel herrschte. Es schien beinahe unmöglich, eine Wohnung zu finden, und ihre Freundinnen bemitleideten sie und sagten: »Es ist schade, Du wirst deine Möbel irgendwo unterbringen und in einem Hotel wohnen müssen.« Sie erwiderte: »Ihr braucht mich nicht zu bemitleiden, ich bin darauf vorbereitet, eine Wohnung zu finden und werde eine Wohnung finden.«

Sie sprach die Worte: »Unendlicher Geist, öffne mir den Weg zu der richtigen Wohnung.« Sie wusste, dass für jede Nachfrage die Versorgung da ist, arbeitete unbeirrt auf der geistigen Ebene und bestätigte, dass »einer mit Gott die Mehrheit ist«.

Sie hatte vor, neue Bettdecken zu kaufen, als der »Versucher«, der irrtümliche Gedanke oder berechnende Geist, ihr zuflüsterte: »Kaufe keine Bettdecken. Vielleicht wirst du doch keine Wohnung finden und du kannst sie dann nicht gebrauchen.« Sie sagte sich selbst sofort: »Ich werde meine Gräben graben, indem ich Bettdecken kaufe!« Auf diese Weise bereitete sie sich für die neue Wohnung vor; sie benahm sich so, als ob sie sie schon hätte.

Auf wunderbare Weise fand sie eine Wohnung und sie bekam sie, obgleich dafür eine sehr große Anzahl Interessenten vorhanden war.

Es ist kaum notwendig, zu erwähnen, dass die Gräben, welche die drei Könige in der Wüste gruben, zum Überlaufen gefüllt wurden.

Für den durchschnittlichen Menschen ist der geistige Aufschwung nicht leicht. Aus dem Unterbewusstsein heraus strömen die Gedanken des Zweifels und der Furcht. Sie sind »die fremden Heere«, die zur Flucht gebracht werden müssen. Dies ist der Grund, warum es so oft »am dunkelsten vor der Dämmerung« ist.

Einer großen Verwirklichung gehen gewöhnlich quälende Gedanken voraus.

Dadurch, dass wir eine Erklärung der hohen geistigen Wahrheit ausgesprochen haben, werden die alten Annahmen des Unterbewusstseins herausgefordert, und der Irrtum wird aufgedeckt, um vernichtet zu werden.

Jetzt ist die Zeit, in der die Erklärungen der Wahrheit wiederholt werden müssen; man muss sich freuen und Dank sagen für das, was man schon empfangen hat. »Ehe sie rufen, will ich antworten.«

Dies bedeutet, dass »alle guten Gaben und alle vollkommenen Gaben« schon des Menschen sind und nur seine Anerkennung erwarten.

Der Mensch kann nur das empfangen, was er im Geiste schon auf sich zukommen sieht.

Den Kindern Israels wurde gesagt, dass sie alles Land besitzen würden, das sie sehen konnten. Dies ist für jeden Menschen wahr. Der Mensch besitzt das Land nur innerhalb seines eigenen geistigen Schauens. Jedes große Werk, jedes große Vollbringen ist dadurch verwirklicht worden, dass er sich an seine Vision hielt, und es kommt oft vor, dass gerade vor dem Erlangen scheinbarer Misserfolg eintritt.

Als die Kinder Israels das »gelobte Land« erreichten, hatten sie Angst, hineinzugehen, denn sie sagten, es sei voller Riesen, vor denen sie sich wie Heuschrecken vorkamen. Dies ist beinahe jedes Menschen Erfahrung.

Derjenige, der das geistige Gesetz kennt, bleibt durch die Erscheinungen unbewegt und frohlockt, während er noch »gefangen genommen« ist. Das heißt, er hält an seiner Vision fest und dankt, dass das Ende vollbracht ist, dass er empfangen hat.

Jesus Christus gab hierfür ein wunderbares Beispiel. Er sagte seinen Jüngern: »Saget ihr nicht: Es sind noch vier Monate, so kommt die Ernte? Siehe, ich sage euch: Hebet eure Augen auf und sehet in das Feld; denn es ist schon reif zur Ernte.«

Seine klare Vision durchbohrte die Welt der Materie, er sah deutlich die Welt der vierten Dimension, er sah Dinge, wie sie wirklich sind, vollkommen und vollendet im göttlichen Geiste. So muss der Mensch stets die Vision des Endziels schauen und die Verwirklichung dessen fordern, was er schon empfangen hat. Es mag seine vollkommene Gesundheit sein, Liebe, Versorgung, Selbstausdruck, Heim oder Freunde.

Alles vollkommene Ideen, die im göttlichen Geiste (dem Überbewusstsein des einzelnen Menschen) bestehen, und sie müssen durch ihn kommen, nicht zu ihm. Zum Beispiel: Ein Mann kam zu mir und bat um Hilfe für Erfolg. Es war dringend erforderlich, dass er in einer bestimmten Zeit viel Geld für sein Geschäft zusammenbrachte. Die Zeitspanne war nahezu abgelaufen, als er beinahe verzweifelt zu mir kam. Niemand wollte in sein Unternehmen Geld hineinstecken, und die Bank hatte rundweg einen Kredit verweigert. Ich sagte: »Wahrscheinlich haben Sie Ihr Gleichgewicht verloren, als Sie in der Bank waren; deshalb verloren Sie Ihre Macht. Sie können jede Lage beherrschen, wenn Sie zuerst sich selbst beherrschen.«

»Gehen Sie zurück zu der Bank«, fügte ich hinzu, »und ich werde für Sie die richtigen Gedanken festhalten.« Ich hielt folgenden Gedanken fest: »Sie sind in Liebe mit dem Geiste eines jeden in der Bank vereint. Lassen Sie das Göttliche aus diesem Zustand hervortreten.«

Er antwortete: »Sie sprechen über eine Unmöglichkeit. Morgen ist Samstag; die Bank schließt um 12 Uhr, und mein Zug wird mich erst um 10 Uhr in die Stadt bringen. Die Frist ist morgen abgelaufen, und überhaupt werden Sie mir nicht helfen. Es ist zu spät.« Ich antwortete: »Gott braucht keine Zeit, und es ist nie zu spät. Bei ihm ist alles möglich.« Ich fügte hinzu: »Ich verstehe nichts von Geschäften, aber ich weiß vieles über Gott.« Er antwortete: »Es klingt alles schön und gut, wenn ich hier sitze und Ihnen zuhöre, aber wenn ich hinausgehe, ist es furchtbar.« Er wohnte in einer anderen Stadt. Ich hörte eine Woche lang nichts von ihm, dann kam ein Brief. Ich las: »Sie hatten recht. Ich bekam das Geld und ich werde nie wieder der Wahrheit, von der Sie mir erzählten, misstrauen.«

Einige Wochen später sah ich ihn wieder und fragte: »Was geschah? Sie hatten anscheinend doch reichlich Zeit.« »Mein Zug hatte Verspätung«, sagte er, »und ich kam gerade 15 Minuten vor 12 Uhr zur Bank. Ich trat dort ruhig ein und man gab mir den Kredit ohne Zögern.«

Es waren die letzten fünfzehn Minuten der Zeit, die ihm noch zustanden, und der unendliche Geist war nicht zu spät dran. In diesem Falle hätte der Mann nie allein Erfolg haben können. Er brauchte einen anderen, um an seiner Vision festhalten zu können. Dies zeigt, was ein Mensch einem anderen sein kann.

Jesus Christus erkannte die Wahrheit dieser Tatsache, als er sagte: »Wo zwei unter euch eins werden auf Erden, worum es ist, dass sie bitten wollen, das soll ihnen widerfahren von meinem Vater im Himmel.« Allein steht man seinen eigenen Angelegenheiten zu nahe und wird ängstlich und von Zweifel erfüllt.

Der Freund oder der »Heiler« sieht deutlich den Erfolg, die Gesundheit oder den Wohlstand, und wankt niemals, denn er ist der Angelegenheit nicht zu nahe.

Es ist viel leichter, etwas für einen anderen »zu verwirklichen« als für sich selbst, deshalb sollte man nicht zögern, um Hilfe zu bitten, wenn man fühlt, dass man wankelmütig wird.

Ein scharfer Beobachter des Lebens sagte einmal, dass niemand Misserfolg haben könne, wenn ein einziger Mensch noch an ihn glaubt. So stark ist die Macht des geistigen Schauens, und mancher große Mann verdankt seinen Erfolg seiner Frau, seiner Schwester oder dem Freund, der »an ihn glaubte« und an dem vollkommenen Vorbild ohne zu zweifeln festhielt.

Die Macht des Wortes

»Aus deinen Worten wirst du gerechtfertigt werden, und aus deinen Worten wirst du verdammt werden.«

Der Mensch, der die Macht des Wortes kennt, achtet sehr sorgfältig auf sein Sprechen. Er braucht nur die Wirkung seiner Worte zu beobachten, um zu wissen, dass sie »Kraft haben«. Durch sein gesprochenes Wort macht der Mensch sich ständig Gesetze.

Ich kenne einen Mann, der sagt: »Ich verpasse immer die Bahn. Sie fährt unweigerlich gerade ab, wenn ich hinkomme.« Seine Tochter sagt: »Ich erreiche immer die Bahn. Sie kommt unweigerlich gerade an, wenn ich ankomme.« Dies geschah jahrelang. Jeder hatte für sich ein eigenes Gesetz gemacht, der eine des Misserfolgs, der andere des Erfolgs. Dies ist die Psychologie des Aberglaubens.

Weder das Hufeisen noch der Hasenfuss enthält eine Macht, jedoch rufen das gesprochene Wort und der Glaube des Menschen, dass diese ihm Glück bringen, eine Erwartung im Unterbewusstsein hervor und ziehen einen »glücklichen Zufall« an. Ich finde jedoch, dass diese Dinge keine Macht mehr haben, wenn man geistig fortgeschritten ist und ein höheres Gesetz kennt. Man kann nicht zurückkehren, und man muss jedes »Bildnis« und »Gleichnis« von sich tun. Ein Beispiel: Zwei Männer in meiner Unterrichtsklasse hatten einige Monate hindurch guten geschäftlichen Erfolg, als plötzlich alles in sich zusammenbrach. Wir versuchten, die Lage zu zergliedern, und ich fand, dass jeder von ihnen, anstatt die angegebenen Erklärungen zu machen und sich an Gott um Erfolg und Wohlstand zu wenden, sich ein »Glücksschwein« gekauft hatte. Ich sagte: »Aha, Sie haben mehr Vertrauen zu diesem Glücksschwein gehabt als zu Gott. Werfen Sie das Glücksschwein fort und wenden Sie das Gesetz der Vergebung an« – denn der Mensch hat die Macht, seine Fehler zu vergeben und unwirksam zu machen.

Sie entschlossen sich, das Glücksschwein wegzuwerfen, und alles ging wieder gut. Dies bedeutet jedoch nicht, dass man alle Glück bringenden Gegenstände, die man im Hause hat, wegwerfen soll, sondern man muss anerkennen, dass die Macht, die dahinter steckt, die einzige und alleinige Macht ist, Gott, und dass der Gegenstand nur ein Gefühl der Erwartung gibt.

Eines Tages war ich mit einer Freundin zusammen, die sehr niedergeschlagen war. Als wir über die Straße gingen, fand sie ein Hufeisen. Sie war sofort mit Freude und Hoffnung erfüllt. Sie sagte, Gott habe ihr das Hufeisen geschickt, um ihr wieder Mut zu geben.

Das Hufeisen war in der Tat in jenem Augenblick das einzige, was ihrem Bewusstsein Eindruck machen konnte. Ihre Hoffnung wurde zum Glauben, und sie brachte schließlich eine wunderbare Verwirklichung zustande. Ich muss betonen, dass die vorher erwähnten Männer sich allein auf das Glücksschwein verließen, während die Frau die hinter dem Hufeisen liegende Macht erkannte.

Bei mir selbst hat es lange gedauert, bis ich aus der Annahme, dass eine bestimmte Sache Enttäuschung bringe, herauskam. Wenn diese Sache vorkam, kam auch unweigerlich die Enttäuschung. Durch Erfahrung wurde mir klar, dass der einzige Weg zur Herbeiführung einer Änderung im Unterbewusstsein folgende Erklärung war: »Es gibt keine zwei Mächte, es gibt nur eine einzige Macht, Gott; deshalb gibt es keine Enttäuschungen, und diese Sache bedeutet für mich eine freudige Überraschung.« Ich bemerkte sofort eine Änderung, und freudige Überraschungen kamen mir entgegen.

Eine meiner Freundinnen sagte, dass nichts sie bewegen könnte, unter einer Leiter durchzugehen. Ich sagte: »Wenn du dich fürchtest, dann glaubst du an zwei Mächte, Gut und Böse, statt an eine. Da Gott absolut ist, kann es keine zweite Macht geben, falls der

Mensch nicht selbst dieses falsche Gesetz macht. Um zu beweisen, dass du nur an eine einzige Macht, Gott, glaubst, und dass das Übel weder Macht noch Wirklichkeit hat, gehe unter der nächsten Leiter durch, die du siehst.«

Kurz darauf ging sie zur Bank, wo sie etwas aus ihrem Depot holen wollte. Da stand ihr eine Leiter im Weg. Sie konnte das Depot nicht erreichen, ohne unter der Leiter durchzugehen. Sie zitterte vor Furcht und kehrte um. Sie konnte dem Löwen auf ihrem Weg nicht in die Augen sehen. Als sie jedoch wieder auf der Straße war, klangen ihr meine Worte in den Ohren, und sie entschloss sich, zurückzukehren und unter der Leiter durchzugehen. Es war ein großer Augenblick ihres Lebens, denn Leitern hatten sie jahrelang in Knechtschaft gehalten. Sie ging zu dem Depot zurück; die Leiter stand nicht mehr da! Dies ist so oft der Fall! Wenn man willens ist, eine Sache zu tun, vor der man Furcht hat, braucht man sie nicht mehr zu tun.

Dies ist das wenig verstandene Gesetz der Widerstandslosigkeit.

Es ist gesagt worden, dass Mut Genius und Zauberei enthält. Tritt einem Zustand furchtlos entgegen, und es gibt keinen Zustand mehr, dem du entgegentreten musst; er fällt von selbst weg.

Die Sache mit der Leiter ist so zu erklären: Furcht hatte die Leiter auf den Pfad der Frau herangezogen, Furchtlosigkeit hat sie beseitigt.

So sind die unsichtbaren Mächte für den Menschen stets wirksam, auch wenn er sich dessen nicht bewusst ist. Zufolge der vibrierenden Macht von Worten wird alles, was der Mensch ausspricht, von ihm angezogen. Die Menschen, die andauernd von Krankheit sprechen, ziehen sie unweigerlich an.

Nachdem der Mensch die Wahrheit kennt, kann er mit seinen Worten nicht vorsichtig genug sein.

Ich habe eine Freundin, die oft am Telefon sagt: »Komm und besuche mich; wir wollen wieder miteinander plaudern wie früher.« Diese Plauderei nach der üblichen Art bedeutet etwa 500 bis 1000 verderbliche Worte, da die Hauptthemen Mangel, Verlust, Misserfolg und Krankheit sind. »Nein, danke schön«, antworte ich, »ich habe schon genügend derartige Plaudereien in meinem Leben geführt. Sie sind zu kostspielig, aber ich werde gerne eine neuartige Plauderei führen und über das sprechen, was wir haben möchten, nicht über das, was wir nicht haben wollen.«

Ein altes Sprichwort sagt, der Mensch solle seine Worte nur zu drei Zwecken gebrauchen, zu heilen, zu segnen oder gedeihen zu lassen. Das, was der Mensch über andere sagt, wird von ihm gesagt werden und das, was er einem anderen wünscht, wünscht er sich selbst.

Wenn ein Mensch jemandem Unglück wünscht, wird er sicherlich das Unglück zu sich selbst heranziehen. Wenn er einem anderen zum Erfolg verhelfen will, so verhilft er sich selbst dazu, Erfolg zu erlangen.

Der Körper kann durch das gesprochene Wort und die klare Vorstellung erneuert und verwandelt, die Krankheit kann vollständig aus dem Bewusstsein gelöscht werden. Der Metaphysiker weiß, dass jede Krankheit ihr geistiges Gegenstück hat und dass man erst das Unterbewusstsein reinigen muss, wenn man den Körper heilen will.

In Psalm 23 lesen wir: »Er erquicket meine Seele.« Dies bedeutet, dass das Unterbewusstsein mit vollkommenen Ideen erquickt werden muss. Wenn das Unterbewusstsein mit den vollkommenen Ideen des Überbewusstseins durchflutet ist, sind Gott und Mensch eins. »Ich und der Vater sind eins.« Das heißt, der Mensch ist eins mit dem Reich der vollkommenen Ideen; er ist der in Gottes Ebenbild erschaffene Mensch, und ihm ist die Macht und Herrschaft über alle erschaffenen Dinge gegeben worden, über seinen Geist, seinen Körper und seine Angelegenheiten.

Mann kann mit Bestimmtheit sagen, dass alle Krankheiten und alles Unglück durch eine Verletzung der Liebe entstehen. »Ein neues Gebot gebe ich euch, dass ihr euch untereinander liebet.« In dem

Spiel des Lebens gewinnt jedes Mal die Liebe oder der gute Wille. Ich kenne z. B. eine Frau, die seit Jahren eine schlimme Hautkrankheit hatte. Sie war Schauspielerin und fürchtete, sie würde bald ihren Beruf aufgeben müssen, war aber auf diesen angewiesen. Sie bekam ein gutes Engagement, und am ersten Abend hatte sie großen Erfolg. Die Kritiker machten schmeichelhafte Bemerkungen, und sie war erfreut und begeistert. Ein Schauspieler, der mitspielte, war auf ihren Erfolg eifersüchtig und veranlasste ihre Entlassung. Sie fühlte Hass und Entrüstung und rief aus: »Gott, lass mich diesen Mann nicht hassen.« In jener Nacht arbeitete sie geistig stundenlang »in der Stille«.

Sie sagte: »Bald kam ich in eine sehr tiefe Stille. Ich schien mit mir selbst, mit dem Mann und mit der ganzen Welt in Frieden zu sein. In den zwei darauf folgenden Nächten tat ich das gleiche und am dritten Tage merkte ich, dass ich von meiner Hautkrankheit vollständig geheilt war!« Indem sie um Liebe oder Wohlwollen gebetet hatte, hatte sie das Gesetz erfüllt (»So ist nun die Liebe des Gesetzes Erfüllung«), und die Krankheit, die aus unterbewusstem Groll herstammte, wurde ausgelöscht.

Andauerndes Kritisieren erzeugt Rheumatismus, da kritische, unharmonische Gedanken unnatürliche Ablagerungen im Blut verursachen, die sich in den Gelenken festsetzen.

Geschwülste werden durch Eifersucht, Hass, Unversöhnlichkeit, Furcht, usw. verursacht. Jede Krankheit wird durch einen unzufriedenen Geist ausgelöst. In einer Unterrichtsstunde sagte ich einmal: »Es hat wenig Zweck, jemanden zu fragen: Was ist mit dir los? Wir sollten fragen: Wer ist mit dir los?« Unversöhnlichkeit ist die weitest verbreitete Krankheitsursache. Sie verhärtet die Arterien oder die Leber und beeinträchtigt das Augenlicht. Endlose Krankheiten folgen ihr nach.

Eines Tages besuchte mich eine Frau, die mir sagte, sie sei krank, weil sie eine vergiftete Auster gegessen hatte. Ich sagte: »Ach nein, die Auster war harmlos, Sie haben die Auster vergiftet. Wer ist mit Ihnen los?« »Etwa neunzehn Menschen«, erwiderte sie. Sie hatte sich mit neunzehn Menschen gezankt und war so unharmonisch geworden, dass sie diese unglückliche Erfahrung in ihren Lebenskreis herein zog.

Irgendeine Disharmonie im Äußeren beweist, dass eine geistige Disharmonie vorhanden ist. »Wie das Innere, so das Äußere.«

Die einzigen Feinde des Menschen sind in ihm selbst. »Und des Menschen Feinde werden seine eigenen Hausgenossen sein.« Einer der letzten Feinde, die überwunden werden müssen, ist die Persönlichkeit, denn dieser Erdball wird jetzt in die Liebe eingeweiht. Dies war die Christusbotschaft: »Frieden auf Erden und den Menschen ein Wohlgefallen!« Der erleuchtete Mensch ist deshalb bestrebt, sich durch seine Nachbarn zu vervollkommnen. Er arbeitet an sich selbst, Wohlwollen und Segen jedem Mitmenschen auszusenden, und es ist wunderbar, dass, wenn man jemanden segnet, derjenige keine Macht hat, einem zu schaden.

Zum Beispiel: Ein Mann bat mich, ihn für Erfolg in seinem Geschäft zu »behandeln«. Er verkaufte Maschinen, und ein Konkurrent war in seine Gegend gekommen, mit einer Maschine, die er für besser hielt, und dieser Mann fürchtete eine Niederlage. Ich sagte: »Wir müssen zuallererst alle Furcht auslöschen und wissen, dass Gott Ihre Interessen schützt. Das heißt, die richtige Maschine wird durch den richtigen Mann an den richtigen Mann verkauft werden.« Ich fügte hinzu: »haben Sie keine kritischen Gedanken dem Mann gegenüber. Segnen Sie ihn den ganzen Tag und seien Sie willens, Ihre Maschine nicht zu verkaufen, wenn dies nicht die göttliche Idee ist.« Er ging zu der Unterredung, furchtlos und ohne Widerstand, und segnete den anderen Mann. Das Ergebnis war erstaunlich. Die Maschine des anderen versagte, und er verkaufte seine Maschine ohne die geringste Schwierigkeit. »Ich aber sage euch: Liebet eure Feinde; segnet, die euch fluchen; tut wohl denen, die euch hassen; bittet für die, so euch beleidigen und verfolgen.«

Wohlwollen verbreitet eine große Aura des Schutzes um denjenigen, der es ausstrahlt. »Einer jeglichen Waffe, die wider dich zubereitet wird, soll es nicht gelingen.«

Liebe und Wohlwollen vernichten die innewohnenden Feinde, und man hat deshalb keine Feinde im Äußeren! Es gibt Frieden auf Erden für denjenigen, der Wohlwollen ausstrahlt.

Das Gesetz der Widerstandslosigkeit

»Ich aber sage euch, dass ihr nicht Widerstreben sollt dem Übel.« »Lass dich nicht vom Bösen überwinden, sondern überwinde das Böse mit Gutem.«

Nichts in der Welt kann einem völlig widerstandslosen Menschen widerstehen.

Die Chinesen sagen, das Wasser sei das mächtigste Element, weil es ganz widerstandslos ist. Es kann einen Felsen auflösen und alles vor sich herfegen.

Jesus Christus sagte, wir sollen dem Übel nicht widerstreben, denn er wusste, dass es in Wirklichkeit kein Übel gibt, und deshalb nichts, dem man widerstehen kann. Das Übel ist aus dem falschen Vorstellungsvermögen des Menschen entstanden, oder aus dem Glauben an zwei Mächte, Gut und Böse.

Es gibt eine alte Sage, wonach Adam und Eva von dem »Mayabaum der Täuschung« aßen und zwei Mächte anstatt einer Macht, Gott, erkannten. Das Übel ist deshalb ein falsches Gesetz, das der Mensch sich selbst durch Seelenschlaf aufgestellt hat. Seelenschlaf heißt, dass das Unterbewusstsein des Menschen durch den alltäglichen Glauben an Sünde, Krankheit, Tod usw., der das fleischliche oder sterbliche Gemüt ist, hypnotisiert wurde; dadurch drücken sich die Wahnbilder des Menschen in seinen Angelegenheiten aus.

In dem vorigen Kapitel lasen wir über das Unterbewusstsein und dass alles, was der Mensch stark empfindet, sei es gut oder übel, durch diesen treuen Diener ausgeführt wird. Sein Körper und seine Angelegenheiten verbildlichen das, was er sich vorgestellt hat. Der kranke Mensch hat sich Krankheit vorgestellt, der arme Mann Armut, der reiche Mann Wohlstand.

Oft wird gefragt, warum ein kleines Kind Krankheiten an sich heranzieht, wenn es doch noch zu jung ist, um zu wissen, was dies bedeutet. Meine Antwort darauf ist, dass die Kinder für die Gedanken anderer, die um sie sind, empfindlich und empfänglich sind und oft die Furcht ihrer Eltern verbildlichen.

Ein Metaphysiker sagte einmal: »Wenn du nicht selbst dein Unterbewusstsein beherrscht, wird ein anderer dies für dich tun.«

Oft ziehen Mütter unbewusst Krankheit und Unheil an ihre Kinder heran, indem sie diese andauernd mit Gedanken der Furcht umgeben und nach Krankheitssymptomen Ausschau halten. So fragte eine Frau einst ihre Freundin, ob ihr kleines Mädchen auch die Grippe gehabt habe. »Noch nicht!« antwortete sie sofort. Dies bedeutete, dass sie diese Krankheit erwartete, und sie bereitete dadurch einen Weg, den sie für sich und das Kind nicht wünschte.

Der Mann jedoch, der in richtigem Denken gefestigt ist, der Mann, der seinen Mitmenschen nur Wohlwollen sendet und der ohne Furcht ist, kann durch die negativen Gedanken anderer nicht berührt oder beeinflusst werden. In der Tat, er kann dann nur gute Gedanken erhalten, da er selbst nur gute Gedanken aussendet.

Widerstand ist Hölle, denn dadurch wird der Mensch an einen »Ort der Qual« versetzt.

Ein Metaphysiker gab mir ein wunderbares Mittel, um im Lebensspiel zu gewinnen. Es ist der Höhepunkt der Widerstandslosigkeit. Er erklärte es wie folgt: »Als Pfarrer taufte ich einst viele Kinder, und sie hatten selbstverständlich viele Namen. Jetzt taufe ich keine Kinder mehr, sondern ich taufe Ereignisse, jedoch gebe ich jedem Ereignis denselben Namen. Wenn ich Misserfolg habe, taufe ich ihn Erfolg, im Namen des Vaters, des Sohnes und des Heiligen Geistes.«

Hierin erblicken wir das große Gesetz der Umwandlung, das auf Widerstandslosigkeit gegründet ist. Durch das gesprochene Wort wurde jeder Misserfolg in Erfolg verwandelt.

Zum Beispiel: Eine Frau, die Geld benötigte und die geistigen Gesetze des Wohlstands kannte, kam andauernd mit einem Mann geschäftlich zusammen, der ihr ein Empfinden ihrer Armut gab. Er sprach von Mangel und Einschränkung, sie fing an, seine Armutsgedanken aufzufangen, deshalb hatte sie ihn nicht gern und schob ihren Misserfolg ihm zu. Sie wusste, dass sie zur Verwirklichung ihrer Versorgung sich erst zu Bewusstsein bringen müsse, dass sie schon empfangen habe, dass ein Bewusstsein des Wohlstands dessen Verwirklichung vorangehen muss.

Eines Tages wurde ihr klar, dass sie dieser Angelegenheit widerstand und dass sie zwei Mächte anstatt einer sah. Deshalb segnete sie den Mann und taufte die Angelegenheit »Erfolg«. Sie erklärte: »Da es nur eine einzige Macht, Gott, gibt, dient dieser Mann hier zu meinem Guten und zu meinem Wohlstand.« (Er schien eher dem Gegenteil zu dienen.) Bald darauf traf sie gerade durch diesen Mann eine Frau, die ihr eine große Summe für eine geleistete Arbeit gab, und der Mann zog in eine entfernte Stadt und verschwand harmonisch aus ihrem Leben. Mache die Erklärung: »Jeder Mensch ist ein goldenes Glied in der Kette meines Guten.« Denn jeder Mensch ist der Ausdruck Gottes, und dieses Göttliche in uns wartet darauf, dass der Mensch dem göttlichen Plan seines Lebens selbst dienlich ist.

»Segne deinen Feind, und du hast ihn seiner Waffe beraubt.« Seine Pfeile werden in Segnungen verwandelt werden.

Dieses Gesetz gilt für Nationen ebenso wie für Menschen. Segne eine Nation, sende Liebe und Wohlwollen zu jedem Bewohner, und sie ist ihrer Macht, zu schaden, beraubt.

Der Mensch kann eine richtige Idee der Widerstandslosigkeit nur durch geistiges Verständnis erlangen. Meine Schüler haben oft gesagt: »Ich möchte aber keine Fußmatte sein.« Ich erwiderte: »Wenn Sie Widerstandslosigkeit weise anwenden, wird es niemandem gelingen, über Sie hinwegzugehen.« Oder ein anderes Beispiel:

Eines Tages erwartete ich ungeduldig einen wichtigen Anruf. Ich war bei jedem Anruf, der kam, ungeduldig und rief selbst niemand an, da ich fürchtete, dadurch würde der erwartete Anruf verhindert werden. Anstatt zu sagen: »Göttliche Ideen behindern sich nie; der Anruf wird zur rechten Zeit kommen« und die Sache der unendlichen Intelligenz zur Erledigung zu überlassen, fing ich an, die Dinge für mich selbst zu gestalten. Ich machte den Kampf zum meinigen, nicht zu dem Gottes, und wurde gespannt und ängstlich. Etwa eine Stunde lang kam kein Anruf, und als ich das Telefon ansah, merkte ich, dass der Hörer die ganze Zeit abgehängt und aus diesem Grunde die Verbindung abgeschnitten war. Meine Ängstlichkeit, Furcht und der Glaube, dass etwas meinen Anruf verhindern könne, hatten den Fernsprecher vollständig außer Dienst gesetzt. Ich begriff, was ich getan hatte, und fing sofort an, die Angelegenheit zu segnen; ich taufte sie »Erfolg« und erklärte: »Ich kann gar keinen Anruf versäumen, der durch das göttliche Vorrecht für mich bestimmt ist; ich bin unter Gnade, und nicht unter dem Gesetz.«

Eine Freundin ging zur nächsten Fernsprechstelle, um das Amt zu bitten, die Verbindung wieder herzustellen.

Sie trat in das Geschäft ein, wo viel Betrieb war, aber der Inhaber erledigte selbst ihren Wunsch. Die Verbindung wurde sofort hergestellt und nach zwei Minuten kam für mich ein sehr wichtiger Anruf und etwa eine Stunde später der von mir erwartete Anruf.

Über eine ruhige See fahren unsere Schiffe in den Hafen.

Solange der Mensch einer Angelegenheit widerstrebt, wird sie bei ihm bleiben. Wenn er von ihr fortzulaufen versucht, wird sie ihm nachlaufen. Ich erzählte dies einer Frau und sie sagte: »Wie wahr das ist! Ich war zu Hause unglücklich, ich hatte meine Mutter nicht gern, da sie so kritisch und herrisch war; da lief ich fort und heiratete. Ich hatte jedoch sozusagen meine Mutter geheiratet, denn mein Mann war ganz genau wie meine Mutter, und ich musste dieselben Zustände weiter durchmachen.« »Sei willfährig deinem Widersacher bald.« Dies bedeutet, gib zu, dass die ungute Angelegenheit gut ist, bleibe von ihr unberührt und sie wird von selbst von dir abfallen. »Nichts von diesen Dingen berührt mich« ist eine wunderbare Erklärung. Unharmonische Zustände entstehen aus irgendeiner Disharmonie im Menschen selbst. Wenn es in ihm keine gefühlsmäßige Erwiderung auf einen unharmonischen Zustand gibt, verschwindet dieser für immer aus seinem Weg. So sehen wir, dass die Arbeit, die der Mensch leisten muss, stets in ihm selbst liegt.

Manche haben mich gebeten: »Behandeln Sie bitte meinen Mann oder meinen Bruder, damit sie sich ändern.« »Nein«, lautet in solchen Fällen meine Erwiderung, »ich werden Sie behandeln, damit Sie sich ändern; wenn Sie sich geändert haben, werden Ihr Mann und Ihr Bruder sich auch ändern.«

Eine meiner Schülerinnen hatte die Gewohnheit zu lügen. Ich sagte ihr, dies führe nur zu Misserfolg, und wenn sie lüge, würde sie auch belogen werden. Sie antwortete: »Das macht mir nichts aus, ich kann unmöglich ohne zu lügen vorwärts kommen.«

Eines Tages sprach sie am Telefon mit einem Mann, den sie sehr liebte. Sie wandte sich mir zu und sagte: »Ich traue ihm nicht, ich weiß, dass er mich anlügt.« Ich antwortete: »Nun, Sie lügen selbst, deshalb muss jemand Sie anlügen, und Sie können sicher sein, dass es gerade der Mensch sein wird, von dem Sie die Wahrheit haben möchten.« Kurz darauf trafen wir uns, und sie sagte: »Ich bin vom Lügen geheilt.« »Was heilte Sie?« fragte ich. Sie antwortete: »Ich lebte mit einer Frau, die mehr log als ich.« Man wird oft von Fehlern geheilt, indem man sie in anderen sieht. Das Leben ist ein Spiegel, und wir sehen nur uns selbst in unseren Mitmenschen widergespiegelt.

In der Vergangenheit zu leben ist eine Methode des Misserfolgs und eine Verletzung des geistigen Gesetzes. Paulus sagt: »Sehet, jetzt ist die angenehme Zeit, jetzt ist der Tag des Heils!«

Lots Weib sah hinter sich und ward zur Salzsäule. Die Vergangenheit und die Zukunft sind Diebe der Zeit. Der Mensch sollte die Vergangenheit segnen und sie vergessen, wenn sie ihn in Knechtschaft hält. Er sollte die Zukunft segnen in dem Bewusstsein, dass sie endlose Freuden für ihn enthält. Er sollte aber vollständig im Jetzt leben.

Zum Beispiel: Eine Frau kam zu mir und klagte, dass sie kein Geld habe, um Weihnachtsgeschenke zu kaufen. Sie sagte: »Letztes Jahr war alles so anders; ich hatte genügend Geld und machte schöne Geschenke, und dieses Jahr habe ich kaum einen Cent.«

Ich antwortete: »Sie werden nie Geld verwirklichen, wenn Sie sich bemitleiden und in der Vergangenheit leben. Leben Sie gänzlich im Jetzt und bereiten Sie sich vor, Weihnachtsgeschenke zu geben. Graben Sie Ihre Gräben und das Geld wird kommen.« Sie rief aus: »Ich weiß, was ich tun werde! Ich werde für die Weihnachtsgeschenke Seidenpapier, buntes Band und Anhängezettel kaufen.« Ich antwortete: »Ja, tun Sie das, und die Geschenke werden kommen und sich zu dem Papier gesellen.«

Hier war wieder ein Beispiel von finanzieller Furchtlosigkeit und Glauben an Gott, wo das verstandesmäßige Denken gesagt hätte: »Halte an jedem Cent, den du hast, fest; du weißt nicht, ob du mehr bekommen wirst.«

Sie kaufte das Papier, Band und die Anhängezettel und einige Tage vor Weihnachten erhielt sie als Geschenk eine größere Geldsumme. Das Kaufen des Papiers und des Bandes hatte ihrem Unterbewusstsein ein Gefühl der Erwartung aufgeprägt und den Weg zur Verwirklichung des Geldes geöffnet. Sie kaufte alle Geschenke ein.

Der Mensch muss wie im Augenblick schwebend leben.

»Achte wohl auf den heutigen Tag! Darin liegt die Begrüßung des aufgehenden Tages«, heißt es im Sanskrit.

Der Mensch muss geistig wach sein, jede Anregung erwarten, jede Gelegenheit ausnützen. Eines Tages sagte ich andauernd zu mir selbst: »Unendlicher Geist, lass mich im Spiel des Lebens gewinnen.« Noch am gleichen Abend wurde mir etwas sehr Wichtiges mitgeteilt. Es ist sehr nötig, den Tag mit den richtigen Worten zu beginnen.

Mache gleich beim Erwachen eine Erklärung, zum Beispiel: »Dein Wille geschehe heute! Heute ist der Tag der Vollendung; ich danke für diesen vollkommenen Tag. Wunder wird sich an Wunder reihen und Wunder werden nie aufhören.« Mache dir dies zur Gewohnheit und du wirst sehen, wie Wunder in dein Leben eintreten.

Eines Morgens nahm ich ein Buch zur Hand und las: »Schaue mit Staunen das an, was vor dir liegt!« Es schien meine Botschaft für jenen Tag zur sein, deshalb wiederholte ich es wieder und wieder. »Schaue mit Staunen das an, was vor dir liegt.«

Zu Mittag wurde mir eine große Summe Geld gegeben, die ich zu einem bestimmten Zweck wünschte.

In einem nachfolgenden Kapitel werde ich einige Worte der Behauptung anführen, die ich als sehr wirksam befunden habe. Man sollte jedoch keine Behauptung anwenden, wenn die Worte nicht für das eigene Bewusstsein ganz und gar befriedigend und überzeugend sind; man ändert eine Behauptung oft um, damit sie für verschiedene Menschen passt.

Beispielsweise haben die folgenden Worte vielen Erfolg gebracht: Die richtige Arbeit habe ich schon, ich gebe mein Bestes für richtigen Lohn.

Dies ist eine sehr mächtige Erklärung, da man immer den richtigen Lohn für die geleistete Arbeit bekommen sollte und ein Reim sich leicht in das Unterbewusstsein versenkt. Eine Frau sang diese Worte laut vor sich hin und bald erhielt sie die richtige Arbeit, sie gab ihr Bestes und sie erhielt den richtigen Lohn.

Ein Geschäftsmann nahm diese Worte und änderte das Wort »Arbeit« in »Geschäft« um.

Er wiederholte: »Das richtige Geschäft habe ich schon, ich gebe mein Bestes für richtigen Lohn.«

Am Nachmittag desselben Tages hatte er Erfolg, obgleich er seit Monaten nichts zu tun gehabt hatte. Jede Behauptung muss mit Bedacht ausgedrückt werden und den Fall vollständig decken.

Zum Beispiel: eine Frau war in großer Not, hatte Arbeit sehr nötig. Sie erhielt viel Arbeit, wurde aber dafür nicht bezahlt. Jetzt weiß sie, dass sie hinzufügen sollte: »Ich gebe mein Bestes für richtigen Lohn.« Es ist des Menschen göttliches Vorrecht, reichlich zu haben! Und mehr als genug!

»So werden deine Scheunen voll werden und deine Kelter mit Most übergehen.« Dies ist Gottes Idee für den Menschen, und wenn der Mensch die Schranken des Mangels in seinem eigenen Bewusstsein niederreißt, wird das goldene Zeitalter für ihn anbrechen und jeder rechtschaffene Wunsch seines Herzens wird erfüllt werden!

Das Gesetz des Karmas und das Gesetz der Vergebung

Der Mensch erhält nur das, was er gibt. Das Spiel des Lebens ist ein Bumerangspiel. Die Gedanken, Taten und Worte des Menschen kehren früher oder später mit erstaunlicher Genauigkeit zu ihm zurück.

Dies ist das Gesetz des Karmas, welches Wort im Sanskrit »Wiederkehr« bedeutet. »Denn was der Mensch sät, das wird er ernten.«

Eine Freundin erzählte mir in Erläuterung dieses Gesetzes über sich selbst folgendes: »Ich schaffe mir mein ganzes Karma durch mein Verhalten gegen meine Tante; alles, was ich zu ihr sage, wird auch mir von einem anderen gesagt. Zu Hause bin ich oft ungeduldig und eines Tages sagte ich zu meiner Tante, die mir während des Essens viel erzählte, bitte sprich nicht weiter, ich möchte in Frieden essen!«

Am nächsten Tag nahm ich das Mittagsmahl mit einer Frau ein, auf die ich gerne einen guten Eindruck gemacht hätte. Ich sprach lebhaft zu ihr, als sie sagte, bitte sprechen Sie nicht weiter, ich möchte in Frieden essen!«

Meine Freundin hat ein hoch entwickeltes Bewusstsein, deshalb kehrt ihr Karma viel schneller zu ihr zurück als zu einem auf der durchschnittlichen Ebene Stehenden.

Je mehr ein Mensch weiß, desto mehr ist er verantwortlich, und ein Mensch mit Kenntnis des geistigen Gesetzes, das er nicht anwendet, leidet sehr darunter. »Der Weisheit Anfang ist des Herrn Furcht.« Wenn wir das Wort Gesetz anstelle des Wortes Herr setzen, werden viele Stellen der Bibel viel klarer.

»Die Rache ist mein; ich will vergelten, spricht der Herr« (das Gesetz). Es ist das Gesetz, das Rache nimmt, nicht Gott. Gott schaut den Menschen als vollkommen, »Ihm zum Bilde«, und hat ihm »Macht gegeben«.

Dies ist die vollkommene Idee des Menschen, im göttlichen Geiste befestigt, des Menschen Anerkennung erwartend; denn der Mensch kann nur so sein, wie er sich sieht, und er kann nur das erlangen, was er im Geiste sich erlangen sieht.

»Nichts geschieht ohne einen Zuschauer« ist ein altes Sprichwort.

Der Mensch sieht zuerst seinen Erfolg oder Misserfolg, seine Freude oder sein Leid, ehe diese aus den Bildern, die in seinem eigenen Geiste vorhanden sind, in die Sichtbarkeit hervortreten. Wir haben dies schon bei der Mutter bemerkt, die in ihrem Kind Krankheit erblickt, oder bei der Frau, die in ihrem Mann Erfolg sieht.

Jesus Christus sagte: »ihr werdet die Wahrheit erkennen, und die Wahrheit wird euch frei machen.«

Folglich sehen wir, dass Freiheit (von allen unerwünschten Zuständen) durch das Erkennen kommt – die Erkenntnis der geistigen Gesetze.

Gehorsam geht der Autorität vor, und das Gesetz ist dem Menschen gehorsam, wenn er dem Gesetz gehorsam ist. Dem Gesetz der Elektrizität muss Gehorsam geleistet werden, ehe sie des Menschen Diener wird. Wenn man unwissentlich mit ihm umgeht, wird es des Menschen tödlicher Feind. So auch mit den Gesetzen des Geistes!

Eine Frau mit einem sehr starken persönlichen Willen wünschte ein Haus zu besitzen, das einem Bekannten gehörte, und sie stellte sich oft bildlich vor, dass sie in dem Hause wohnte. Nicht lange danach starb der Mann und sie zog in das Haus. Nach einigen Jahren, nachdem sie sich die Kenntnisse des geistigen Gesetzes angeeignet hatte, sagte sie zu mir: »Glauben Sie, dass ich irgend etwas mit dem

Tod dieses Mannes zu tun hatte?« Ich antwortete: »Ja, Ihr Wunsch war so stark, dass alles in ihm nachgab, aber Sie haben Ihre Karmaschuld bezahlt. Ihr Mann, den Sie sehr liebten, ist kurz darauf gestorben, und das Haus war jahrelang für Sie eine schwere Sache.«

Weder der erste Besitzer noch ihr Mann hätten jedoch durch ihre Gedanken beeinflusst werden können, wenn Sie in der Wahrheit gegründet gewesen wären, aber beide standen unter dem Karmagesetz. Die Frau hätte sagen sollen (da ihr Wunsch nach jenem Haus sehr stark war): »Unendliche Intelligenz, gib mir das richtige Haus, ebenso reizend wie dieses, das Haus, das durch göttliches Vorrecht das meinige ist.«

Die göttliche Wahl hätte ihr vollständige Befriedigung und den anderen Gutes gebracht. Das göttliche Vorbild ist das einzige sichere Vorbild, nach dem wir arbeiten sollen.

Das Wünschen ist eine mächtige Kraft, und es muss in den richtigen Kanal geleitet werden, sonst erfolgt Chaos.

Um etwas zu verwirklichen, ist der erste und wichtigste Schritt, richtig zu bitten.

Der Mensch sollte immer nur das verlangen, was durch das göttliche Recht sein ist.

Um zu jenem Beispiel zurückzukehren: Hätte die Frau sich gesagt: »Wenn dieses Haus, das ich mir wünsche, das meinige ist, kann ich es nicht verlieren; wenn es nicht das meinige ist, gib mir ein entsprechendes«, so würde der Mann sich vielleicht entschlossen haben, harmonisch auszuziehen (wenn es für die göttliche Wahl gewesen wäre), oder ein anderes Haus wäre ihr als Ersatz zuteil geworden. Alles, was durch persönlichen Willen gewaltsam zur Verwirklichung gebracht wird, ist immer auf unrechtmäßige Weise erworben und ist stets ein Misserfolg.

Der Mensch wird ermahnt: »Dein Wille geschehe«, und das Sonderbare ist, dass der Mensch immer gerade das erhält, was er sich wünscht, wenn er seinen persönlichen Willen aufgibt, wodurch er ermöglicht, dass die unendliche Intelligenz durch ihn wirkt.

»Stehet fest und sehet zu, was für ein Heil der Herr (das Gesetz) heute an euch tun wird« (d. h. was das Gesetz tun wird).

Eine Frau kam in großer Not zu mir. Ihre Tochter hatte sich entschlossen, eine sehr gefährliche Reise zu machen, und die Mutter war von Furcht erfüllt. Sie sagte, sie habe jedes Beweismittel versucht, hatte auf die damit verbundenen Gefahren aufmerksam gemacht, hatte ihr verboten zu gehen, aber die Tochter wurde dadurch nur widerspenstiger und entschlossener. Ich sagte zu der Mutter: »Sie drängen Ihrer Tochter Ihren persönlichen Willen auf, wozu Sie kein Recht haben, und Ihre Furcht über diese Reise ist von Schaden, denn der Mensch zieht das heran, wovor er sich fürchtet.«

Ich fuhr fort: »Geben Sie die Sache frei, nehmen Sie Ihre mentalen Hände weg, legen Sie die Sache in Gottes Hand und erklären Sie, ich lege diese Sache in die Hände der göttlichen Liebe und Weisheit. Wenn diese Reise der göttliche Plan ist, will ich sie segnen und ihr nicht widerstehen; wenn sie jedoch nicht göttlich geplant ist, danke ich, dass sie jetzt aufgegeben und aufgelöst ist.«

Einige Tage darauf sagte ihr die Tochter: »Mutter, ich werde die Reise nicht machen«, und die Angelegenheit fiel in das ursprüngliche Nichts zurück.

Zu lernen, »fest zu stehen«, ist für den Menschen sehr schwierig. Ich habe dieses Gesetz in dem Kapitel über die Widerstandslosigkeit eingehender behandelt.

Ich möchte ein weiteres Beispiel anführen, das zeigt, wie das Säen und Ernten sich in sonderbarer Weise auswirkte.

Eine Frau besuchte mich und sagte, sie habe einen gefälschten Geldschein in der Bank erhalten. Sie war sehr beunruhigt, denn sie sagte: »Die Angestellten in der Bank werden ihren Fehler nie zugeben.« Ich antwortete: »Wir wollen diese Angelegenheit untersuchen und herausbringen, warum Sie sie zu sich heranzogen.« Sie dachte nach und rief dann aus: »Ich weiß warum, ich sandte einer Freundin zum Spaß etwas Bühnengeld.« Deshalb hatte das Gesetz ihr auch Bühnengeld geschickt, denn es versteht keinen Spaß. Ich sagte: »Jetzt wollen wir das Gesetz der Vergebung anrufen und die Sache ausgleichen.«

Das Christentum ist auf das Gesetz der Vergebung gegründet. Christus hat uns von dem Fluch des Karmagesetzes erlöst, und der Christus in einem jeden Menschen ist sein Erlöser und seine Rettung aus allen unharmonischen Zuständen.

Da sagte ich: »Unendlicher Geist, wir rufen das Gesetz der Vergebung an und danken, dass diese Frau unter der Gnade steht und nicht unter dem Gesetz, und dass sie das Geld, das durch das göttliche Recht ihr gehört, nicht verlieren kann.«

»Jetzt gehen Sie zur Bank zurück und sagen Sie dort furchtlos, dass der Schein Ihnen dort irrtümlicherweise gegeben wurde.«

Sie tat dies, und zu ihrer Überraschung entschuldigte man sich dort, gab ihr einen anderen Geldschein und war äußerst höflich zu ihr.

So gibt die Kenntnis des Gesetzes dem Menschen die Macht, seine Fehler auszulöschen. Der Mensch kann das Äußere nicht zwingen, das zu sein, was er selbst nicht ist.

Wenn er Reichtum wünscht, muss er zuerst im Bewusstsein reich sein.

Eine Frau wollte für Wohlstand »behandelt« werden. Sie hatte wenig Interesse an ihrem Haushalt, und ihr Heim war in großer Unordnung.

Ich erklärte ihr: »Wenn Sie reich sein wollen, müssen Sie Ihre Sachen in Ordnung haben. Alle Menschen, die sehr reich sind, halten ihre Angelegenheiten in Ordnung – Ordnung ist des Himmels erstes Gesetz. Sie werden nie reich sein, solange Ihr Heim in solcher Unordnung ist.«

Sie fing sofort an, ihr Haus in Ordnung zu bringen. Sie stellte die Möbel um, räumte die Schubladen der Kommode auf, klopfte die Teppiche, und bald kam es bei ihr zu einer großen finanziellen Verwirklichung, durch das Geschenk eines Verwandten. Die Frau hatte sich selbst geändert und hält sich finanziell dadurch auf der Höhe, dass sie immer auf das Äußere achtsam ist und Wohlstand erwartet, in dem Bewusstsein, dass Gott ihre Versorgung ist.

Viele Menschen sind sich der Tatsache unbewusst, dass Geschenke und Dinge Kapitalanlagen sind und dass Hamstern und Kargen unweigerlich zum Verlust führen. »Einer teilt aus, und hat immer mehr; ein anderer kargt, da er nicht soll, und wird doch ärmer.«

Ich kannte einen Mann, der sich einen neuen, mit Pelz gefütterten Überzieher kaufen wollte. Er und seine Frau gingen in verschiedene Geschäfte, fanden jedoch keinen passenden. Er sagte, sie sehen alle zu billig aus. Schließlich wurde ihm ein teurer Mantel gezeigt, der fast alles Geld kostete, was der Mann besaß.

Das verstandesmäßige Denken hätte gesagt: »Du kannst es dir nicht leisten, beinahe alles, was du hast, für einen Mantel auszugeben.« Er war aber gewohnt, seiner inneren Stimme zu gehorchen, und überlegte nie lange.

Er wandte sich zu seiner Frau und sagte: »Wenn ich diesen Mantel habe, werde ich viel Geld verdienen können!« Da stimmte seine Frau zu, jedoch etwas zögernd.

Etwa einen Monat später wurde ihm eine Arbeit überlassen, an der er sehr viel verdiente. Der Mantel hatte dem Mann ein solch reiches Bewusstsein gegeben, dass er mit Erfolg und Wohlstand verbunden war; ohne den Mantel hätte er diese Arbeit nicht erhalten. Es war eine Kapitalanlage, die große Dividenden trug!

Wenn der Mensch diese innere Stimme nicht beachtet, die ihn zum Geben oder zum Ausgeben anregt, wird die gleiche Menge Geld auf einem uninteressanten oder unglücklichen Weg verbraucht werden.

Zum Beispiel: Eine Frau erzählte mir, dass sie ihrer Familie gesagt hatte, sie könnten sich bei einer Geburtstagsfeier das übliche Festessen nicht leisten. Sie hatte das nötige Geld, aber sie wollte es sparen.

Einige Tage später wurde aus der Kommode in ihrem Zimmer gerade das Geld gestohlen, das für ein gutes Essen gereicht hätte.

Das Gesetz unterstützt immer den Menschen, der furchtlos und mit Weisheit ausgibt.

Eine meiner Schülerinnen machte mit ihrem kleinen Neffen Einkäufe. Das Kind bettelte um ein bestimmtes Spielzeug, aber sie sagte, sie könne sich ein solches nicht leisten. Plötzlich sah sie ein, dass sie Mangel schaute und Gott nicht als ihre Versorgung erkannte!

Sie kaufte das Spielzeug, und auf dem Heimweg fand sie auf der Straße gerade die Summe Geld, die sie dafür ausgegeben hatte.

Die Versorgung des Menschen ist unerschöpflich und unfehlbar, wenn man auf sie vertraut, aber Glaube oder Vertrauen müssen der Verwirklichung vorausgehen. »Euch geschehe nach eurem Glauben.« »Es ist aber der Glaube eine gewisse Zuversicht auf das, was man erhofft, und ein Nichtzweifeln an dem, das man nicht sieht.« Denn der Glaube hält die Vision fest, die gegenteiligen Bilder werden ausgelöscht und verbannt, und »zu seiner Zeit werden wir auch ernten ohne Aufhören«.

Jesus Christus brachte die gute Botschaft (das Evangelium), dass es ein höheres Gesetz als das Gesetz des Karmas gibt und dass jenes Gesetz das Gesetz des Karmas weit überragt. Dies ist das Gesetz der Gnade oder der Vergebung. Es ist das Gesetz, das den Menschen von dem Gesetz der Ursache und Wirkung – dem Gesetz der Folgen – befreit. »Sintemal ihr nicht unter dem Gesetze seid, sondern unter der Gnade.«

Es wird uns gesagt, dass auf diesem Erdball der Mensch erntet, wo er nicht gesät hat. Die Gaben Gottes werden einfach auf ihn ausgeschüttet. »Alles das, was das Reich sich leisten kann, ist sein.« Dieser dauernde Zustand der Wonne erwartet den Menschen, der die Gedanken der Menschheit, d. h. der Welt, überwunden hat.

In der Welt (in den irdischen Gedanken) liegt Angst, Jesus Christus jedoch sagte: »Aber seid getrost, ich habe die Welt überwunden.«

Der irdische Gedanke ist ein Gedanke der Sünde, der Krankheit und des Todes. Jesus sah deren vollständige Unwirklichkeit und sagte, dass Krankheit und Leid vergehen werden und dass sogar der Tod, der letzte Feind, überwunden werden wird.

Wir wissen, dass von einem wissenschaftlichen Standpunkt aus der Tod überwunden werden könnte, wenn dem Unterbewusstsein die Überzeugung der ewigen Jugend und des ewigen Lebens eingeprägt würde.

Das Unterbewusstsein, da es lediglich Macht ohne Bestimmungsvermögen ist, führt alle Befehle aus, ohne zu fragen.

Wenn man unter der Leitung des Überbewusstseins (des inwendig im Menschen wohnenden Christus oder Gottes) arbeitet, dann vollbringt man »die Auferstehung des Körpers«.

Man würde dann nicht mehr den Körper im Tode abwerfen; er würde in die Unsterblichkeit, von der Paulus spricht, verwandelt werden, denn das Christentum ist auf die Vergebung der Sünde und ein leeres Grab gegründet.

Anliegen auf den Herrn werfen

Wenn der Mensch seine eigene Macht und die Tätigkeit seines Denkens kennt, ist sein großer Wunsch, einen leichten Weg zu finden, um das Unterbewusstsein durch das Gute zu beeinflussen, denn lediglich intellektuelle Kenntnis der Wahrheit wird keine Ergebnisse hervorrufen.

In meinem Falle erfuhr ich, dass der leichteste Weg der war, mein Anliegen auf den Herrn zu werfen.

Ein Metaphysiker erklärte es wie folgt: »Das einzige, wodurch irgendetwas in der Natur Körperschwere hat, ist das Gesetz der Schwerkraft, und wenn ein Fels hoch genug über die Erde gehoben werden könnte, hätte dieser Fels keine Schwere mehr. Dies meinte Jesus Christus, als er sagte: »Mein Joch ist sanft, und meine Last ist leicht«.

Er hatte die Schwingungen der Erde überwunden und betätigte sich im Reich der vierten Dimension, wo es nur Vollkommenheit, Vollständigkeit, Leben und Freude gibt.

Er sagte: »Kommet her zu mir alle, die ihr mühselig und beladen seid, ich will euch erquicken. Nehmet auf euch mein Joch und lernet von mir, denn mein Joch ist sanft, und meine Last leicht.«

In Psalm 55 wird uns auch gesagt: »Wirf dein Anliegen auf den Herrn.« Viele Worte in der Bibel weisen darauf hin, dass der Streit Gottes ist und nicht des Menschen, und die Menschen werden stets ermahnt: »Stehet fest und sehet zu, was für ein Heil der Herr heute an euch tun wird.«

Dies deutet an, dass das Überbewusstsein, d. h. der inwendig in uns wohnende Christus, den »Streit« des Menschen führt und ihm sein Anliegen abnimmt.

Wir sehen dadurch ein, dass der Mensch ein Gesetz verletzt, wenn er ein Anliegen mit sich herumträgt, und ein Anliegen in diesem Falle heißt ein irrtümlicher Gedanke oder Zustand, und dieser Gedanke oder Zustand hat seine Wurzel im Unterbewusstsein.

Es kommt uns beinahe unmöglich vor, Fortschritte darin zu machen, das Unterbewusstsein vom Bewusstsein aus – d. h. vom verstandesmäßigen Denken – zu lenken, da das verstandesmäßige Denken in seinen Begriffen begrenzt und von Zweifeln und Ängsten erfüllt ist.

Wie wissenschaftlich ist es dann, das Anliegen auf das Überbewusstsein, d. h. den Christus in uns, zu werfen, wo es »zum Licht wird« oder in sein ursprüngliches Nichts aufgelöst wird!

Eine Frau, die dringend Geld benötigte, machte die Erklärung: »Ich werfe dieses Anliegen des Mangels auf den Christus in mir, und ich bin frei, um genügend zu haben.«

Der Glaube an Mangel war ihr Anliegen, und da sie es auf den Christus in ihr geworfen hatte, überflutete das Überbewusstsein das Unterbewusstsein mit dessen Glauben an Fülle, und eine Lawine der Versorgung war die Folge.

Wir lesen: »Christus in euch, der da ist die Hoffnung der Herrlichkeit.«

Noch ein Beispiel: Einer meiner Schülerinnen wurde ein neues Klavier geschenkt, sie hatte jedoch dafür keinen Platz in ihrem Musikzimmer, solange nicht das alte Klavier entfernt wurde. Sie war bestürzt. Sie wollte das alte Klavier nicht behalten, aber sie wusste nicht, wohin sie es schicken sollte.

Sie wurde verzweifelt, da das neue Klavier sofort geliefert werden sollte. Es war in der Tat schon unterwegs. Da fiel ihr ein, zu sagen: »Ich werfe dieses Anliegen auf den Herrn und bin frei.« Einige Minuten später klingelte das Telefon. Eine Freundin fragte sie, ob sie ihr altes Klavier mieten könne, und es wurde einige Minuten vor dem Eintreffen des neuen Klaviers weggebracht.

Ich kannte eine Frau, deren Anliegen Groll war. Sie sagte: »Ich werfe dieses Anliegen des Grolls auf den Christus in mir und bin frei, um liebend und harmonisch glücklich zu sein.«

Das allmächtige Überbewusstsein überflutete ihr Unterbewusstsein mit Liebe und ihr ganzes Leben wandelte sich. Jahrelang hatte der Groll sie in einem Zustand der Qual gehalten und ihr Unterbewusstsein gefangen gehalten.

Die Erklärung sollte unausgesetzt wiederholt werden, manchmal stundenlang, still oder laut, mit Ruhe und Entschlossenheit.

Ich habe dies oft mit dem Aufziehen eines Grammophons verglichen. Wir müssen uns mit dem gesprochenen Wort »aufziehen«.

Ich habe die Beobachtung gemacht, dass man einige Zeit nach dem Abwerfen des Anliegens klarer sieht. Es ist unmöglich, klar zu schauen, solange man in den Nöten des sterblichen Geistes steckt. Zweifel und Furcht vergiften Geist und Körper, und man stellt sich alles Mögliche vor und zieht dadurch Unheil und Krankheit zu sich heran.

Wenn man stets die Erklärung wiederholt: »Ich werfe dieses Anliegen auf den Christus in mir und bin frei«, so wird die Vision klar, und damit stellt sich zugleich ein Gefühl der Erleichterung ein. Ich führe noch ein Beispiel an, um zu zeigen, wie früher oder später das Gute erscheint, sei dies Gesundheit, Glück oder Versorgung.

Einer meiner Schüler bat mich einmal, zu erklären, warum es gerade vor der Dämmerung am dunkelsten ist.

Ich habe die Tatsache schon erwähnt, dass oft alles schief zu gehen scheint, ehe eine große Verwirklichung zustande kommt. Tiefe Niedergeschlagenheit verdunkelt das Bewusstsein. Dies bedeutet, dass Zweifel und Furcht der Jahrhunderte aus dem Unterbewusstsein heraufsteigen. Der Unrat aus dem Unterbewusstsein steigt an die Oberfläche, um vernichtet zu werden.

In solchem Zustand schlägt der Mensch wie Josaphat die Zymbeln und dankt, dass er gerettet ist, wenn es auch scheint, dass er vom Feind, d. h. dem Zustand des Mangels oder der Krankheit, umgeben ist. Der Schüler fragte weiter: »Wie lange muss man im Dunkeln bleiben?«, und ich antwortete: »Bis man in der Dunkelheit sehen kann. Wenn man sein Anliegen auf den Herrn wirft, so verhilft uns dies dazu, im Dunkeln sehen zu können.«

Tätiger Glaube ist immer erforderlich, um dem Unterbewusstsein etwas aufzuprägen.

»Also auch der Glaube, wenn er nicht Werke hat, ist er tot an ihm selber.« Im Vorangegangenen habe ich versucht, dies klar zu machen.

Jesus Christus zeigte tätigen Glauben, »er hieß das Volk sich lagern auf der Erde«, ehe er Dank sagte für das Brot und die Fische. Tätiger Glaube ist tatsächlich die Brücke, auf der man in das gelobte Land hinüber schreitet.

Durch ein Missverständnis war eine Frau von ihrem Manne, den sie sehr liebte, getrennt. Er verweigerte alle Angebote der Versöhnung und wollte nichts mehr mit ihr zu tun haben.

Als sie zur Kenntnis des geistigen Gesetzes kam, verneinte sie die Erscheinung der Trennung. Sie machte folgende Erklärung: »Im göttlichen Geiste gibt es keine Trennung, deshalb kann ich von der Liebe und der Kameradschaft, die durch das göttliche Vorrecht mein sind, nicht getrennt sein.«

Sie zeigte tätigen Glauben dadurch, dass sie täglich einen Platz für ihren Mann am Tisch deckte. Dadurch prägte sie ihrem Unterbewusstsein das Bild seiner Wiederkehr ein. Über ein Jahr verging, jedoch wankte sie nicht, und eines Tages kam er nach Hause.

Das Unterbewusstsein wird oft durch Musik beeinflusst. Die Musik hat die Eigenschaft des Reiches der vierten Dimension und befreit die Seele aus ihrer Gefangenschaft. Sie lässt wunderbare Dinge möglich und leicht vollbringbar erscheinen.

Ich habe eine Freundin, die ihr Grammophon täglich für diesen Zweck gebraucht. Es bringt sie in vollständige Harmonie und befreit die Vorstellungskraft.

Eine andere Frau tanzt oft, während sie ihre Erklärungen sagt. Der Rhythmus und die Harmonie der Musik und der Bewegung tragen ihre Worte mit gewaltiger Macht weiter. Der Schüler muss auch darauf bedacht sein, den »Tag der kleinen Dinge« nicht zu verachten.

Unweigerlich kommen, ehe die Verwirklichung vollbracht wird, »Zeichen des Landes«. Ehe Columbus in Amerika ankam, sah er Vögel und Treibholz, die ihm bewiesen, dass Land nahe war. Ebenso ist es mit einer Verwirklichung; jedoch hält der Schüler diese Zeichen oft für die Verwirklichung selbst und ist enttäuscht.

Eine Frau »sprach das Wort« für neues Geschirr. Nicht lange darauf gab ihr eine Freundin einen Teller, der alt und gesprungen war. Sie sagte zu mir: »Nun, ich bat um neues Geschirr, und alles, was ich erhielt, war ein gesprungener Teller.«

Ich antwortete: »Der Teller ist sozusagen nur ein Zeichen des Landes. Er zeigt Ihnen, dass das Geschirr kommt; betrachten Sie ihn als Vögel und Treibholz.« Nicht lange danach kam das Geschirr.

Immer sich selbst etwas vorzumachen, wie Kinder spielen, beeinflusst das Unterbewusstsein. Wenn wir uns als reich und als erfolgreich sehen, »zu seiner Zeit werden wir auch ernten«.

Kinder machen sich immer etwas vor, und Jesus sagte: »Es sei denn, dass ihr euch umkehrt und werdet wie die Kinder, so werdet ihr nicht ins Himmelreich kommen.«

Ich kannte eine Frau, die sehr arm war, aber nichts konnte ihr ein Gefühl der Armut geben. Sie verdiente ein wenig Geld bei reichen Freundinnen, die sie stets an ihre Armut erinnerten und sie ermahnten, vorsichtig und sparsam zu sein. Ungeachtet ihrer Mahnungen gab sie alles, was sie verdiente, aus für einen Hut oder um jemandem ein Geschenk zu machen, und sie war dabei immer überglücklich. Ihre Gedanken waren stets auf schöne Kleider und eine schöne Umgebung gerichtet, jedoch ohne Neid auf andere.

Sie lebte in einer Welt des Wunderbaren, und nur Reichtümer kamen ihr als wirklich vor. Kurz darauf heiratete sie einen reichen Mann, und die schöne Umgebung und die schönen Dinge wurden Wirklichkeit. Ich weiß nicht, ob dieser Mann die »göttliche Wahl« für sie war, aber Wohlstand musste sich in ihrem Leben ausdrücken, da sie sich nur Wohlstand vorgestellt hatte. Es gibt für den Menschen weder Frieden noch Glück, bis er alle Furcht aus dem Unterbewusstsein ausgelöscht hat.

Die Furcht ist missbrauchte Energie und muss in die richtige Bahn gebracht, d. h. in Glauben verwandelt werden.

Jesus Christus sagte: »Wie seid ihr so furchtsam? Wie, dass ihr keinen Glauben habt?« »Alle Dinge sind möglich, dem, der da glaubt.«

Ich werde sehr oft von meinen Schülern gefragt: »Wie kann ich die Furcht loswerden?« Meine Antwort lautet: »Dadurch, dass Sie der Sache, vor der Sie Furcht haben, entgegentreten.«

»Der Löwe hat seine Wildheit von deiner Furcht. Tritt dem Löwen entgegen, und er wird von dir weichen; laufe von ihm fort, und er wird dir nachlaufen.«

In den vorangegangenen Kapiteln habe ich gezeigt, wie der Löwe des Mangels verschwindet, wenn der Mensch furchtlos sein Geld ausgibt und seinen Glauben beweist, dass Gott seine Versorgung und deshalb unfehlbar ist.

Viele meiner Schüler sind aus der Knechtschaft der Armut herausgetreten und sind jetzt reichlich versorgt dadurch, dass sie alle Furcht beim Geld ausgeben verloren haben. Dem Unterbewusstsein wird die Wahrheit aufgeprägt, dass Gott der Geber und die Gabe ist; deshalb ist man eins mit dem Geber; man ist eins mit der Gabe. Eine prachtvolle Erklärung ist folgende: »Ich danke jetzt Gott, dem Geber, für Gott, der Gabe.«

Der Mensch hat sich so lange von seinem Guten und seiner Versorgung durch Gedanken des Getrenntseins und des Mangels ferngehalten, dass manchmal Dynamit nötig ist, um diese irrigen Ideen aus seinem Unterbewusstsein loszusprengen. Ein großes Erlebnis stellt solches Dynamit dar.

Aus dem vorhergehenden Beispiel sehen wir, wie jene Frau durch furchtloses Handeln aus ihrer Knechtschaft befreit wurde.

Der Mensch sollte sich stündlich beobachten, um herauszufinden, ob Furcht oder Glaube der Beweggrund seines Tuns ist.

Erwählet euch heute, wem ihr dienen wollt, Furcht oder Glauben. Du fürchtest dich vielleicht vor Persönlichkeiten. Dann gehe den Menschen, die du fürchtest, nicht aus dem Wege; sei willens, ihnen freundlich zu begegnen. Sie werden sich entweder als »goldene Glieder in der Kette deines Guten« erweisen oder harmonisch aus deinem Gesichtskreis verschwinden.

Vielleicht fürchtest du dich vor Krankheit oder Bazillen. Dann solltest du in einer bazillenreichen Umgebung furchtlos und unbesorgt sein, und du wirst unantastbar sein.

Man kann Bazillen nur in sich aufnehmen, wenn man sich in derselben Vibration wie die Bazillen befindet, und die Furcht zieht den Menschen zu der Ebene der Bazillen herunter. Der krankheitstragende Bazillus ist selbstverständlich das Ergebnis des sterblichen Gemüts, und alle Gedanken müssen sich verwirklichen. Bazillen bestehen nicht im Überbewusstsein, d. h. im göttlichen Geiste, deshalb sind sie das Ergebnis der menschlichen Vorstellung.

»Plötzlich, in einem Augenblick« wird die Erlösung des Menschen kommen, wenn er erfasst, dass das Übel keine Macht hat.

Die irdische Welt wird vergehen, und das Reich der vierten Dimension, die Welt der Wunder, wird in Erscheinung treten.

»Und ich sah einen neuen Himmel und eine neue Erde … und der Tod wird nicht mehr sein, noch Leid, noch Geschrei, noch Schmerz wird mehr sein; denn das Erste ist vergangen.«

Liebe

Jeder Mensch wird in diesem seinem Erdenleben in die Liebe eingeweiht. »Das ist mein Gebot, dass ihr euch untereinander liebet.« Ousspensky sagt in seinem Buch »Tertium Organum«, dass die Liebe ein kosmisches Phänomen sei und dem Menschen die Welt der vierten Dimension, »die Welt des Wunderbaren«, öffne.

Wirkliche Liebe ist selbstlos und frei von Furcht. Sie gießt sich auf den Gegenstand ihrer Liebe aus, ohne irgendeine Vergeltung zu fordern. Ihre Freude besteht in der Freude des Gebens. Liebe ist Gott in der Verwirklichung, und sie ist die mächtigste Anziehungskraft im Weltall. Reine, selbstlose Liebe zieht ihr Eigenes zu sich heran; sie braucht nicht das Ihre zu suchen noch es zu fördern. Kaum jemand hat die leiseste Ahnung von der wahren Liebe. Der Mensch ist selbstsüchtig, herrisch oder furchtsam in seinen Zuneigungen und verliert dadurch gerade das, was er liebt. Eifersucht ist der Liebe schlimmster Feind, denn die Einbildung läuft wild einher, sieht die Geliebte zu einem anderen hingezogen, und unweigerlich wird diese Furcht zur Wirklichkeit, wenn sie nicht ausgeglichen wird.

Eine Frau kam in tiefer Not zu mir. Der Mann, den sie liebte, hatte sie einer anderen wegen verlassen und sagte, er wolle sie nicht heiraten. Sie war von Eifersucht und Groll gepeinigt und sagte, sie hoffe, er würde so leiden müssen, wie sie jetzt durch ihn leide. Sie fuhr fort: »Wie konnte er mich verlassen, wenn ich ihn so liebte?«

Ich antwortete: »Sie lieben den Mann nicht, Sie hassen ihn«, und fügte hinzu, »Sie können nie erhalten, was Sie nicht gegeben haben. Geben Sie vollkommene Liebe und Sie werden vollkommene Liebe erhalten. Vervollkommnen Sie sich durch diesen Mann. Geben Sie ihm eine vollkommene, selbstlose Liebe, ohne irgendetwas zu fordern; tadeln und verurteilen Sie nicht und segnen Sie ihn, wo er auch sein mag.«

Sie antwortete: »Nein, ich werde ihn nicht segnen, ehe ich weiß, wo er ist!«

»Nun«, sagte ich, »das ist nicht wahre Liebe. Wenn Sie wahre Liebe aussenden, wird wahre Liebe zu Ihnen zurückkehren, entweder von diesem Mann oder von einem ihm gleichwertigen. Wenn dieser Mann nicht die göttliche Wahl ist, werden Sie ihn nicht haben wollen. Da Sie eins mit Gott sind, sind Sie eins mit der Liebe, die Ihnen durch göttliches Vorrecht gehört.«

Mehrere Monate vergingen, und es blieb alles beim Alten; sie arbeitete aber gewissenhaft mit sich selbst. Ich sagte: »Wenn Sie nicht mehr durch seine Grausamkeit beunruhigt sind, wird er aufhören, grausam zu sein, da Sie dies durch Ihre eigenen Gefühle anziehen.«

Ich erzählte ihr dann von einer indischen Brüderschaft, deren Mitglieder zueinander nie »Guten Morgen« sagen. Sie sagen stattdessen: »Ich begrüße die Göttlichkeit in dir.« Sie grüßen die Göttlichkeit in jedem Menschen und in jedem wilden Tier des Dschungels, und sie werden nie verletzt, da sie nur Gott in jedem Lebewesen erblicken. Ich sagte: »Begrüßen Sie die Göttlichkeit in diesem Mann und sagen Sie: Ich sehe nur dein göttliches Selbst. Ich sehe dich, wie Gott dich sieht, vollkommen, geschaffen zu seinem Ebenbild.«

Sie bemerkte, dass sie ruhiger wurde und dass ihr Groll langsam erlosch. Eines Tages sagte sie plötzlich: »Gott segne ihn, wo immer er auch ist!« Ich sagte: »Das ist jetzt die wahre Liebe, und wenn Sie nicht länger durch diese Sache beunruhigt werden, werden Sie seine Liebe haben oder eine ähnliche Liebe heranziehen.« Ich zog seinerzeit um und hatte kein Telefon, so dass ich einige Wochen nichts von ihr hörte. Eines Morgens erhielt ich einen Brief, in dem sie mir mitteilte, dass sie und der Mann verheiratet waren.

Bei der ersten Gelegenheit besuchte ich sie. Meine ersten Worte waren: »Was geschah?« »Nun«, rief sie, »ein Wunder! Eines Tages, als ich erwachte, war aller Schmerz verschwunden. An jenem Abend traf ich ihn, und er bat mich, ihn zu heiraten. Nach etwa einer Woche heirateten wir, und ich habe nie einen rücksichtsvolleren Mann gesehen.«

Es gibt ein altes Sprichwort: »Kein Mensch ist dein Feind, kein Mensch ist dein Freund, jeder Mensch ist dein Lehrer.« Folglich sollte jeder unpersönlich werden und das lernen, was ein jeder ihn lehren kann; bald würde er alle seine Lektionen lernen und frei sein; das heißt, frei vom gefährlichen kleinen Ich. Der Liebhaber jener Frau lehrte sie selbstlose Liebe, was jeder Mensch früher oder später lernen muss.

Für des Menschen Entwicklung ist das Leid nicht nötig, es ist das Ergebnis einer Verletzung des geistigen Gesetzes, jedoch scheint es wenige Menschen zu geben, die sich ohne Leid aus ihrem »Seelenschlaf« aufrütteln können. Wenn der Mensch glücklich ist, wird er gewöhnlich selbstsüchtig, und das Gesetz des Karmas tritt automatisch in Kraft. Der Mensch leidet oft Verlust durch einen Mangel an Anerkennung.

Ich kannte eine Frau, die einen sehr netten Mann hatte, aber oft sagte sie: »Ich mache mir nichts aus der Ehe, doch will ich nichts gegen meinen Mann sagen. Das Eheleben interessiert mich eben nicht.«

Sie hatte andere Interessen und kümmerte sich wenig um ihren Mann. Sie dachte nur an ihn, wenn sie ihn sah. Eines Tages teilte ihr Mann ihr mit, dass er sich in eine andere Frau verliebt habe und sie verlassen wolle. Sie kam in Verzweiflung und Groll zu mir.

Ich sagte: »Es ist genau das, wofür Sie das Wort gesprochen hatten. Sie sagten, Sie machen sich nichts aus der Ehe, deshalb arbeitete Ihr Unterbewusstsein dahin, Sie von der Ehe zu befreien.« Sie erwiderte: »Ach ja, jetzt begreife ich es. Der Mensch erhält das, was er sich wünscht, und dann fühlt er sich sehr verletzt.« Sie hat sich bald zu der ganzen Lage harmonisch gestellt und wusste, dass beide getrennt viel glücklicher waren.

Wenn eine Frau gleichgültig oder kritisch wird und aufhört, ihrem Mann eine Inspiration zu sein, vermisst er die Anregungen ihrer früheren Zuneigung und wird unglücklich.

Ein Mann kam sehr verstimmt zu mir, elend und arm. Seine Frau interessierte sich für die »Zahlenphilosophie« und hatte »seine Zahlen ausarbeiten« lassen. Es scheint, dass das Ergebnis nicht erfreulich war, denn er sagte: »Meine Frau meint, ich werde nie etwas Richtiges werden, da meine Zahlen nicht die richtigen sind.«

Ich antwortete: »Ich kümmere mich nicht darum, was für Zahlen Sie haben. Sie sind im göttlichen Geiste eine vollkommene Idee, und wir werden den Erfolg und den Wohlstand fordern, die von jener unendlichen Intelligenz schon für Sie geplant sind.«

Innerhalb weniger Wochen fand er eine gute Arbeit und einige Jahre später errang er großen Erfolg als Schriftsteller. Kein Mann ist in seinem Beruf erfolgreich, wenn er seine Arbeit nicht liebt. Das Bild, das der Künstler aus Liebe zu seiner Kunst malt, ist ein Meisterwerk. Das, was man nur um des Geldes willen tut, ist nicht das Beste.

Kein Mensch kann das Geld zu sich heranziehen, wenn er es verachtet. Viele Menschen bleiben in Armut, weil sie sagen: »Das Geld bedeutet mir nichts, und ich verachte jene Menschen, die es haben.«

Dies ist der Grund, warum Künstler arm sind. Ihre Verachtung des Geldes trennt sie von ihm.

Ich erinnere mich, dass ein Künstler von einem anderen sagte: »Er ist kein bedeutender Künstler, er hat Geld auf der Bank.« Diese Einstellung trennt den Menschen selbstverständlich von seiner Versorgung, er muss mit etwas in Harmonie sein, um es heranzuziehen.

Geld ist Gott im Ausdruck als Freiheit von Not und Beschränkung, jedoch muss es stets in Umlauf gehalten und richtig verwendet werden. Hamstern und Kargen wirken mit grausamer Rache zurück.

Dies bedeutet nicht, dass der Mensch nicht Häuser und Länder, Aktien und Wertpapiere haben soll, denn »so werden deine Scheunen voll werden und deine Kelter mit Most übergehen«; es bedeutet, dass der Mensch nicht einmal mit dem Kapital kleinlich werden soll, wenn ein Fall eintritt, in dem Geld nötig ist. Wenn er sein Geld furchtlos und freudig hergibt, öffnet er den Weg, auf dem mehr hereinkommen kann, denn Gott ist des Menschen unfehlbare und unerschöpfliche Versorgung.

Dies ist die geistige Einstellung dem Geld gegenüber, und die große Bank des Unendlichen schließt nie ihre Tür!

Die Erzählung »Geiz« ist ein gutes Beispiel hierfür. Eine Frau gewann 5000 Euro in einer Verlosung, wollte sie aber nicht ausgeben. Sie kargte und sparte, ließ ihren Mann leiden und hungern, und schließlich musste sie Böden scheuern, um sich zu ernähren. Sie liebte das Geld an sich und setzte es über alles, und in einer Nacht wurde sie ermordet und das Geld wurde ihr genommen.

Dies ist ein Beispiel für das Wort: »Denn Geiz ist eine Wurzel allen Übels.« Das Geld an sich ist gut und segensreich; wenn es jedoch zu vernichtenden Zwecken gebraucht wird, bringt es Unheil und sogar den Verlust des Geldes.

Folge dem Pfad der Liebe, und alles wird dir zufallen, denn Gott ist die Liebe und Gott ist die Versorgung; folge dem Pfad der Selbstsucht und des Geizes, und die Versorgung verschwindet oder du wirst von ihr getrennt.

Ich hörte von einer sehr reichen Frau, die ihr Geld hamsterte. Sie gab selten etwas aus.

Sie hatte Halsbänder sehr gern und wurde einmal von einer Freundin gefragt, wie viele sie besäße. Sie sagte: »Siebenundsechzig.« Sie kaufte sie und legte sie fort, vorsichtig in Seidenpapier eingehüllt. Wenn sie die Halsketten getragen hätte, wäre dies ganz rechtmäßig gewesen, aber auf diese Weise verletzte sie das Gesetz des Gebrauchs. Ihre Schränke waren gefüllt mit Kleidern, die sie nie anzog, und mit Schmucksachen, die das Licht nie erblickten.

Die Arme der Frau wurden langsam steif, weil sie die Dinge so festhielt, und schließlich wurde sie für unfähig zur Verwaltung ihrer eigenen Sachen gehalten, und ihre Reichtümer wurden anderen zur Verwaltung gegeben.

So zieht der Mensch in Unwissenheit des Gesetzes seine eigene Vernichtung herbei.

Alle Krankheit, alles Unglück wird verursacht durch eine Verletzung des Gesetzes der Liebe. Die Bumerange des Hasses, des Grolls und des Nörgelns kehren mit Krankheit und Leid beladen zu den Menschen zurück. Die Liebe scheint beinahe eine verlorene Kunst zu sein, aber der Mensch mit Kenntnissen des geistigen Gesetzes weiß, dass sie wieder gefunden werden muss, denn ohne sie ist er nur »ein tönend Erz oder eine klingende Schelle«.

Ich hatte eine Schülerin, die Monat für Monat zu mir kam, um ihr Bewusstsein von Groll zu reinigen.

Nach einiger Zeit hatte sie nur noch gegen eine einzige Frau Groll, aber diese Frau beschäftigte sie sehr. Nach und nach wurde sie ruhiger und harmonischer, und eines Tages war aller Groll ausgelöscht.

Sie kam strahlend herein und rief: »Sie können nicht begreifen, wie es mir geht! Die Frau sprach zu mir und anstatt ärgerlich zu sein, war ich liebevoll und freundlich, und sie entschuldigte sich und war außerordentlich lieb zu mir. Niemand kann das wunderbar leichte Gefühl begreifen, das jetzt in mir ist!«

Liebe und Wohlwollen sind im Geschäftsleben unbezahlbar. Eine Frau kam zu mir mit Klagen gegen ihre Vorgesetzte. Sie sagte, diese sei kalt und kritisch, und sie wisse, sie gönne ihr die Stelle nicht. »Nun«, sagte ich, »begrüßen Sie die Göttlichkeit in jener Frau und geben Sie ihr Liebe.« Sie erwiderte: »Das kann ich nicht tun, sie ist aus Marmor.« Ich antwortete: »Erinnern Sie sich an jene Erzählung des Bildhauers, der um ein bestimmtes Stück Marmor bat. Auf die Frage, warum er dies wünsche, antwortete er: Weil ein Engel in dem Marmor steckt und machte aus dem Marmor ein wunderbares Kunstwerk.«

Sie sagte: »Nun gut, ich will es versuchen.« Eine Woche später kam sie zurück und sagte: »Ich tat, was Sie mir vorschlugen, und jetzt ist die Frau sehr freundlich und nahm mich in ihrem Auto mit.«

Manchmal sind Menschen von Reue erfüllt wegen einer Unfreundlichkeit, die sie vor Jahren jemandem zugefügt haben.

Wenn das Unrecht nicht wieder gutgemacht werden kann, so können seine Folgen ausgeglichen werden, indem man in der Gegenwart jemandem etwas Gutes tut.

»Ich vergesse, was da hinten ist, und strecke mich zu dem, was da vorne ist.«

Leid, Bedauern und Reue reißen die Zellen des Körpers nieder und vergiften die Umgebung des Menschen.

Eine Frau kam in tiefer Trauer zu mir. »Behandeln Sie mich, damit ich glücklich und freudig werde, denn mein Kummer macht mich so ärgerlich gegen die Mitglieder meiner Familie, dass ich andauernd weitere Karma-Zustände nach mir ziehe.«

Ich wurde gebeten, eine Frau zu »behandeln«, die ihre Tochter verloren hatte. Ich verneinte allen Glauben an Verlust und Trennung und behauptete, dass Gott die Freude, Liebe und der Friede der Frau war.

Die Frau wurde sofort innerlich ruhig, schickte aber ihren Sohn zu mir, mit der »Behandlung« aufzuhören, da sie »so glücklich« war, dass es beinahe unwürdig schien.

So hängt das »sterbliche Gemüt« gerne an seinem Kummer und seiner Reue fest. Ich kannte eine Frau, die umherging und mit ihren Sorgen prahlte, weshalb sie selbstverständlich immer etwas hatte, worüber sie klagen konnte.

Es ist eine alte Wahrheit, dass eine Frau keine gute Mutter ist, wenn sie sich nicht um ihre Kinder sorgt. Heutzutage wissen wir, dass Mutterfurcht für viele der Krankheiten und Unfälle, die sich im Leben der Kinder ereignen, verantwortlich ist. Denn Furcht bringt sehr deutlich Bilder der Krankheit oder der gefürchteten Lage hervor, und diese Bilder werden wirklich, wenn sie nicht unwirksam gemacht werden.

Glücklich ist die Mutter, die aufrichtig sagen kann, dass sie ihr Kind in Gottes Hand gibt, und deshalb weiß, dass es göttlich beschützt ist.

Sie wirft dadurch eine große Aura des Schutzes um das Kind.

Eine Frau erwachte plötzlich in der Nacht und fühlte, dass ihr Bruder in großer Gefahr sei. Anstatt ihrer Furcht nachzugeben, fing sie an, Erklärungen der Wahrheit zu machen. Sie sagte: »Der Mensch ist im göttlichen Geiste eine vollkommene Idee und ist immer an seinem richtigen Platz, deshalb ist mein Bruder an seinem richtigen Platz und ist göttlich beschützt.«

Am folgenden Tag erfuhr sie, dass ihr Bruder in der nächsten Nähe einer Bergwerksexplosion gewesen war, aber auf wunderbare Weise davonkam.

So ist der Mensch seines Bruders Hüter (im Geiste) und jeder Mensch sollte wissen, dass der, den er liebt, »unter dem Schirm des Höchsten sitzt und unter dem Schatten des Allmächtigen bleibt.«

»Es wird dir kein Übel begegnen, keine Plage wird zu deiner Hütte sich nahen.«

»Die völlige Liebe treibt die Furcht aus … Wer sich aber fürchtet, der ist nicht völlig in der Liebe.« Und: »So ist die Liebe des Gesetzes Erfüllung.«

Intuition oder Führung

»Gedenke an ihn in allen deinen Wegen, so wird er dich recht führen.«

Für den Menschen, der die Macht seines Wortes kennt und welcher der intuitiven Führung folgt, gibt es nichts Unerreichbares. Durch sein Wort setzt er unsichtbare Kräfte in Bewegung und kann seinen Körper erneuern oder seine Angelegenheiten umwandeln.

Es ist deshalb von der größten Wichtigkeit, die richtigen Worte zu wählen, und der Schüler der Wahrheit wählt sorgfältig diejenige Erklärung, die er in das Unsichtbare hineinschleudern will.

Er weiß, dass Gott seine Versorgung ist; dass es für jeden Bedarf eine Versorgung gibt und dass sein gesprochenes Wort diese Versorgung frei macht.

»Bittet, so wird euch gegeben.«

Der Mensch muss den ersten Schritt tun. »Nahet euch zu Gott, so nahet er sich zu euch.«

Ich bin oft nach der genauen Weise gefragt worden, wie man eine Verwirklichung macht. Als Antwort gebe ich folgendes: »Sprich das Wort und unternimm dann nichts weiter, bis du eine bestimmte Eingebung erhältst.« Fordere eine Eingebung; sage: »Unendlicher Geist, offenbare mir den Weg und lass mich wissen, ob es irgendetwas gibt, das ich tun soll.«

Die Antwort wird durch Intuition, d. h. durch Eingebung, kommen; durch eine zufällige Bemerkung seitens eines anderen, durch ein Wort in einem Buch oder etwas Derartiges.

Die Antworten sind manchmal sehr erstaunlich in ihrer Genauigkeit. Zum Beispiel: Eine Frau wünschte eine große Summe Geld. Sie sprach die Worte: »Unendlicher Geist, öffne den Weg für meine sofortige Versorgung, lass alles, was durch das göttliche Vorrecht das meinige ist, jetzt zu mir in einer Lawine der Fülle zukommen.« Dann fügte sie hinzu: »Gib mir eine bestimmte Eingebung, lass mich wissen, ob es irgendetwas gibt, das ich tun soll.«

Der Gedanke kam sofort: »Gib einer bestimmten Freundin (die ihr geistig geholfen hatte) einhundert Euro.« Sie teilte dies ihrer Freundin mit, die sagte: »Warte nur mit dem Geben, bis du eine weitere Eingebung erhältst.« Da wartete sie und am gleichen Tag traf sie eine Frau, die ihr sagte: »Ich gab heute jemandem einen Euro, das war für mich gerade so viel, als es für dich sein würde, einhundert Euro zu geben.«

Dies war eine unverkennbare Führung, deshalb wusste sie, dass sie recht tat, indem sie einhundert Euro verschenkte. Es war eine Gabe, die sich als gute Geldanlage erwies, denn bald darauf kam ihr ein großer Geldbetrag auf erstaunliche Weise zu.

Das Geben öffnet den Weg für das Empfangen. Um Belebung in Geldangelegenheiten hinein zu bringen, sollte man geben. Bei den alten Juden, den Puritanern und manchen Sekten ist es ein alter Brauch, ein Zehntel des Einkommens zu geben, und dies bringt ganz gewiss Vermehrung.

Viele der reichsten Männer in den Vereinigten Staaten haben regelmäßig den Zehnten gegeben, und nach meinem Wissen hat diese Gewohnheit als gute Geldanlage niemals versagt. Der zehnte Teil wird ausgesandt und kehrt gesegnet und vermehrt zurück.

Jedoch muss die Gabe oder der Zehnte mit Liebe und Freude gegeben werden, denn man soll geben »nicht mit Unwillen oder aus Zwang«. Rechnungen sollten freudig bezahlt werden; alles Geld sollte furchtlos und mit einem Segenswort ausgegeben werden.

Diese Geisteseinstellung macht den Menschen zum Meister über das Geld. Das Geld soll ihm gehorsam sein, und sein gesprochenes Wort öffnet dann riesige Vorräte des Reichtums. Der Mensch selbst begrenzt seine Versorgung durch seine begrenzte Vision. Manchmal hat man ein großes Reichtumsbewusstsein, aber wagt nicht zu handeln.

Die Vision und die Handlung müssen Hand in Hand gehen, wie in dem Falle des Mannes, der den mit Pelz gefütterten Mantel kaufte.

Eine Frau bat mich, für eine Anstellung »das Wort« zu sprechen. Da forderte ich: »Unendlicher Geist, öffne den Weg für die richtige Stelle für diese Frau.« Bitte nie lediglich um »eine Stelle«; bitte für die »richtige Stelle«, für den Platz, der schon im göttlichen Geiste geplant ist, da dies die einzige Stelle ist, die befriedigen wird.

Sodann dankte ich, dass sie schon empfangen hatte und dass die Stelle sich bald verwirklichen werde. Bald darauf wurden ihr drei Stellen angeboten, zwei in der Stadt und eine in einem Strandort. Sie wusste nicht, welche sie annehmen sollte. Ich sagte: »Bitten Sie um weitere Eingebung.«

Die Zeit war beinahe um, und sie war noch unentschieden, als sie mir eines Tages telefonisch berichtete: »Beim Erwachen heute morgen konnte ich den Strand riechen.« Sie war schon dort gewesen und kannte seine würzige Luft. Ich antwortete: »Nun, wenn Sie von hier aus den Strand riechen können, ist es ganz gewiss Ihre Eingebung.« Sie nahm die Stelle dort an und diese erwies sich als ein großer Erfolg. Oft erhält man eine Eingebung zu einer unerwarteten Zeit.

Eines Tages habe ich mich auf der Straße innerlich stark bewogen gefühlt, zu einer bestimmten Bäckerei, einige Straßen entfernt, zu gehen.

Das verstandesmäßige Denken widerstrebte mit der Begründung: »Es gibt dort nichts, was du brauchst.« Ich hatte jedoch gelernt, nicht zu rechten, und ging deshalb zu der Bäckerei, sah mir alles an, und es gab in der Tat nichts dort, was ich wünschte. Als ich aber den Laden verließ, traf ich eine Frau, an die ich oft gedacht hatte und die der Hilfe sehr bedurfte, die ich ihr geben konnte.

So zieht man oft aus, um etwas zu suchen, und findet etwas ganz anderes. Intuition ist eine geistige Fähigkeit und erklärt nicht, sondern zeigt lediglich den Weg.

Oft erhält man eine Eingebung während einer »Behandlung«. Die Idee, die kommt, mag manchmal ganz belanglos sein, doch sind manche Eingebungen Gottes »geheimnisvoll«.

Eines Tages führte ich in meiner Unterrichtsklasse eine »Behandlung« aus, dass jeder Teilnehmer eine bestimmte Eingebung erhalten werde. Nachher sagte mir eine Frau: »Während Sie behandelten, erhielt ich die Eingebung, meine Möbel aus dem Lager zu nehmen und eine Wohnung zu mieten.« Die Frau war wegen ihres Gesundheitszustandes zu mir gekommen. Ich sagte ihr, dass ihre Gesundheit sich bessern würde, wenn sie ein eigenes Heim hätte, und ich fuhr fort: »Ich glaube, dass Ihr Leiden, das auf Blutandrang beruht, daher kommt, dass Sie Ihre Sachen eingelagert haben. Jedes Hamstern und Aufbewahren von Dingen verursacht eine Ablagerung im Körper. Sie haben das Gesetz des Gebrauchs verletzt, und Ihr Körper muss dafür büßen.«

Dann dankte ich, dass die göttliche Ordnung in ihrem Geiste, in ihrem Körper und in ihren Angelegenheiten herrschte.

Die meisten Menschen ahnen gar nicht, wie ihre Angelegenheiten auf ihren Körper zurückwirken. Es gibt ein geistiges Ebenbild für jede Krankheit.

Der Mensch kann sofortige Heilung dadurch erzielen, dass er seinen Körper als eine vollkommene Idee im göttlichen Geiste erfasst und deshalb heil und vollkommen ist; wenn er jedoch mit seinem vernichtenden Denken, seinem Kargen, Hassen, Fürchten, Verurteilen fortfährt, wird die Krankheit wiederkehren.

Jesus Christus wusste, dass jede Krankheit durch Sünde kommt. Deshalb ermahnte er den Kranken nach der Heilung: »Sündige hinfort nicht mehr, dass dir nicht etwas Ärgeres widerfahre.«

So muss des Menschen Unterbewusstsein, um eine anhaltende Heilung zu haben, gewaschen werden, dass es schneeweiß werde, und der Metaphysiker forscht immer tief, um das geistige Ebenbild zu ergründen.

Jesus Christus sagte: »Richtet nicht, so werdet ihr auch nicht gerichtet. Verdammet nicht, so werdet ihr nicht verdammt.«

Viele Menschen haben Krankheit und Unglück durch das Verurteilen anderer zu sich herangezogen. Das, was der Mensch in anderen verurteilt, zieht er zu sich selbst heran.

Zum Beispiel: Eine Freundin besuchte mich in Ärger und Verzweiflung, weil ihr Mann sie wegen einer anderen Frau verlassen hatte. Sie verurteilte die andere Frau und sagte wiederholt: »Sie wusste, dass er verheiratet war, und hatte kein Recht, seine Aufmerksamkeit zu erwidern.« Ich antwortete: »Hören Sie auf, diese Frau zu verurteilen, segnen Sie sie und machen Sie mit dieser Begebenheit Schluss, andernfalls werden Sie einen ähnlichen Fall zu sich heranziehen.« Sie hörte nicht auf meine Worte, und etwa ein Jahr später verliebte sie sich selbst in einen verheirateten Mann.

Wenn der Mensch kritisiert oder verurteilt, fasst er einen mit Elektrizität geladenen Draht an und muss damit rechnen, dass er einen elektrischen Schlag erhält.

Unentschlossenheit ist ein Stein des Anstoßes auf dem Pfad vieler. Um ihn zu überwinden, mache wiederholt die Erklärung: »Ich erhalte stets göttliche Eingebung; ich treffe schnell richtige Entscheidungen.«

Diese Worte prägen sich dem Unterbewusstsein ein, und bald erfährt man, dass man wachsam und behutsam ist und sich ohne Zögern richtig entschließen kann.

Ich finde es vernichtend, sich um Führung der psychischen Ebene zuzuwenden, da dies die Ebene vieler Geister ist und nicht diejenige des »Einzigen Geistes«.

Wenn der Mensch seinen Geist der Subjektivität öffnet, wird er eine Zielscheibe für vernichtende Kräfte. Das Psychische ist das Ergebnis des sterblichen Gemüts des Menschen und befasst sich mit der »Ebene der Gegensätze«. Er kann sowohl gute als auch böse Botschaften erhalten.

Die Zahlenphilosophie und das Lesen des Horoskops halten den Menschen auf der sterblichen Ebene nieder, denn sie befassen sich nur mit dem karmischen Lebenslauf.

Ich kenne einen Mann, der nach seinem Horoskop schon jahrelang tot sein sollte, der aber lebt und der Führer einer der größten Bewegungen für die Erhebung der Menschheit ist.

Ein sehr starker Geist ist erforderlich, um eine unheilvolle Prophezeiung zu vernichten. Der Schüler sollte erklären: Jede falsche Prophezeiung wird zunichte werden; jeder Plan, der nicht von meinem himmlischen Vater geplant ist, wird aufgelöst und verbannt; die göttliche Idee tritt jetzt in Erscheinung. Wenn dir jedoch irgendeine gute Botschaft gegeben worden ist über herantretendes Glück oder über Reichtum, pflege diese und erwarte sie, und sie wird sich früher oder später durch das Gesetz der Erwartung verwirklichen.

Des Menschen Wille sollte angewandt werden, um den allumfassenden Willen zu unterstützen. »Ich will, dass der Wille Gottes geschehe.« Es ist Gottes Wille, dem Menschen jeden rechtschaffenen Wunsch seines Herzens zu geben, und des Menschen Wille sollte angewandt werden, die vollkommene Vision ohne Schwanken festzuhalten.

Der verlorene Sohn sagte: »Ich will mich aufmachen und zu meinem Vater gehen.« Es erfordert oft eine Anstrengung des Willens, die Treber und die Säue des sterblichen Denkens zu verlassen. Es ist für den durchschnittlichen Menschen viel leichter, Furcht statt Glauben zu haben; der Glaube erfordert daher im voraus Bereitschaft und Hingabe. Wenn der

Mensch geistig erwacht, sieht er ein, dass jede äußere Disharmonie ihr Ebenbild in einer geistigen Disharmonie hat. Wenn er stolpert und fällt, wird er wissen, dass er in seinem Bewusstsein stolpert und fällt.

Eines Tages verurteilte eine Frau eine andere, als sie auf der Straße ging. Sie sagte geistig: »Jene Frau ist die unangenehmste Frau der Welt.« Plötzlich jagten drei Jungen um die Ecke und warfen sie beinahe zu Boden. Sie verurteilte die Jungen nicht, sondern rief sofort das Gesetz der Vergebung an und »begrüßte die Göttlichkeit« in der Frau. »Wohl dem Menschen, der Weisheit findet.« Ihre Wege sind liebliche Wege; und alle ihre Steige geben Friede.

Wenn jemand etwas vom Unendlichen fordert, muss er auf Überraschungen gefasst sein. Alles mag dabei schief zu gehen scheinen, in Wirklichkeit geht alles nach dem Rechten.

Einer Frau wurde gesagt, dass es im göttlichen Geiste keinen Verlust gibt und dass sie folglich nichts verlieren könne, was ihr gehöre. Wenn irgendetwas verloren ginge, würde es ihr zurückgegeben werden oder sie würde etwas Gleichwertiges erhalten.

Einige Jahre vorher hatte sie Geld verloren. Sie hatte das Geld einer Verwandten geliehen, und diese Verwandte starb, ohne diese Anleihe in ihrem Testament zu erwähnen. Die Frau war grollend und verärgert. Da sie über den Vorgang nichts Schriftliches hatte, erhielt sie das Geld nie. Da entschloss sie sich, den Verlust zu verneinen und die Summe von der Bank des Allumfassenden abzuheben. Sie fing an, indem sie der Frau vergab, da Groll und Unversöhnlichkeit die Tore dieser wunderbaren Bank schließen. Sie machte folgende Erklärung: »Ich verneine den Verlust; im göttlichen Geiste gibt es keinen Verlust; ich kann etwas, das durch göttliches Vorrecht mein eigen ist, nicht verlieren. Wenn eine Türe zugeht, öffnet sich eine andere.«

Sie wohnte in einem Miethaus, das zum Verkauf ausgeschrieben war. In dem Mietvertrag war eine Klausel mit der Bedingung, dass, wenn das Haus verkauft würde, die Mieter innerhalb von neunzig Tagen auszuziehen haben.

Plötzlich erhöhte der Hausbesitzer die Miete. Wiederum war die Ungerechtigkeit hinter dieser Frau her, aber sie blieb dieses Mal ungerührt. Sie segnete den Hausbesitzer und sagte: »Da die Miete erhöht worden ist, bedeutet dies, dass ich reicher werden soll, denn Gott ist meine Versorgung.« Neue Mietverträge wurden aufgestellt mit erhöhter Miete, doch wurde durch ein glückliches Versehen die Klausel hinsichtlich der neunzig Tage weggelassen. Bald darauf hatte der Hausbesitzer Gelegenheit, das Haus zu verkaufen. Wegen des Fehlers in den neuen Mietverträgen hatten die Mieter das Recht, noch ein ganzes Jahr dort zu wohnen.

Der Verwalter bot jedem Mieter Geld an, wenn er ausziehen würde. Einige Familien zogen aus; drei Familien blieben, jene Frau inbegriffen. Einige Monate vergingen, als der Verwalter wieder erschien. Dieses Mal sagte er zu der Frau: »Würden Sie Ihren Mietvertrag lösen?« Blitzartig fiel ihr ein: »Hier kommt das Geld zurück.« Sie erinnerte sich, dass sie zu Freunden im Haus gesagt hatte: »Wir wollen alle zusammenstehen, wenn noch etwas über unser Ausziehen gesprochen wird.« Die Freunde meinten: »Nun, sie werden ganz gewiss geben, was du verlangst.« Da erhielt sie alles, was sie verloren hatte, als Entschädigung dafür, dass sie auszog. Dies war sicherlich ein wunderbares Wirken des Gesetzes, und die scheinbare Ungerechtigkeit bereitete nur den Weg für eine Verwirklichung.

Diese Angelegenheit beweist, dass es keinen Verlust gibt und dass der Mensch, wenn er fest zum Geistigen hält, alles, was sein eigen ist, aus dem großen Reservoir des Guten empfängt.

»Und ich will euch die Jahre erstatten, welche die Heuschrecken … gefressen haben.« Die Heuschrecken sind Zweifel, Furcht, Groll und Gram des sterblichen Denkens.

Nur diese falschen Gedanken berauben den Menschen, denn »niemand gibt dem Menschen etwas außer er selbst, und kein Mensch nimmt etwas von dem Menschen außer er selbst.«

Der Mensch ist hier, um Gott zu beweisen und »von dem Licht« zu zeugen; er kann Gott nur dadurch beweisen, dass er Wohlstand aus dem Mangel und Gerechtigkeit aus der Ungerechtigkeit hervorbringt.

»Prüfet mich hierin, spricht der Herr Zebaoth, ob ich euch nicht des Himmels Fenster auftun werde und Segen herabschütten werde die Fülle.«

Vollkommener Selbstausdruck oder das göttliche Vorbild

»Kein Wind kann mein Schiffchen umher treiben oder die Gezeiten des Schicksals ändern.«

Für einen jeden Menschen gibt es vollkommenen Selbstausdruck. Es gibt einen Platz, den er ausfüllen soll und den kein anderer ausfüllen kann; etwas, das er tun soll und das kein anderer tun kann; dies ist sein Schicksal!

Dieses Ziel ist als vollkommene Idee im göttlichen Geiste enthalten und wartet auf des Menschen Anerkennung. Da das Vorstellungsvermögen eine Fähigkeit des Erschaffens ist, ist es notwendig, dass der Mensch eine Idee sieht, ehe diese sich verwirklichen kann.

Des Menschen höchste Forderung ist, das göttliche Vorbild seines Lebens zu finden. Er hat vielleicht nicht die leiseste Ahnung, was dies sein soll; vielleicht hat er eine wunderbare Begabung, die tief in ihm schlummert.

Seine Forderung sollte sein: »Unendlicher Geist, öffne den Weg, damit das göttliche Vorbild meines Lebens sich verwirklicht; lass den Genius in mir jetzt befreit werden; lass mich deutlich den vollkommenen Plan erblicken.«

Der vollkommene Plan enthält Gesundheit, Wohlstand, Liebe und Selbstausdruck. Dies bringt volle Befriedigung. Wenn einer diese Forderung gestellt hat, werden sich vielleicht große Änderungen in seinem Leben vollziehen, denn beinahe jeder Mensch ist vom göttlichen Vorbild weit abgewandert.

Bei einer Frau, die ich kenne, war es, als ob ein Wirbelsturm alle ihre Angelegenheiten durcheinander gebracht hätte, aber bald darauf wurde alles wieder hergestellt, und anstelle der alten Zustände traten neue und wunderbare Zustände ein.

Vollkommener Selbstausdruck wird nie schwere Arbeit sein, im Gegenteil, er wird so außerordentlich interessant sein, dass er einem beinahe als Spiel vorkommt. Da der Mensch von Gott ausgerüstet in die Welt tritt, weiß der Schüler auch, dass die nötige Versorgung für seinen vollkommenen Selbstausdruck vorhanden sein wird.

Mancher Genius hat jahrelang mit dem Problem der Versorgung gerungen, obgleich sein gesprochenes Wort und sein Glaube die nötigen Geldmittel schnell freigemacht hätten. Zum Beispiel: Eines Tages kam am Schluss der Unterrichtsstunde ein Mann zu mir und gab mir einen Cent. Er sagte: »Ich besitze in der ganzen Welt nur sieben Cent und ich gebe Ihnen einen davon, denn ich glaube an die Macht Ihres gesprochenen Wortes. Bitte sprechen Sie das Wort für meinen vollkommenen Selbstausdruck und meinen Wohlstand.«

Ich »sprach das Wort« und sah ihn erst nach einem Jahr wieder. Er besuchte mich eines Tages, erfolgreich und glücklich, mit reichlich Geld in der Tasche. Er sagte: »Unmittelbar nachdem Sie das Wort gesprochen hatten, wurde mir eine Stelle in einer entfernten Stadt angeboten, und jetzt verwirkliche ich Gesundheit, Glück und Versorgung.«

Der vollkommene Selbstausdruck einer Frau kann sich als vollkommene Gattin, vollkommene Mutter, vollkommene Haushälterin äußern und muss nicht notwendigerweise im öffentlichen Berufsleben liegen. Fordere bestimmte Führung, und der Weg wird dir leicht und erfolgreich geebnet.

Man sollte sich anfangs ein geistiges Bild nicht selbst vorstellen und sollte es auch nicht gewaltsam hervorzaubern. Wenn du forderst, dass das göttliche Vorbild in dein Bewusstsein treten soll, wirst du Blitze der Eingebung empfangen und wirst dich sehen, wie du etwas Großes vollbringst. Du sollst dieses Bild, d. h. diese Idee, ohne Schwanken festhalten.

Das Ding, das der Mensch sucht, sucht ihn – das Luftschiff suchte Zeppelin.

Eltern sollten ihren Kindern niemals eine Laufbahn oder einen Beruf aufzwingen. Kraft einer Kenntnis der geistigen Wahrheit kann der göttliche Plan in früher Jugend oder auch vor der Geburt gefordert werden.

Eine vorgeburtliche »Behandlung« wäre wie folgt: »Lass den in diesem Kinde wohnenden Gott vollkommenen Ausdruck finden, damit das göttliche Vorbild seines Geistes, seines Körpers und seiner Angelegenheiten sein Leben lang in aller Ewigkeit verwirklicht wird.«

Gotte Wille geschehe, nicht der des Menschen; Gottes Vorbild, nicht das Vorbild des Menschen, ist das Gebot, das sich durch die ganze Bibel zieht, und die Bibel ist ein Buch, das die Wissenschaft des Geistes behandelt. Sie ist ein Buch, das erzählt, wie der Mensch seine Seele aus der Knechtschaft befreien kann.

Die Kämpfe, die dort geschildert werden, sind Bilder des Menschen, der den Kampf gegen sterbliche Gedanken führt. »Des Menschen Feinde werden seine eigenen Hausgenossen sein.« Jeder Mensch ist ein Josaphat und jeder Mensch ist David, der den Goliath, d. h. das sterbliche Denken, mit dem kleinen, glatten Stein, d. h. dem Glauben, tötet.

Deshalb muss der Mensch auf der Hut sein, dass er nicht ein Schalk und fauler »Knecht« ist, der seinen »Zentner in die Erde« vergräbt. Wenn man seine Fähigkeiten unbenutzt lässt, ist die Strafe furchtbar.

Oft steht die Furcht zwischen dem Menschen und seinem vollkommenen Selbstausdruck. Lampenfieber hat manchen Genius behindert. Dies kann durch das gesprochene Wort überwunden werden. Der Mensch verliert dann alles Selbstbewusstsein und spürt, dass er lediglich ein Kanal ist, durch den die unendliche Intelligenz sich ausdrückt. Er steht unter direkter Eingebung, furchtlos und selbstvertrauend; denn er spürt, dass der Vater in ihm ist, der die Tat vollbringt.

Ein Junge kam oft mit seiner Mutter in meine Unterrichtsklasse. Er bat mich, »das Wort« zu sprechen für die bevorstehende Schulprüfung. Ich sagte ihm, er solle die Erklärung machen: »Ich bin eins mit der unendlichen Intelligenz. Ich weiß alles, was ich auf diesem Gebiet wissen muss.« Er hatte eine ausgezeichnete Kenntnis in Geschichte, war aber im Rechnen nicht sicher. Später erzählte er mir: »Ich sprach das Wort für Rechnen und war der Erste in der Klasse; hingegen hatte ich gedacht, ich könnte mich in Geschichte auf mich selbst verlassen und schnitt sehr schlecht ab.« Der Mensch erleidet oft einen Rückschlag, wenn er sich zu sehr auf sich selbst verlässt, was bedeutet, dass er sich auf seine Persönlichkeit verlässt und nicht auf den innewohnenden Vater.

Eine meiner Schülerinnen gab mir ein Beispiel hierfür. Sie machte eine ausgedehnte Reise, besuchte mehrere Länder, deren Sprache sie nicht verstand. Sie bat andauernd um Führung und Schutz und alle ihre Angelegenheiten verliefen harmonisch und wunderbar. Unterkunft in den besten Hotels war immer für sie bereit, überall, wo sie auch ging, erhielt sie vollkommene Bedienung. Sie kehrte nach New York zurück. Da sie die Sprache kannte, dachte sie, sie habe Gott nicht mehr nötig, deshalb erledigte sie ihre Sachen wie gewöhnlich. Alles ging schief, ihre Koffer kamen zu spät an, es gab Disharmonie und ein Durcheinander. Man muss es sich zur Gewohnheit machen, die »Gegenwart Gottes« jeden Augenblick zu üben. »Gedenke an ihn in allen deinen Wegen«, nichts ist zu klein und nichts zu groß.

Eine unbedeutende Begebenheit kann vielleicht manchmal ein Wendepunkt in einem Menschenleben sein. Robert Fulton sah ein Dampfboot, als er beobachtete, wie das kochende Wasser den Deckel des Teekessels hob!

Oft habe ich gesehen, wie ein Schüler seine Verwirklichung durch Widerstand oder durch Selbstbestimmung verhinderte. Er sah nur eine einzige Möglichkeit und diktierte den Weg, auf dem die Verwirklichung kommen sollte, womit er alles zum Stillstand brachte. »Mein Weg, nicht deiner«, lautet das Gesetz der unendlichen Intelligenz. Wie alle Kraft, sei es Dampf oder Elektrizität, muss diese Intelligenz eine widerstandslose Maschine oder ein widerstandsloses Werkzeug haben, durch das sie sich betätigen kann, und der Mensch ist eine solche Maschine oder ein solches Werkzeug.

Es wird dem Menschen immer wieder gesagt, »still zu stehen«. »Aber ihr werdet nicht streiten in dieser Sache. Tretet nur hin und stehet und sehet das Heil des Herrn, der mit euch ist. Fürchtet euch nicht und zaget nicht. Morgen ziehet aus wider sie: der Herr ist mit euch.«

Das Ziel des Wahrheitsschülers ist innere Ruhe! Innere Ruhe ist Macht, denn sie ermöglicht der Gottesmacht, durch den Menschen zu fließen, denn »Gott ist's, der in euch wirkt, beides, das Wollen und das Vollbringen, nach seinem Wohlgefallen.« Wenn du innerlich ruhig bist, kannst du klar denken und die richtigen Entscheidungen treffen. Du wirst im Spiel des Lebens gewinnen.

Ärger verdunkelt die Vision, vergiftet das Blut, ist die Ursache vieler Krankheiten und ruft falsche Entscheidungen hervor, die zu Misserfolg führen. Er wird eine der schlimmsten Sünden genannt, da seine Wirkung so unheilvoll ist. Der Wahrheitsschüler lernt, dass in der Metaphysik die Sünde eine viel größere Bedeutung hat als in der alten Lehre. »Was aber nicht aus dem Glauben geht, das ist Sünde.«

Er erfährt, dass Furcht und Sorge tödliche Sünden sind. Sie sind verkehrter Glaube und bringen durch verwirrte geistige Bilder dasjenige in Erscheinung, vor dem er sich gefürchtet hat. Es ist seine Arbeit, diese Feinde aus dem Unterbewusstsein hinaus zu jagen. »Wenn der Mensch furchtlos ist, ist er vollkommen!« Maeterlinck sagt, dass der Mensch ein sich fürchtender Gott ist.

Deshalb kann der Mensch, wie wir schon in den vorhergehenden Kapiteln gelesen haben, die Furcht nur überwinden, wenn er dem Ding entgegentritt, vor dem er sich fürchtet. Als Josaphat und sein Heer sich vorbereiteten, dem Feind entgegenzutreten, sangen sie »Danket dem Herrn, denn seine Barmherzigkeit währet ewiglich«, und da fanden sie, dass ihre Feinde sich gegenseitig vernichtet hatten und keine vorhanden waren, mit denen sie streiten konnten.

Zum Beispiel: Eine Frau bat eine Freundin, einer anderen Freundin etwas auszurichten. Die Frau fürchtete sich, diese Botschaft zu übermitteln, da ihr verstandesmäßiges Denken sagte: »Misch dich nicht in diese Sache ein, richte dies nicht aus.« Sie war unruhig, denn sie hatte es versprochen. Schließlich entschloss sie sich, »dem Löwen entgegenzutreten« und das Gesetz des göttlichen Schutzes anzurufen. Sie traf die Freundin, der sie die Botschaft geben sollte. Sie wollte gerade etwas sagen, als die Freundin sagte: »Soundso ist verreist.« Da war es unnötig, die Botschaft auszurichten, da sie davon abhing, ob die Betreffende in der Stadt oder verreist war. Da die Frau willens war, das Erwünschte zu tun, war sie nicht mehr dazu gezwungen; weil sie sich nicht länger fürchtete, verschwand die ganze Sache.

Der Wahrheitsschüler verzögert oft seine Verwirklichung durch seinen Glauben an seine Unvollkommenheit. Er sollte folgendes Wort sprechen: »Im göttlichen Geiste gibt es nur Vollkommenheit, deshalb ist meine Verwirklichung vollständig. Meine Arbeit ist vollkommen, mein Heim ist vollkommen, meine Gesundheit ist vollkommen.« Alles, was er fordert, ist als vollkommene Idee im göttlichen Geiste vorhanden, und es muss sich »unter Gnade in vollkommener Weise« verwirklichen. Er dankt dafür, dass er schon im Unsichtbaren empfangen hat, und bereitet sich täglich darauf vor, im Sichtbaren zu empfangen.

Eine meiner Schülerinnen hatte eine finanzielle Verwirklichung nötig; sie fragte mich, warum diese nicht vollständig war. Ich antwortete: »Vielleicht sind Sie gewohnt, Sachen unerledigt zu lassen, und das Unterbewusstsein hat die Gewohnheit angenommen, Sachen nicht zu Ende zu führen. Wie das Innere, so auch das Äußere.« Sie sagte: »Sie haben recht. Ich fange oft Sachen an und mache sie nie fertig. Ich werde nach Hause gehen und etwas fertig machen, es wird symbolisch für meine Verwirklichung sein.« Sie nähte fleißig und machte die Arbeit schnell fertig. Bald darauf kam das Geld auf außergewöhnliche Weise. Ihr Mann erhielt in jenem Monat sein Gehalt zweimal bezahlt. Er teilte seiner Firma den Fehler mit und sie sagte, er solle das Geld behalten.

Wenn der Mensch bittet und glaubt, muss er empfangen, denn Gott schafft seine eigenen Kanäle!

Manchmal werde ich gefragt: »Angenommen, ich habe mehrere Begabungen, wie soll ich wissen, welche ich wählen soll?« Fordere eine bestimmte Antwort. Sage: »Unendlicher Geist, zeige mir eine bestimmte Führung, offenbare mir meinen vollkommenen Selbstausdruck, zeige mir, welche Begabung ich jetzt gebrauchen soll.« Ich habe schon Menschen eine ganz neue Arbeitsrichtung einschlagen sehen, dafür ausgerüstet, mit wenig oder gar keiner Vorbildung. Deshalb mache die Erklärung: »Ich bin völlig ausgerüstet für den göttlichen Plan meines Lebens«, und sei furchtlos, jede Gelegenheit wahrzunehmen.

Manche Menschen sind freudige Geber und doch unwillige Nehmer. Sie verweigern aus Stolz oder irgendeinem negativen Grund Geschenke, verschließen dadurch die Kanäle und haben schließlich wenig oder gar nichts.

Zum Beispiel: Einer Frau, die sehr viel Geld verschenkte, wurde ein Geschenk von mehreren tausend Euro angeboten. Sie verweigerte die Annahme mit der Begründung, dass sie es nicht brauche. Kurz darauf waren ihre Finanzen »eingefroren«, und sie befand sich in einer Schuld von derselben Höhe. »Lass dein Brot über das Wasser fahren, so wirst du es finden nach langer Zeit.« Empfange freudig das Brot, das über das Wasser zu dir zurückkehrt – umsonst habt ihr es gegeben, umsonst empfanget es auch.

Es besteht immer ein vollkommenes Gleichgewicht zwischen dem Geben und dem Nehmen, und obgleich der Mensch geben sollte, ohne an eine Vergeltung zu denken, so verletzt er das Gesetz, wenn er nicht annimmt, was zu ihm zurückkehrt; denn alle Gaben sind von Gott, und der Mensch ist lediglich der Vermittler.

Gedanken des Mangels sollten nie über einen Geber gehegt werden.

Zum Beispiel: Als der Mann mir den einen Cent gab, sagte ich nicht: »Armer Mann, er kann es sich nicht leisten, ihn mir zu geben.« Ich erblickte ihn als reich und wohlhabend, umgeben von ihm zufließender Versorgung. Es war dieser Gedanke, der dann die Versorgung brachte. Wenn du ein schlechter Nehmer gewesen bist, musst du ein guter Nehmer werden und sogar eine Briefmarke annehmen, wenn dir eine angeboten wird, um dadurch die Wege zum weiteren Nehmen aufzuschließen.

Der Herr liebt »fröhliche Geber und Nehmer«.

Ich werde oft gefragt, warum der eine reich und gesund geboren wird, während der andere arm und krank ist. Wo eine Wirkung ist, da ist auch eine Ursache; Zufall gibt es nicht.

Diese Frage wird durch das Gesetz der Seelenwanderung beantwortet. Der Mensch geht durch viele Geburten und mehrfaches Sterben hindurch, bis er die Wahrheit erkennt, die ihn frei macht. Er wird durch unbefriedigtes Verlangen in die Welt zurückgezogen, um seine karmischen Schulden zu bezahlen oder um sein Schicksal zu erfüllen.

Der Mensch, der reich und gesund geboren wird, hatte in seinem früheren Leben Bilder der Gesundheit und des Reichtums in seinem Unterbewusstsein; der arme und kranke Mensch hatte Bilder

der Krankheit und der Armut. Der Mensch verwirklicht, wo er auch sei, die Gesamtzahl seiner unterbewussten Annahmen. Geburt und Tod sind jedoch vom Menschen aufgestellte Gesetze, »denn der Tod ist der Sünde Sold«; der Adam-Mensch fällt in seinem Bewusstsein durch seinen Glauben an zwei Mächte. Der wahre Mensch, d. h. der geistige Mensch, ist geburtlos und unsterblich! Er wurde nie geboren und ist nie gestorben. »Wie er im Anfang war, so ist er jetzt und wird in alle Ewigkeit sein!«

Durch die Wahrheit ist der Mensch folglich von dem Gesetz des Karmas, von Sünde und Tod befreit und verwirklicht den Menschen, der als Gottes Ebenbild erschaffen wurde. Des Menschen Freiheit kommt daher, dass er sein Schicksal erfüllt und das göttliche Muster in seinem Leben verwirklicht. Sein Herr wird zu ihm sprechen: »Du frommer und getreuer Knecht, du bist über wenigem getreu gewesen; ich will dich über viel setzen« – sogar über den Tod -; »gehe ein zu deines Herrn Freude« – in das ewige Leben!

Verneinungen und Bejahungen

»Was du dir wirst vornehmen, wir er dir lassen gelingen.«

Alles Gute, das im Leben eines Menschen verwirklicht werden soll, ist im göttlichen Geist schon vollbracht und wird durch des Menschen Anerkennung oder durch sein gesprochenes Wort befreit. Deshalb muss er bedacht sein, sich vorzunehmen, dass nur die göttliche Idee sich verwirklicht, denn oft nimmt er durch seine müßigen Worte Misserfolg oder Unglück vorweg. Es ist daher von größter Wichtigkeit, unsere Wünsche richtig in Worte zu setzen.

Wenn du dir ein Heim, einen Freund, eine Arbeit oder irgendetwas Gutes wünscht, sprich das Wort für die »göttliche Wahl«. Sage zum Beispiel: »Unendlicher Geist, öffne mir den Weg zu meinem richtigen Heim, meinem richtigen Freund, meiner richtigen Arbeit. Ich danke, dass dies sich jetzt auf vollkommene Weise verwirklicht.«

Der letzte Teil dieser Bejahung ist sehr wichtig. Zum Beispiel: Ich kannte eine Frau, die das Wort für eine bestimmte Summe sprach. Ihre Tochter wurde verletzt und erhielt diesen Betrag von der Unfallversicherung, deshalb kam dieses Geld nicht auf die richtige Weise. Die Forderung hätte lauten sollen: »Unendlicher Geist, ich danke, dass das Geld, das durch das göttliche Vorrecht mir gehört, jetzt freigemacht wird und mir unter Gnade auf vollkommene Weise zukommt.«

Während man in ein Bewusstsein der Wohlhabenheit hineinwächst, sollte man fordern, dass die großen Geldsummen, die uns durch das göttliche Vorrecht zustehen, uns unter Gnade auf vollkommene Weise erreichen.

Es ist unmöglich mehr freizumachen, als du im Bereich der Möglichkeit siehst, denn wir sind durch die beschränkten Erwartungen des Unterbewusstseins gebunden. Wir müssen unsere Erwartungen vergrößern, um auf größere Weise zu empfangen.

Der Mensch begrenzt sich oft in seinen Forderungen. Reichtum ist eine Sache des Bewusstseins. Es gibt eine französische Legende, die dies gut darstellt. Ein armer Mann traf, als er des Weges ging, einen Wanderer, der ihn anhielt und sagte: »Mein guter Freund, ich merke, dass du arm bist, nimm diesen Goldklumpen, verkaufe ihn und du wirst dein ganzes Leben reich sein.« Der Mann war über sein großes Glück hocherfreut und nahm den Goldklumpen mit nach Hause. Er fand sofort Arbeit und wurde so wohlhabend, dass er den Goldklumpen nicht verkaufte. Jahre vergingen, und er wurde ein sehr reicher Mann. Eines Tages traf er auf dem Wege einen armen Mann und sagte: »Mein guter Freund, ich gebe dir diesen Goldklumpen; wenn du ihn verkaufst, wirst du zeitlebens reich sein.« Der Bettler nahm den Goldklumpen, ließ ihn schätzen und erfuhr, dass er nur aus Messing war. Daher sehen wir, dass der erste Mann reich wurde, weil er sich reich fühlte, da er glaubte, der Klumpen sei aus Gold.

Jeder Mensch hat einen Goldklumpen in sich; es ist sein Bewusstsein von Gold oder Fülle, das Reichtum in sein Leben bringt. Bei seiner Anforderung sollte der Mensch schon am Ziel anfangen, d. h. er erklärt, dass er schon empfangen hat. »Ehe sie rufen, will ich antworten!«

Durch andauerndes Bejahen wird der Glaube im Bewusstsein befestigt.

Es wäre nicht nötig, eine Bejahung zu wiederholen, wenn wir vollkommenen Glauben hätten. Wir sollten nicht betteln oder flehen, sondern wiederholt denken, dass wir schon empfangen haben.

»Das dürre Land wird fröhlich stehen und wird blühen wie die Lilien.« Dieses »fröhlich stehen«, während wir noch in dem dürren Land, d. h. Bewusstseinszustand, sind, öffnet den Weg zur Befreiung. Das Vaterunser ist als Befehl und als Forderung gefasst: »Unser täglich Brot gib uns heute. Und vergib uns unsere Schulden, wie wir vergeben unseren Schuldigern« und endigt in Lobpreisungen: »Denn dein ist das Reich und die Kraft und die Herrlichkeit in Ewigkeit, Amen.« So ist das Gebet Befehl und Forderung, Dank und Lobpreisung. Die Arbeit des Wahrheitsschülers besteht darin, dass er sich glauben macht, dass »bei Gott alle Dinge möglich sind«.

Es ist sehr leicht, dies im Abstrakten zu erklären, aber es ist schwerer, wenn man einem Problem gegenübersteht. Es war z. B. notwendig, dass eine Frau in einer bestimmten Zeit eine große Geldsumme verwirklichte. Sie wusste, sie müsse irgendetwas tun, um das Bewusstsein zu erlagen, denn Bewusstsein ist Verwirklichung. Da bat sie um Führung. Sie ging durch ein Warenhaus, als sie einen sehr schönen Brieföffner sah. Sie wurde zu ihm innerlich hingezogen. Der Gedanke kam: »Ich habe keinen Brieföffner, der gut genug ist, um Briefe aufzuschneiden, die große Schecks enthalten.« Da kaufte sie den Brieföffner, was das vernünftige Denken als große Verschwendung erachtet hätte. Als sie ihn in ihrer Hand hielt, sah sie blitzschnell, wie sie einen Briefumschlag aufschnitt, der einen großen Scheck enthielt, und nach einigen Wochen erhielt sie das Geld. Der schöne Brieföffner war die Brücke ihres tätigen Glaubens.

Viele Geschichten erzählen von der Macht des durch den Glauben geleiteten Unterbewusstseins. Ich erzähle eine davon. Ein Mann verbrachte die Nacht in einem Bauernhaus. Die Fenster des Zimmers waren zugenagelt. Mitten in der Nacht glaubte er, ersticken zu müssen, und tastete sich im Dunkeln zu dem Fenster. Er konnte es nicht öffnen; da zerbrach er die Glasscheibe mit seiner Faust, atmete tief die gute, frische Luft ein und hatte einen ruhigen Nachtschlaf. Am nächsten Morgen sah er, dass er die Glasscheibe eines Bücherschrankes zerschlagen hatte und dass das Fenster die ganze Nacht geschlossen geblieben war. Er hatte sich mit Sauerstoff einfach dadurch versorgt, dass er an Sauerstoff dachte.

Wenn man mit einer Verwirklichung anfängt, sollte man nie zurückkehren. »Denn wer da zweifelt …, solcher Mensch denke nicht, dass er etwas vom Herrn empfangen werde.«

Ein Wahrheitsschüler gab nachstehende wunderbare Erklärung. Er sagte: »Wenn ich meinen Vater um etwas bitte, stampfe ich mit dem Fuß und sage: Vater, ich werde nicht weniger annehmen, als ich verlangt habe, sondern mehr!« Der Mensch sollte nie Kompromisse machen. Dies ist oft der schwierigste Schritt in der Verwirklichung. Man wird versucht, die Sache aufzugeben, zurückzukehren und Kompromisse zu machen.

»Es dienet auch, der nur da steht und wartet.«

Verwirklichungen kommen oft erst in der elften Stunde, weil der Mensch dann nicht mehr starr festhält, sondern aufhört, dem menschlichen Verstand gemäß zu denken, und die unendliche Intelligenz Gelegenheit hat, zu wirken.

»Das öde Verlangen des Menschen wird öde beantwortet und seine ungeduldigen Wünsche werden lange hinausgeschoben oder gewaltsam erfüllt.«

Zum Beispiel: eine Frau fragte mich, warum sie immer wieder ihre Brille verliere oder zerbreche. Sie sagte oft ärgerlich zu sich und den anderen: »Ich wünschte, ich könnte meine Brille loswerden.« Deshalb wurde ihr ungeduldiger Wunsch gewaltsam erfüllt. Sie hätte vollkommenes Augenlicht fordern sollen, aber was sie dem Unterbewusstsein aufprägte, war nur der ungeduldige Wunsch, von der Brille befreit zu sein. Deshalb ging sie immer wieder verloren oder zerbrach.

Verlust und Entwertung werden durch zwei Denkungsarten verursacht. Erstens: Durch Geringschätzung, wie in dem Falle der Frau, die ihren Mann nicht schätzte. Zweitens: Durch Furcht vor Verlust, die eine Vorstellung des Verlustes im Bewusstsein schildert.

Wenn ein Schüler sein Problem gehen lassen, d. h. sein Anliegen auf den Herrn werfen kann, wird er sofortige Verwirklichung haben.

Zum Beispiel: Eine Frau ging an einem sehr stürmischen Tag aus, und ihr Regenschirm wurde durch den Wind umgedreht. Sie wollte bei einer Familie, die sie noch nicht kennen gelernt hatte, einen Besuch machen und wollte nicht mit einem zerrissenen Schirm hingehen. Sie konnte ihn nicht wegwerfen, da er ihr nicht gehörte. Da sagte sie in Verzweiflung: »Ach Gott, nimm du diesen Regenschirm in Schutz.«

Einen Augenblick später sagte eine Stimme hinter ihr: »Meine Dame, darf ich Ihren Schirm flicken?« Da stand ein hausierender Schirmmacher. Sie antwortete: »Ja, das wäre mir lieb.« Der Mann flickte den Schirm, während sie den Besuch machte, und als sie wieder herauskam, hatte sie einen guten Regenschirm. So ist auf unserem Wege immer ein Schirmmacher zur Hand, wenn wir den Schirm, d. h. unser Anliegen, in Gottes Hand legen.

Auf eine Verneinung sollte immer eine Bejahung folgen. Zum Beispiel: Spät in der Nacht wurde ich an das Telefon gerufen, um einen Mann zu »behandeln«, den ich nie gesehen hatte. Er war anscheinend sehr krank. Ich sprach das Wort: »Ich verneine diese Krankheitserscheinungen. Sie sind unwirklich, deshalb können sie sich in seinem Bewusstsein nicht festsetzen; dieser Mann ist eine vollkommene Idee im göttlichen Geiste, er ist reine Substanz, die Vollkommenheit ausdrückt.«

Am nächsten Morgen befand er sich viel besser, und am folgenden Tag ging er seinen Geschäften nach.

Im göttlichen Geiste gibt es weder Zeit noch Raum, deshalb erreicht das Wort sofort sein Ziel und kehrt nicht »leer« zurück. Ich habe Patienten in fernen Ländern behandelt und das Ergebnis war augenblicklich.

Oft werde ich gefragt, was der Unterschied sei zwischen Vorstellung und Vision. Eine Vorstellung ist ein mentaler Vorgang, der durch das verstandesmäßige oder bewusste Denken beherrscht wird. Eine

Vision ist ein geistiger Vorgang, der von der Intuition oder dem Überbewusstsein beherrscht wird. Der Schüler sollte sich üben, diese blitzartige Eingebung zu empfangen und die »göttlichen Bilder« durch bestimmte Führung auszuarbeiten. Wenn der Mensch sagen kann: »Ich verlange nur das, was Gott für mich wünscht«, dann verblassen seine falschen Wünsche in seinem Bewusstsein, und neue Vorbilder werden ihm vom Meisterarchitekten, dem innewohnenden Gott, gegeben. Gottes Plan für einen jeden Menschen übertrifft die Begrenzungen des denkenden Geistes und enthält Gesundheit, Reichtum, Liebe und vollkommenen Selbstausdruck. Mancher Mensch baut sich selbst in seiner Einbildung ein Häuschen, während er einen Palast bauen sollte.

Wenn der Schüler versucht, eine Verwirklichung durch seinen denkenden Geist zu erzwingen, bringt er sie zum Stillstand. Er sollte nur aus der Intuition oder aus einer bestimmten Führung heraus handeln. »Sei stille dem Herrn und warte auf ihn ... Hoffe auf ihn; er wird's wohl machen.«

Ich habe gesehen, wie das Gesetz sich in erstaunlicher Weise auswirkt. Zum Beispiel: eine Schülerin sagte mir, dass sie bis zum nächsten Tag eine dringende Schuld zu bezahlen hätte. Ich sprach das Wort und erklärte, dass der Geist sich nie verspätet und dass die Versorgung schon zur Hand ist. Am Abend des gleichen Tages teilte sie mir am Telefon das Wunder mit. Der Gedanke kam ihr, eine Schatulle durchzusehen, in der sie ihre Wertpapiere aufbewahrte. Unter den Papieren fand sie, was sie benötigte. Sie war erstaunt und sagte, sie wusste, dass sie das Geld nie hineingelegt habe, und sie habe ihre Papiere oft durchgesehen. Es war vielleicht eine Materialisation, wie in dem Falle der Brote und Fische, die Jesus Christus vermehrte. Der Mensch wird zu dem Bewusstsein gelangen, in dem es sich sofort ereignen wird, dass »das Wort Fleisch ward«. »Das Feld ist schon reif zur Ernte.« Dies wird sofort Wirklichkeit werden, ähnlich wie bei allen Wundern Jesu Christi.

Allein in dem Namen Jesus Christus liegt eine ungeheure Macht. Der Name ist gleichbedeutend mit verwirklichter Wahrheit. Jesus sagte: »So ihr den Vater bittet in meinem Namen, er's euch gebe.«

Die Macht dieses Namens erhebt den Schüler in das Reich der vierten Dimension, wo er von allen körperlichen und seelischen Beeinflussungen befreit ist und bedingungslos und absolut wird, so wie Gott bedingungslos und absolut ist.

Ich habe viele Heilungen erlebt, die durch den Gebrauch der Worte »Im Namen Jesu Christi« vollbracht worden sind.

Christus war zugleich Person und Prinzip; und der Christus in einem jeden Menschen ist dessen Erlöser und Heiland.

Der innewohnende Christus ist das Selbst der vierten Dimension, er ist der Mensch, der zu Gottes Ebenbild erschaffen wurde. Dies ist das Selbst, das nie Misserfolg hat, das weder Krankheit noch Leid kennt, das weder geboren wurde noch stirbt. Es ist die »Auferstehung und das Leben« eines jeden Menschen. Gott, der Allumfassende, in dem einzelnen wirkend, wird zum Christus in einem Menschen. »Heiliger Geist« heißt: Gott in Tätigkeit. So verwirklicht der Mensch täglich die Dreieinigkeit des Vaters, des Sohnes und des Heiligen Geistes.

Der Mensch sollte das Denken zur Kunst machen. Der Meisterdenker ist ein Künstler und gibt Acht, nur göttliche Bilder auf der Leinwand seines Denkens zu malen; er malt diese Bilder mit meisterhaften Strichen der Kraft und Entschlossenheit und hat den vollkommenen Glauben, dass es keine Macht gibt, die ihre Vollkommenheit beeinträchtigen könnte, und dass sie sich in seinem Leben verwirklichen werden, d. h. das Ideal wird zur Wirklichkeit.

»Alle Gewalt« ist dem Menschen durch richtiges Denken gegeben, und seinen Himmel auf seine Erde zu bringen, dies ist das Ziel des Lebensspiels.

Furchtloser Glaube, Widerstandslosigkeit und Liebe sind die einfachen Regeln dafür!

Möge jeder Leser dieses Buches jetzt von dem befreit werden, was ihn Jahrhunderte lang in Knechtschaft gehalten und von seinem Eigenen ferngehalten hat; möge er »die Wahrheit erkennen«, die ihn frei macht. Frei, um sein eigenes Schicksal zu erfüllen, frei, um das göttliche Vorbild seines Lebens, der Gesundheit, des Wohlstands, der Liebe und des vollkommenen Selbstausdrucks zu verwirklichen.

»Verändert euch durch Erneuerung eures Sinnes.«

Für den Glauben:

Da ich eins mit Gott bin, bin ich eins mit meinem Guten, denn Gott ist der Geber und die Gabe zugleich. Ich kann den Geber von der Gabe nicht trennen.

Für Führung:

Ich bin göttlich achtsam auf meine intuitive Führung und bin sofort dem göttlichen Willen gehorsam.

Für Gesundheit:

Göttliche Liebe überflutet mein Bewusstsein mit Gesundheit, und jede Zelle meines Körpers ist mit Licht erfüllt.

Für das Augenlicht:

Meine Augen sind Gottes Augen; ich sehe mit den Augen des Geistes. Ich sehe deutlich den offenen Weg; auf meinem Weg sind keine Hindernisse. Ich sehe deutlich den vollkommenen Plan.

Für das Gehör:

Meine Ohren sind Gottes Ohren; ich höre mit den Ohren des Geistes. Ich bin widerstandslos und bin willig, geführt zu werden. Ich höre die gute Botschaft der großen Freude.

Für geordnete Zustände:

Jeder Plan, den mein himmlischer Vater nicht geplant hat, wird jetzt aufgelöst und aufgehoben, und die göttliche Idee tritt jetzt in Erscheinung.
Nur das, was von Gott wahr ist, ist von mir wahr, denn ich und der Vater sind eins.
Jeder falsche Zustand in meinem Geiste, meinem Körper und in meinen Angelegenheiten wird jetzt durch die göttliche Liebe aufgelöst und aufgehoben. Göttliche Liebe hat die mächtigste Wirkung im ganzen Weltall, und sie löst alles auf, was ihr nicht gleich ist!

Für Wohlstand:

Gott ist meine unendliche Versorgung, und große Geldsummen kommen rasch, unter Gnade und auf vollkommene Weise zu mir.

Für die richtige Arbeit:

Die richtige Arbeit habe ich schon, ich leiste mein Bestes für richtigen Lohn.

Zur Befreiung von allem Gebundensein:

Ich werfe mein Anliegen auf den Herrn und bin frei.

Die
Kraft des
gesprochenen Wortes

Waffen, von denen ihr nichts wisst

»Ich habe Waffen, von denen ihr nichts wisst! Ich gehe auf Wegen, die ihr nicht kennt! Ich habe Pfade, die euch verborgen sind! Geheimnisvolle Waffen, geheimnisvolle Wege, geheimnisvolle Kanäle! Denn Gott bringt seine Wunder auf geheimen Wegen zur Vollendung.«

Das Schlimme bei den meisten Leuten ist, dass sie im Voraus die Wege und Stege kennen wollen. Sie wünschen der Allweisheit haargenau mitzuteilen, auf welche Weise sie ihre Bitten erfüllt haben wollen. Sie haben kein Vertrauen zu der Einsicht und Fähigkeit Gottes. Durch falsches Bitten geben sie der unendlichen Intelligenz endliche Richtlinien für die Erfüllung der Wünsche und gerade damit beschränken sie das Wirken Gottes.

Jesus Christus sagte: »Wenn ihr bittet, so glaubet, schon empfangen zu haben.« Was könnte einfacher und unmittelbarer sein? Werde wie ein kleines Kind und du wirst das Himmelreich erlangen. Wir dürfen die Worte der heiligen Schrift getrost umschreiben und sagen: Habe die zuversichtliche Erwartung eines kleinen Kindes und deine Bitten werden erfüllt werden! Ein Kind hofft mit unerschütterlicher Zuversicht auf seine Weihnachtsbescherung. Nehmen wir beispielsweise einen kleinen Jungen, der sich zu Weihnachten eine Trommel wünscht. Das Kind liegt nicht schlaflos die ganze Nacht und quält sich mit der Frage herum, ob es seine Trommel erhalten wird. Der Bub geht zu Bett und schläft wie ein Murmeltier. Am nächsten Morgen ist er mit einem Satz aus den Federn, ganz und gar bereit für den vor ihm liegenden Freudentag. Mit staunender Überraschung blickt er dann auf den Gabentisch.

Der Erwachsene hingegen durchgrübelt schlaflose Nächte über seinen Problemen. Anstelle einer Trommel hat er sich Erfolg in seinem Beruf gewünscht. Es gelingt ihm einfach nicht, herauszufinden, auf welche Weise er diesen Wunsch verwirklichen könnte. Ob der Wunsch überhaupt jemals in Erfüllung geht? Er wird dir sicher sagen, dass er vollkommenes Vertrauen zu Gott hat, aber er würde gar zu gern mehr über den Weg wissen, durch welchen ihm Hilfe zukommen könnte. Die Antwort ist klar: »Ich habe Waffen, von denen ihr nichts wisst. Meine Wege sind wunderbar, mein Verfahren ist unfehlbar.«

»Vertraue mir, wirf deine Sorgen auf mich.« Ihre Sorgen auf den Herrn zu werfen (also den Eigenwillen Gott zu übergeben), scheint für die meisten überaus schwierig zu sein. Im Grunde heißt das selbstverständlich nichts anderes, als dass man der Intuition folge, denn die Intuition ist der magische Weg, die Luftlinie sozusagen, also der unmittelbare Weg zum Erfolg. Intuition ist eine spirituelle Fähigkeit, die über dem Intellekt steht.

Die leise »innere Stimme«, gewöhnlich Eingebung genannt, ist es, die dir zuruft: Dies ist der Weg, beschreite ihn. Ich verweise sehr oft auf die Intuition als den wichtigsten Teil geistiger Wirklichkeit. Sie ist in Wahrheit der göttliche Führer. Sie ist der Gott in uns, »das Auge, das da wacht über Israel und das niemals schlummert oder schläft.« Sie macht, dass gar nichts mehr ohne Bedeutung ist.

»Erkenne mich in allen deinen Wegen, und ich werde deinen Pfad eben machen.« Daran aber denke immer wieder: Missachte nicht den Tag, an dem nichts geschieht (den Tag der anscheinend geringfügigen Begebenheiten). Für jemanden, der immer dem Verstand gehorchte, ist es nicht ganz einfach, plötzlich der Intuition zu folgen, insbesondere nicht für Leute mit, wie sie es nennen, regelmäßigen Gewohnheiten. Bei ihnen ist es üblich, die gleiche Sache jeden Tag zur gleichen Zeit zu tun. Mit dem Glockenschlag setzen sie sich zu den Mahlzeiten. Sie pflegen zur bestimmten Zeit aufzustehen und ebenso gehen sie pünktlich zu Bett. Jede kleinste Änderung verwirrt sie.

Wir haben die Wahl: Wir dürfen den magischen Weg der Intuition oder die lange und harte Straße der Erfahrung unter Leitung des rechnenden Verstandes benutzen. Folgen wir dem Überbewussten, so werden wir die Höhen erreichen. In der inneren Anschauung sind uns die Bilder ewiger Jugend und ewigen Lebens gegenwärtig; der Tod ist dort überwunden. Wir haben die Macht, dem Unterbewusstsein die Bilder ewiger Jugend und ewigen Lebens einzuprägen. Das Unterbewusste führt ohne besondere Anweisung die Gedanken aus und auf diese Weise haben wir unseren sterblichen Körper verwandelt in einen unsterblichen Leib.

Es gibt ein geistiges Urbild deines Lebens, all deiner Schicksale. Ich nenne das den göttlichen Plan; und dieser göttliche Plan ist an sich eine vollkommene Idee in deinem Überbewusstsein. Die meisten Leute jedoch sind weit davon entfernt, diese göttliche Idee in ihrem Sein und Wirken auszudrücken. Sie haben in ihrem Unterbewusstsein die der göttlichen Idee entgegen gesetzten Bilder von Krankheit, Alter und Tod eingeprägt, und das Unterbewusstsein hat sorgfältig alle Befehle ausgeführt.

Wir müssen dann folgende neue Anweisung geben: »Lass mich jetzt in meinem Geiste, meinem Körper und in all meinen Angelegenheiten die göttliche Idee zum Ausdruck bringen.« Wenn du durch ständige Wiederholung dieser Aussage auf dein Unterbewusstsein einwirkst, wirst du erstaunt sein über die Veränderungen, die sich alsbald in deinem Leben einstellen werden. Du wirst geradezu erfüllt werden mit neuen Ideen, neue Ideale werden dich begeistern und in deinem Leib wird ein chemischer Umwandlungsprozess stattfinden. Mit deiner Umwelt wird es besser werden, denn du wächst zusehends in den göttlichen Plan hinein, und der kennt nur Vollkommenheit.

»Mach hoch die Tür, die Tore öffne weit, auf dass der König der Ehren einziehe! Wer ist der König der Ehren? Der Herr (oder das Gesetz) stark und mächtig, der Herr mächtig im Streit.« Nun bedenke, die Bibel spricht hier über Gedanken und Bewusstseinszustände. Dies also ist ein Bild der vollkommenen Idee des überbewussten Geistes, das in dein Bewusstsein eindringt. Türen und Tore sind weit geöffnet und »der König der Ehren« zieht ein. Wer ist dieser Herr der Herrlichkeit? Der Herr stark und mächtig, der Herr mächtig im Streit?

Dieser Herr der Herrlichkeit hat Waffen, die ihr nicht kennt, und schlägt das Heer der Feinde (nämlich die negativen Gedanken) in die Flucht, die seit undenklichen Zeiten in dein Bewusstsein eingegraben wurden. Diese negativen Gedanken waren es, die immer wieder die Verwirklichung deines Herzenswunsches unmöglich machten. Es sind eben die Denkformen, welche du in deinem Unterbewusstsein verankert hast, indem du fortwährend in ihnen dachtest. Du selbst hast diese fixe Idee, dass das Leben hart und angefüllt mit Übeln ist, so fest geheftet, und deshalb wirst du auch diese Gedanken als eine konkrete Erfahrung in deinem Dasein antreffen, denn: Aus der Einbildung des Herzens wird ein Leben gestaltet.

»Meine Wege sind Wege der Freude.« Wir sollten alle im Bewusstsein ein Bild des Friedens, der Harmonie und der Schönheit aufrichten; eines Tages wird dieses Bild dann wirklich in Erscheinung treten. Die göttliche Idee blitzt oft in deinem Bewusstsein auf wie etwas, das zu schön ist, um wahr zu sein. Nur die wenigsten Menschen erfüllen ihre wahre Bestimmung. Mit dieser wahren Bestimmung ist der Platz innerhalb des göttlichen Plans unseres Lebens gemeint, den auszufüllen unsere Aufgabe ist; denn wir sind vollkommen dafür ausgerüstet.

Jeder Situation sind wir mehr als nur gewachsen, und könnten wir die Verwirklichung dieser Worte wieder erlangen, die Türen würden auffliegen, die Pfade wären geebnet. Wir würden das Leben und Weben der göttlichen Geistwirklichkeit unmittelbar erfahren, denn wir wären verbunden mit jener unendlichen Intelligenz, die keine Misserfolge kennt.

Unvorhergesehene Gelegenheiten würden sich uns bieten, hervorsprudeln aus geheimem Quell. Die göttliche Geistmacht würde in ihrer Wahrheit erscheinen.

Gott ist die Liebe; aber auch Gesetz. »Wenn ihr mich liebt, so haltet meine Gebote (oder Gesetze).« Dr. Ernest Wilson erzählte mir, dass seine erste Erkenntnis der Wahrheit durch die Lektüre von Emersons »Konzentration« bewirkt wurde. Konzentration bedeutet das Empfangen der Liebe. Wir sehen Kinder, liebevoll hingegeben an ihr Spiel. Nur in hingebungsvoller Beschäftigung können wir Erfolg haben. Große Erfinder z. B. fühlen sich durch ihre Arbeit niemals belästigt, andernfalls würden sie keine großen Erfindungen hervorbringen. Versuche darum niemals ein Kind zu zwingen, das zu werden, was es nicht werden will. Tust du es dennoch, so wird es versagen. Der erste Schritt zum Erfolg ist der, dass du erst einmal zufrieden bist, du selbst zu sein. So viele Menschen sind mit sich selbst unzufrieden. Sie haben kein Selbstvertrauen und wünschen fortwährend, irgendjemand anderer zu sein.

Als ich in London war, sah ich einen Mann, der einen neuen Schlager zum Besten gab. Der Song hieß: »Ich freue mich gewaltig, ich selbst zu sein.« Mir schien das ein wundervoller Gedanke. Fang damit an, froh darüber zu sein, dass du so bist wie du bist, dann kannst du innerhalb des göttlichen Plans deines Lebens sehr schnell wachsen. Allein auf diese Weise erfüllst du deine Bestimmung. Du kannst gewiss sein, dass der göttliche Plan deines Lebens dir vollkommene Befriedigung gewähren wird. Nicht länger wirst du andere beneiden. Die Menschen werden oft ungeduldig und sind gar zu schnell entmutigt. Ich war begeistert, als ich in einer Zeitung über Omaha, das berühmte Rennpferd, las. Da hieß es in einem Artikel u. a.: »Erst nachdem Omaha eine Meile gelaufen ist, findet es seinen richtigen Schritt.« Ohne Zweifel gibt es eine Menge Omahas in der Welt; sie könnten im Nu ihren geistigen Schritt finden und ihr Rennen gewinnen.

»Habe deine Lust an dem Herrn und er wird alles wohl machen. Habe deine Lust am geistigen Gesetz und es wird dir die Wünsche deines Herzens erfüllen.« Seine Lust am Gesetz haben, heißt: sich freuen, einen Beweis für die Existenz dieses Gesetzes erbringen zu können. Genießen, sich Gott anzuvertrauen, bedeutet glücklich sein, dass man Seiner intuitiven Leitung folgen kann. Die meisten Leute sagen: »Ach wissen Sie, ich muss Geld verdienen!« Oder: »Ach, wissen Sie, meine vielen Einfälle machen mich derart nervös, dass ich einfach nicht mehr die Kraft habe, ihnen zu folgen.« Merkwürdig, die Menschen haben Spaß an Golf und Tennis, warum aber nicht auch daran, das Spiel des Lebens zu spielen? Deshalb, weil sie mit unsichtbaren Kräften zu tun haben. Beim Golf oder Tennis sind Bälle vorhanden, die man sehen kann, oder ein Goal, das mit unbewaffnetem Auge zu erkennen ist. Aber um wie viel wichtiger ist doch das Spiel des Lebens! In ihm ist das Tor, der göttliche Plan des Lebens. Dort ist alles vollkommen.

»Auf allen deinen Wegen erkenne Ihn und Er wird deinen Pfad eben machen.« Jeder Moment, den wir mit der Intuition erfassen, wird uns sowohl eine verlässliche Führung als auch ein Wegweiser sein. Zahllose Menschen führen nur darum solch ein kompliziertes Leben, weil sie versuchen, die Dinge mit dem Verstand zu ergrübeln, statt mit Hilfe der Intuition den Weg zu finden.

Ich kenne eine Frau, die behauptet, sie hätte eine völlige Kenntnis der Wahrheit und ihrer Anwendung, aber sobald sie einem Problem gegenübersteht, fängt sie auch schon an zu wägen und zu messen, um mit möglichster Sicherheit die gegebene Situation zu berechnen. Nun, sie wird nie damit fertig, löst das Problem nicht. Wenn der rechnende Verstand zur Tür hereinkommt, fliegt die Intuition zum Fenster hinaus. Die Intuition bzw. die unmittelbare innere Anschauung ist eine spirituelle Fähigkeit. Sie schöpft aus dem Überbewussten, aus jener allumfassenden, unendlichen Intelligenz, die nicht näher erklärbar ist. Ob der rechnende Verstand zu etwas gut wäre, wurde ich gefragt. Der rechnende Verstand muss allmählich ersetzt werden durch die Intuition. Vertraue auf das spirituelle Gesetz und »es wird dir gegeben«. (Nämlich das, wessen du bedarfst, wird dir gegeben.)

An dir ist es, alles was dir zusteht, in Empfang zu nehmen. Bereite dich vor auf dein Glück, freue dich in der Erwartung darauf und sei dankbar, und das Gute wird sich zu dir auf den Weg machen.

Ich habe Waffen, von denen du nichts weißt. Ich kenne Wege, die dich in Erstaunen setzen werden.

»Seht, ich habe euch Macht gegeben«

Lukas 10, 19

Gott schenkt dem Menschen seine Kraft; Kraft und Herrschaft über alle erschaffenen Dinge; über seine Seele, seinen Leib und über alle seine Angelegenheiten. Alles Unglück entsteht aus Mangel an Kraft. Der Mensch bildet sich ein, schwach und ein Opfer der Umstände zu sein; er jammert, dass »Bedingungen, über die er keine Kontrolle hätte«, schuld seien an seinem Versagen. Aus eigenem Vermögen ist der Mensch allerdings ein Opfer der Umstände; aber vereint mit der Gotteskraft sind alle Dinge möglich.

Durch metaphysische Kenntnis entdecken wir, wie das zuwege gebracht wird. Durch dein Wort berührst du diese Kraft. Dann, auf wunderbare Weise, ist jede Bürde von uns genommen und jeder Kampf gewonnen. Die Zunge hat Leben und Tod in ihrer Macht. Hüte deine Worte mit aller Sorgfalt. Du erntest unausgesetzt die Früchte deiner Worte. »Und der, welcher überwindet und hält meine Werke bis ans Ende, dem will ich Macht und Herrlichkeit geben über alle Völker.« Überwinden bedeutet, alle Zweifel, Ängste und negativen Schwingungen zu besiegen. Ein Mensch mit vollkommenem Frieden und völlig im Gleichgewicht, erfüllt von Liebe und gutem Willen, wäre imstande, alle negativen Schwingungen aufzuheben. Sie würden hinweg schmelzen wie Schnee vor der Sonne. Jesus Christus sagte: »Alle Macht ist mir gegeben, um den Himmel auf die Erde zu bringen. Lasst uns dankbar sein dafür, dass es nun endlich dazu gekommen ist, das Böse so unwirklich zu machen, dass es keine Flecken hinterlässt.« Diese Gotteskraft ist in dir, ist deine überbewusste Vernunft. Sie ist das Reich der Inspiration, der Offenbarung und Erleuchtung. Sie ist das Reich der Wunder, das Reich der

Magie. Schnelle und anscheinend unmögliche Wandlungen zu deinem Besten werden bewirkt. Wo du vorher keinen Eingang fandest, tut sich plötzlich eine Tür auf. Aus verborgenen und unerwarteten Quellen erscheint dir Hilfe, denn »Gott hat Waffen, von denen ihr nichts wisst.« Um mit Gotteskraft zu wirken, musst du ihr den Weg freigeben und den berechnenden Verstand zum Schweigen bringen. Im selben Augenblick, in dem du bittest, kennt die unendliche Vernunft bereits den Weg der Erfüllung. Des Menschen Pflicht besteht einzig darin, sich von Herzen zu freuen und dankbar zu sein und den zuversichtlichen Glauben wach zu halten. Eine in England sehr bekannte Frau berichtete über ihre Erfahrung folgendes: Sie bat mit großer Inbrunst um eine Verwirklichung. Mit folgenden Worten erhielt sie Bescheid: »Tu, als ob ich wäre, und ich bin.« Das ist genau das, was zu betonen ich nie müde werde. Nur ein lebendiger Glaube beeindruckt das Unbewusste; und wenn dem Unbewussten kein Eindruck gemacht wird, so sind auch keine positiven Resultate zu erwarten.

Nun will ich an einem Beispiel klar machen, wie unbedingt zuverlässig das Gesetz arbeitet. Bei mir erschien eine Frau, deren glühendster Wunsch eine ordentliche Heirat und ein glückliches Heim war. Sie liebte einen bestimmten Mann über alles; aber er war ein äußerst komplizierter Mensch. Nachdem er ihr alle nur erdenklichen Beweise für die Aufrichtigkeit seiner Liebe gegeben hatte, war er eines Tages plötzlich wie umgewandelt, und allmählich zog er sich aus ihrem Leben zurück. Sie fühlte sich tief verletzt und war unglücklich und entmutigt. Ich sagte: »Gerade jetzt ist es an der Zeit, mit den Vorbereitungen für Ihr glückliches Heim zu beginnen! Fangen Sie an, kleinere Anschaffungen für einen eigenen Haushalt zu machen, so als ob sie keine Minute mehr zu verlieren hätten.« Allmählich wurde sie ganz davon in Anspruch genommen, Besorgungen für ihr glückliches Heim zu machen, obwohl aller Anschein dagegen sprach. »Nun«, sagte ich,

»müssen Sie Ihre innere Verfassung bessern, unempfindlich werden gegen alle Gefühle von Ressentiment und Unglück.« Ich gab ihr den Leitsatz: Ich bin jetzt immun gegen Schaden und Ressentiment. Mein Gleichgewicht ist auf einen Felsen gegründet, Christus ist in mir. Ich sagte: »Wenn Sie nicht mehr empfänglich sein werden für irgendwelchen Schaden, wenn sie keinen Groll mehr empfinden, werden Sie diesen Mann oder einen, der ihm gleichwertig ist, bekommen.« Es währte viele Monate, bis sie mich eines Abends aufsuchte und sagte: »Ich habe durchaus nur die besten und freundlichsten Gefühle für diesen Mann. Falls er aber nicht mit der göttlichen Wahl übereinstimmt, würde ich ohne ihn glücklich werden.« Nicht lange danach geschah es, dass sie diesem Mann begegnete. Er bedauerte sein Verhalten gegen sie aufs Schmerzlichste und bat sie, ihm zu verzeihen. Wenig später waren sie verheiratet und das glückliche Heim erwies sich als Wirklichkeit. Ihr lebendiger Glaube war der Boden, auf dem diese Wirklichkeit sich selbst erschuf.

Dein einziger Feind ist in dir selber. Die Feinde dieser Frau waren ihre »Verletztheit« und ihr »Unmut«. Verletztheit und Unmut sind wahrhaftig »Schlangen« und »Skorpione«. Das Leben vieler wurde durch diese beiden Feinde schon zugrunde gerichtet. Im Verein mit der Gottkraft brachte diese Frau allen Widerstand gegen ihr Leben zum Schwinden. Auf keine Weise war sie künftig durch irgendetwas zu verletzen.

Bedenke, was es heißt, ein Leben frei von allen misslichen Erfahrungen zu führen! Erreicht wird dies durch ununterbrochenen, in jedem Augenblick vorhandenen Kontakt mit der Gottkraft.

Viele Male findet sich in der Bibel das Wort »Kraft« erwähnt. »Du sollst gedenken des Herrn, deines Gottes, denn Er ist es, der dir die Kraft gibt, Glück zu erlangen.«

Ein Mensch mit dem Bewusstsein von Reichtum zieht die Fülle zu sich heran. Ein Mensch mit dem Bewusstsein von Armut zieht Armut an. Dank der Befolgung dieser Wahrheit und der innigen Verbindung mit der Gottkraft sah ich Menschen sich erheben aus Mangel und Beschränkung. Nicht mehr abhängig sein von irgendetwas Äußerem, fest auf Gott vertrauen, das gibt eine unwiderstehliche Kraft; denn einzig diese höchste Intelligenz kennt den Weg zur Erfüllung. »Vertrau auf mich, so will ich dir helfen.«

All unser Wissen um die Wahrheit kann uns nur zur Erkenntnis führen, dass Gott die alleinige Kraft ist. Eine Kraft, eine Allgegenwart, ein Weg. Wenn du der festen Überzeugung bist, dass es nur eine einzige Kraft im Universum gibt, die Gottkraft, so wird jede Erscheinung des Bösen aus deiner Welt schwinden. Um eine Demonstration zu erlangen, dürfen wir einzig die eine Kraft anerkennen. Das Übel entsteht auf Grund der Wahnvorstellungen, die ein Mensch in seinem Herzen führt. Entziehe dem Übel, oder besser der Einbildung davon, alle Kraft, und es ist unfähig, zu schaden.

Wiederum möchte ich anhand eines Beispiels zeigen, auf welche Weise das Gesetz arbeitet. Ich speiste mit einer Freundin in einem Restaurant. Plötzlich verschüttete sie etwas auf ihrem Kleid. Sie befürchtete einen Fleck. Ich sagte: »Wir werden den Fleck behandeln.« Sodann setzte ich die Formel: »Das Übel ist nicht wirklich und hinterlässt daher keinen Fleck.« Ich sagte: »Jetzt schau nicht mehr hin, überlass das nur der unendlichen Intelligenz!« Nach Verlauf etwa einer Stunde wagten wir einen Blick und – da war nirgends auch nur der Hauch eines Fleckens zu erkennen.

Was von kleinen Dingen mit Recht gilt, hat ebenso für große Geltung. Du kannst diese Formel anwenden auf vergangenes Missgeschick oder frühere Fehler und, so oder so, unter der Gnade werden die Auswirkungen verschwinden, sie werden keine Flecken zurücklassen.

Viele Menschen benützen persönliche Kraft anstatt Gottkraft, was immer zu unglücklichen Reaktionen führt. Persönliche Kraft entwickelt nur den Eigenwillen. Hierzu möchte ich das Beispiel einer Frau wiedergeben, die mir seit längerem bekannt ist. Sie heiratete einen Mann, der als Zeichner komischer Bilderfolgen Mitarbeiter einer Zeitung war. Diese Zeichnungen machten die Kenntnis der derben Umgangssprache erforderlich, die er selber auch bei jeder Gelegenheit benutzte. Sie entschied, er möge seine Ausdrucksweise kultivieren und Klassiker lesen. Sie zogen in eine Universitätsstadt, so dass er die Hochschule besuchen konnte. Sie nötigte ihn zum Besuch der Hochschule. Anfangs sträubte er sich ein bisschen; schließlich macht ihm die Sache Spaß. Bald war er bei den Klassikern ganz zu Hause. Er sprach nur noch über Plato und Aristoteles. Zuletzt wollte er sogar die Mahlzeit auf die gleiche Art zubereitet haben, wie diese Philosophen sie zu essen pflegten, und die gleichen Essgeräte wie jene benutzen. Das Dasein der Frau war ein Alpdruck geworden. Nach diesem Erlebnis machte sie nie wieder den Versuch, Menschen ändern zu wollen. Der einzige, der einer Wandlung bedarf, bist du selber! Änderst du dich, so werden damit auch alle Bedingungen in deiner Umwelt verändert! Die Menschen werden verändert! Wenn du in irgendeiner schwierigen Lage ungestört bleibst, so verliert sie ihre Schwere. Dein Leben wird durch die Totalsumme deiner unbewusst für wahr gehaltenen Meinungen gestaltet. Wo immer du dich auch befindest: Du trägst dieses Gesetz mit dir.

»Ich bin stark in dem Herrn und in der Kraft seiner Macht.«

»Heerscharen ohne Zahl stehen bei mir mit ihrer Kraft.«

Kraft bedeutet Herrschaft, und Herrschaft bedeutet Kontrolle. Der Mensch kontrolliert die Bedingungen durch die Kenntnis des geistigen Gesetzes. Vermutlich ist dein Problem Mangel oder Beschränkung. Demzufolge ist dein dringendstes Bedürfnis Versorgung. Vereinige dich also mit der Gottkraft in dir und danke für die unvermittelt einsetzende Abhilfe. Falls du in zu starkem Maße bedrängt wirst von deinen misslichen Verhältnissen, falls dich Zweifel und Ängste plagen, so bitte einen Praktiker um Beistand, einen, der statt deiner für dich klar sieht.

Ein Mann erzählte mir, wie er während eines Wahrheits-Kongresses in Pittsburgh Leute sich über mich unterhalten hörte, und fragte: »Wer, zum Kuckuck, ist denn eigentlich diese Florence Scovel Shinn?« Irgendeiner erwiderte ihm: »Oh, sie schrieb ‚Das Lebensspiel'; wenn Sie ihr schreiben, so wird Ihnen ein Wunder widerfahren.« Er sagte, er hätte sofort an mich geschrieben und bekam bald darauf das Erwünschte. Jesus Christus sagte: »Wo zwei von euch einig sind, ist das Werk getan.« Zögere nicht, Hilfe zu erbitten, wenn du selber nicht klar erkennen kannst, was gut für dich ist. Jesus sah vollkommen klar, was die der Heilung Bedürftigen benötigten. Er wies sie nicht an, sich selber zu heilen. Selbstverständlich kann das Stadium erreicht werden, wo man keinerlei Hilfe mehr nötig hat. In dem Fall nämlich, in dem die Überzeugung von der Gottkraft als der einzigen Kraft und dem göttlichen Plan als dem einzigen Plan felsenfest in einem Gemüt verwurzelt ist. Wir können von uns aus keine Gaben von der unendlichen Intelligenz empfangen, es sei denn, sie werden uns gegeben. Des Menschen Sache ist es, ein dankbarer Empfänger zu sein. »Seht, ich habe euch Macht gegeben, zu treten auf Schlangen und Skorpione und über alle Macht des Feindes und nichts kann euch schaden.« – »Du hast ihn zum Herrn gemacht über Deiner Hände Werk. Alles hast Du unter seine Füße getan: Schafe und Ochsen allzumal, dazu auch die wilden Tiere.« Dies ist Gottes Ansicht vom Menschen, aber des Menschen Vorstellung von sich selber ist die der Unzulänglichkeit und des Versagens. Nur in einem großen Augenblick mag es scheinen, wie wenn der Mensch sich erhebe zu dieser seiner Kraft und Herrschaft.

Aber dies wird nicht eher der Fall sein, als bis wir der Mangelhaftigkeit offen Trotz bieten, indem wir mit einem Male die ganze

Kraft zum Ausdruck bringen, die uns ja schon gegeben ist. Ich habe Leute gekannt, die, gewöhnlich nervös und ängstlich, plötzlich ihr Gleichgewicht fanden und von Kraft beseelt waren, sobald sie einer gefährlichen Situation gegenüber standen.

»Höre, o Israel! Du brauchst nicht zu kämpfen, steh still und sieh das Heil des Herrn!« Die Menschen fragen oft: »Was soll das heißen? Still stehen und gar nichts tun?« – Still stehen heißt: sein Gleichgewicht bewahren. Ich riet einem verkrampften und ängstlichen Mann, nichts tragisch zu nehmen und das Heil des Herrn zu sehen. Er antwortete: »Ach, wozu soll das führen?« Die meisten Leute rackern sich zu sehr ab. Sie schleppen ihre Bürde und schlagen ihre Schlachten. Aber darin liegt auch die Ursache, dass sie ständig in einem Wirbel von Unruhe und Geschäftigkeit niemals das erleben, was wir eine »Demonstration« nennen. Geh einen Augenblick still beiseite und sieh das Heil des Herrn. Wir können das Wort der Schrift auch so ausdrücken: »Höre, o Israel, du wirst nie diese Schlacht durch deine Anstrengung entscheiden. Überlass das mir, deinem Herrn, und der Sieg wird dir zufallen!«

Indem du dem magischen Pfad der Intuition folgst, vermeidest du alle Schwierigkeiten und Reibungen und gelangst ohne Umwege zu deiner Demonstration. Erinnere dich des Wortes, wir sollten den Alltag mit seinen gewöhnlichen Begebenheiten nicht verachten. Es ist ein großer Irrtum, zu meinen, es gäbe Unwichtiges. Ich ging einmal in einen Laden, um zwei Gegenstände einzukaufen. In meiner Nachbarschaft sind zwei Geschäfte, eines mit höheren Preisen und eines, das alle Waren ein wenig billiger anbietet, obgleich die Artikel in beiden Läden haargenau die gleichen sind. Der Verstand riet: »Geh in den billigeren Laden.« Aber die Intuition empfahl: »Geh in das teurere Geschäft.« Selbstverständlich fiel die Entscheidung für den magischen Pfad. Ich erklärte dem Verkäufer meinen Wunsch und er sagte: »Die beiden Artikel werden heute zum Preis des einen verkauft, weil sie nur als eines angekündigt waren.« So war es die Intuition, die mich an den richtigen Ort zum richtigen Preis führte. Hätte ich auf eigene Faust versucht, etwas billig einzukaufen, dann wäre ich in das andere Geschäft gegangen und hätte doppelt so viel bezahlt. Lerne von den geringen Dingen und du wirst die großen Dinge geschickt behandeln.

Wenn wir die heilige Schrift eifrig studieren, finden wir, dass Gottes Gabe für den Menschen eine Kraft ist, der die Dinge und Umstände folgen. Gott gibt den Menschen zu ihrem Wohlergehen Kraft. ER gibt den Menschen die Macht über die Elemente. ER gibt den Menschen die Macht, Krankheiten zu heilen und Teufel auszutreiben.

»Die auf den Herrn harren, erhalten neue Kraft, auf dass sie auffahren mit Flügeln wie Adler, dass sie laufen und nicht müde werden, dass sie wandeln und nicht matt werden.«

Stellen wir uns lebhaft vor, dass diese unüberwindliche Kraft in Reichweite jedes einzelnen von uns ist. »Wer immer den Namen des Herrn anruft, der wird befreit werden!« So finden wir, dass das Wort den Menschen mit der Allmacht verbindet. Diese höchste Intelligenz ist unter allen Umständen mehr als fähig, jede Bürde von uns zu nehmen, jede Schlacht für uns zu schlagen.

Alle Macht ist mir gegeben, um meinen Himmel auf meine Erde zu bringen.

»Sei stark, fürchte nichts«

Sei stark! Fürchte dich nicht; Furcht ist des Menschen einziger Widersacher. Wenn du furchtsam bist, blickst du auf die Niederlage. Furcht vor Mangel, Furcht vor Misslingen, Furcht vor Verlust, Furcht vor irgendeiner Persönlichkeit, Furcht vor Kritik, Furcht beraubt dich all deiner Kraft, dann hast du die Fühlung mit der Universalkraft verloren. »Warum fürchtet ihr euch? Oh, ihr Kleingläubigen!« Die Furcht ist umgekehrter Glaube, sie ist ein Glaube, der das Untere nach oben wendet. Wenn du von Furcht erfüllt bist, so ziehst du das Befürchtete an. Du machst es magnetisch. Du stehst im Bann des Rachegedankens, wenn dir davor bange ist.

Daniel wusste seinen Gott stärker als Löwen, daher blieb er ruhig. Sein Gott machte die Löwen so harmlos wie Kätzchen. Geh also auch du stracks Löwen entgegen und sieh, was aus dir wird! Vielleicht bist du dein Leben lang vor einem sonderbaren Löwen davongelaufen. Das hat dein Leben und dein Haar grau gemacht. Eine Friseuse kannte eine Frau, deren graues Haar die ursprüngliche Farbe wieder angenommen hatte, als sie sich nicht mehr mit Ängsten plagte. Eine Frau sagte während einer Unterredung zu mir: »Ich bin nicht ein bisschen furchtsam, aber mit einer Menge Sorgen muss ich mich herumquälen.« Furcht und Sorge sind Zwillinge und dennoch dasselbe Ding. Wenn du furchtlos bist, sterben die Verursacher deiner Sorgen. Warum sorgst du dich? Du Kleingläubiger!

Ich glaube, die verbreitetste Furcht ist die vor Verlust. Vielleicht hast du alles bekommen, was das Leben einem Menschen bieten kann; aber der alte Löwe der Besorgnis liegt auf der Lauer. Du hörst ihn knurren: »Das ist zu schön, um wahr zu sein! Das kann nicht mehr lange so weiter gehen!« Und schenkst du ihm deine Aufmerksamkeit, so erhältst du dafür die Plagen der Sorge.

Viele Menschen haben längst das eingebüßt, was sie als das Schätzenswerteste am Leben priesen. Das kommt von der unablässigen Furcht vor dem Verlust. Die einzige Waffe gegen deinen Löwen ist dein Wort. Dein Wort ist dein Zauberstab, voller Magie und Kraft. Schwinge deinen Zauberstab über deinem Löwen und verwandle ihn in ein Kätzchen. Aber obgleich du wacker losgehst auf den Löwen, wird er doch ein Löwe bleiben. Mit Recht fragst du: »Wie sollen wir dem Löwen entgegentreten?« Moses sprach zu seinem Volk: »Fürchtet euch nicht, stehet fest und seht was für ein Heil der Herr heute an euch tun wird. Denn die Ägypter, die ihr heute seht, werdet ihr nimmermehr sehen ewiglich. Der Herr wird für euch streiten, und ihr werdet still sein.« Was für ein wunderbares Gesetz!

Die unendliche Intelligenz erkundet den Weg, die unendliche Intelligenz weiß, wo die Abhilfe für jedes Bedürfnis ist. Aber wir müssen ihr vertrauen, müssen unser inneres Gleichgewicht erhalten und ihr den Weg freigeben. So viele Menschen haben Angst vor anderen Menschen. Sie nehmen Reißaus vor unangenehmen Situationen und dann läuft die Situation hinter ihnen her.

»Der Herr ist mein Licht und mein Heil. Vor wem sollte ich mich fürchten? Der Herr ist meines Lebens Kraft. Vor wem sollte mir grauen!« Der 27. Psalm ist einer der prächtigsten Psalmen. Rhythmisch und voller Musik ist er. Der Schreiber bekannte, dass kein Feind ihn verletzen konnte, denn der Herr war sein Licht und sein Heil. Jetzt erinnere dich: Du hast keine anderen Feinde als die in deinem Herzen. Die Bibel spricht von den feindlichen Gedanken, den Zweifeln, Ängsten, Hassgefühlen und den bösen Vorzeichen, denen du abergläubisch Gewicht gibst. Jede missliche Lage, in die du gerätst, ist ein kristallisierter Gedanke, aufgebaut aus dem Material deiner eigenen trügerischen Einbildungen! Aber diese Situationen haben keinen Bestand im Lichte der Wahrheit. Begegne also jeder Situation ohne Furcht und sage: »Der Herr ist mein Licht und mein Heil, wovor sollte ich also Angst haben!« Jesus Christus war der größte Metaphysiker; wir haben endgültige Gesetze von ihm erhalten zur Bewältigung unseres Lebens durch Wort und Tat. »Du hast mich weiser gemacht als meine Feinde.« Zuerst einmal musst du klüger sein als deine feindlichen Gedanken, jene Armee fremder Eindringlinge. Jedem negativen Gedanken musst du streng Halt gebieten. Die Armee der Eindringlinge wird singen: »Das Geschäft geht flau und Geld ist selten!« Sofort erwiderst du: »Alles, was ich brauche, kommt mir von Gott; wie Pilze über Nacht aus der Erde schießen, so rasch wird die Erfüllung meiner Bedürfnisse Wirklichkeit.« Im Himmelreich gibt es keine dürftigen Zeiten. Kann sein, dass du einmal eine ganze Weile Geduld haben musst, schließlich aber wird es geschafft, denn die Wahrheit muss die Oberhand gewinnen und du wirst die Armee der Fremden in die Flucht schlagen. Aber wenn du nicht mehr Acht gibst, werden sich die feindlichen Heere wieder bemerkbar machen: »Man anerkennt dich nicht! Du wirst es nie zu etwas bringen!« Und sofort antwortest du: »Gott weiß mich zu schätzen, folglich tun das die Menschen auch. Nichts kann den mir göttlich bestimmten Erfolg verhindern.« Schließlich geraten die feindlichen Heere in Auflösung und werden zerstreut, weil du ihnen deine Aufmerksamkeit entziehst. Du hast sie ausgehungert. Die Angstvorstellungen verhungern, wenn du ihnen die Aufmerksamkeit entziehst und deinen Glauben stärkst. Durch deine Furcht wird der Löwe zum wütenden Ungestüm gereizt, sein Gebrüll ist in deinem wilden Herzschlag. Sei ruhig wie Daniel und vernimm wie er den mächtigen Flügelschlag der Engel, die immer schon ausgesandt sind, um dir beizustehen.

Jesu Christi Mission war die Erweckung der Menschheit. »Erwachet, die ihr schlaft.« Die Menschen waren über dem Traume des alten Adam von den Gegensätzen eingeschlafen. Mangel, Einbuße, Missstände, Sühne, Krankheit und Tod erschienen ihnen als Realitäten. Adam aß vom Baume der Selbsttäuschung und sank in tiefen Schlaf. In diesem tiefen Schlaf nährte er falsche Vorstellungen über Gut und Böse. In seinem »Zurück zu Methusalem« sagt Géorge Bernard Shaw: »Adam erfand die Mörder, Geburt und Tod und alle negativen Zustände.« Es war die Entwicklung des Verstandes. In der Folge bedeutete das Wort »Adam« Verstand im Allgemeinen. Im Stadium des Paradieses besteht der Mensch nur vermöge der Kräfte des Unbewussten. Was immer er wünschte oder nötig hatte, es war sogleich zur Hand. Mit der Entwicklung des Verstandes fiel der Mensch aus solcher Geborgenheit. Er selber war es, der sich hineinredete in Mangel, Beschränkung und Missstände. Anstatt sich göttlich versorgt zu wissen, verdiente er sich sein Brot im Schweiße seines Angesichts.

Die Botschaft Jesu war, die Menschheit wieder in die »vierte Dimension«, in den Garten Eden des Bewusstseins zurückzubringen. Im 14. Kapitel des Johannes finden wir die Zusammenfassung seiner sämtlichen Lehren. Er nennt das die »frohe Botschaft« des Evangeliums, und das heißt doch nichts anderes als »gute Nachrichten«. Mit welch bestürzender Einfachheit und Unmittelbarkeit sagt er den Menschen, dass sie alles, was sie erbitten, erhalten werden, wenn sie glauben. Wir sollen die Kraft stets nur dem »Vater in uns« zuschreiben. Gott ist der Spender, der Mensch der Empfänger. Diese höchste Intelligenz lässt dem Menschen alles zukommen, worum er bittet und dessen er bedarf! Sicher, diese Lehre musste die Fähigkeit haben, die Menschen energisch wachzurütteln, zumal Jesus seine Behauptungen bewies durch sein Heilen und Wunder tun.

Eines der dramatischsten Wunder war die Heilung des Mannes, der von Geburt an blind war. Die Gegner Jesu fragten diesen Mann aus, in der Hoffnung, eine Handhabe gegen Jesus gewinnen zu können. Aber der Mann sagte nur: »Eines weiß ich wohl: Dass ich blind war und jetzt sehend bin.« Dies ist eine wunderbare Feststellung, die du an dir selber machen kannst. »Ich war blind und bin nun sehend.« Vielleicht warst du blind für dein Gutes, blind für deine günstigen Gelegenheiten, blind für deine intuitive Führung, blind für den Anblick unvollkommener Freunde, die du für Feinde hältst. Wenn du zu deinem Guten erwachst, weißt du, dass es in Wirklichkeit keine Feinde gibt, denn Gott braucht jeden Menschen und jede Gelegenheit zu deinem Guten. Hindernisse sind förderlich und Widerstände sind Stufen nach oben. Vereint mit Gott wirst du unüberwindbar. Eine machtvolle Überzeugung ist die: »Gottes unbesiegbare Macht ordnet alles im Voraus.« Auf Wogen reite ich in mein »Gelobtes Land«. Frei von der verborgenen Gegenströmung negativer Gedankenbewegungen, die dich hinabziehen würden, wirst du, während du auf den Wellen reitest, vor ihnen sicher an den Ort deiner Bestimmung getragen. Deine Wünsche und Gedanken nehmen dich immer irgendwohin mit. Prentice Mulford sagt: »Der beharrliche Vorsatz, der starke Wunsch, ununterbrochen festgehalten, ist ein Same in der Seele. Er schlägt dort Wurzeln, erwacht zum Leben! Nie hört er auf zu wachsen! Ein wunderbares Gesetz liegt darin beschlossen. Wenn dies Gesetz erkannt und zuversichtlich ihm vertrauend befolgt wird, so wird jeder Mensch von ihm zu mächtigen und schönen Erlebnissen geführt. Dies Gesetz erweist sich wirksam, sofern wir unsere Augen offen halten, und führt zu immer größerem Lebensglück; aber blindlings, mit geschlossenen Augen befolgt, führt es ins Unglück!«

Dies bedeutet, dass der Wunsch furchtbare Schwingungsgewalt hat, die sehr genau gelenkt werden muss. Halte diesen Leitsatz fest: »Ich wünsche nur, was die unendliche Intelligenz durch mich wünscht. Ich beanspruche nur das, was mir nach göttlichem Gesetz gemäß der Gnade auf eine vollkommene Weise zusteht!« Dann wirst du aufhören, schädliche Dinge zu begehren und nur das Richtige wünschen. Deine trägen Wünsche werden träge beantwortet. Deine ungeduldigen Wünsche werden mit großer Verspätung oder gewaltsam erfüllt. Es ist wichtig, nie einen Seufzer darüber zu verlieren. Viele unglückliche Verhältnisse sind durch träge oder ungeduldige Bitten zustande gekommen.

Dafür will ich ein Beispiel geben. Eine Frau war mit einem Mann verheiratet, der jeden Abend mit ihr irgendwohin zu gehen wünschte. Das erschöpfte ihre Geduld und an einem Abend wünschte sie sich leidenschaftlich, zu Hause zu bleiben und ein Buch lesen zu können. Die Heftigkeit dieses Wunsches wirkte. Ihr Mann ging mit einer anderen Frau davon. Sie wurde ihn und damit auch ihre Versorgung los – aber Zeit, zuhause zu bleiben und zu lesen, hatte sie nun. Nichts ist jemals unaufgefordert in deinem Leben erschienen.

Prentice Mulford hat auch einige interessante Gedanken zum Thema Arbeit beigetragen: »Um bei irgendwelchen Unternehmungen Erfolg zu haben, gleichgültig ob in der Kunst, im Geschäft oder in einem anderen Beruf, muss man diesen Wunsch einfach dauernd im Bewusstsein verankern als erstrebenswertes Ziel und dann jede Anstrengung in dieser Richtung unterlassen. Befasse dich auf spielerische Weise mit dem Ziel, denn in dem Augenblick, in dem es zur sauren Arbeit wird, machen wir keinen Schritt vorwärts.«

Wenn ich auf meine eigenen Erfahrungen im Gebiet der Kunst zurückschaue, so erkenne ich die Wichtigkeit dieser Wahrheit. Von der Akademie der Schönen Künste kamen acht Schüler, ungefähr im gleichen Alter, die originelle und erfolgreiche Künstler wurden. Von der zeitgenössischen Kunst erhielten sie den Namen »Die Acht«. Nicht ein einziger von ihnen hatte jemals schwer gearbeitet. Sie zeichneten nie nach dem Vorbild der Alten; sie machten überhaupt nichts im herkömmlichen akademischen Sinn. Sie brachten sich selber zur Darstellung, malten und zeichneten, weil sie das liebten. Sie wussten eine spaßige Geschichte über einen von ihnen zu erzählen, der ein wohlbekannter Landschaftsmaler geworden war und viele Medaillen und andere ehrenvolle Auszeichnungen auf Ausstellungen erhalten hatte.

Er saß einmal während einer Ein-Mann-Ausstellung in einer großen Galerie in New York City und las die Zeitung, als sich eine begeisterte Dame auf ihn stürzte. »Ach, können Sie mir nicht etwas über den herrlichen Menschen erzählen, der diese anbetungswürdigen Gemälde schuf?« Er erwiderte: »Gewiss, die Vogelscheuche, die diese verdammten Dinger da zusammengekleckst hat, bin ich!« Er malte zum Vergnügen. Er machte sich keine Kopfschmerzen darüber, ob den Leuten das gefiel oder nicht.

Vorher war ich blind, nun kann ich sehen, nämlich mein echtes Werk, meinen vollkommenen Selbstausdruck. Ehemals war ich blind, jetzt sehe ich klar und deutlich den göttlichen Plan meines Lebens. Vorher war ich blind, nun sehe ich die Kraft Gottes als die einzige Kraft, den göttlichen Plan als den einzigen Plan. Der Rachegedanke beruht auf dem Glauben an Unsicherheit. »Wach auf, du Schläfer!« Gott ist die ewige Sicherheit deiner Seele, deines Leibes, all deiner Angelegenheiten. »Euer Herz erschrecke nicht und fürchte sich nicht.« Wenn du vollkommen zu deinem Guten erwacht wärest, könntest du nicht mehr betrübt oder ängstlich sein. Erwache zu der Wahrheit, dass es keinen Verlust, keinen Mangel, kein Misslingen im Himmelreich der Wirklichkeit gibt, und Verlust, Mangel und Misserfolg werden aus deinem Leben verschwinden! Sie existieren nur in deinen trügerischen Vorstellungen. Das Folgende ist ein Beispiel dafür, wie das Gesetz arbeitet. Als ich vor Jahren in London war, kaufte ich einen prachtvollen Füllfederhalter bei Aspery's. Es war ein japanischer und er hieß: »Namike-Feder«; er war sehr teuer und mir wurde darauf eine Garantie von 30 Jahren gegeben. Es machte auf mich mächtigen Eindruck, als sie mir darauf hin in jedem Sommer am 5. August schrieben und sich erkundigten, ob die Feder noch immer intakt wäre. Man hätte meinen können, ich hätte ein Rennpferd gekauft. Es war kein gewöhnlicher Füller und ich war überaus zufrieden mit ihm. Immer hatte ich ihn bei mir, aber eines Tages ging er verloren. Sofort leugnete ich den Verlust. Ich sagte: Im göttlichen Plan gibt es keinen Verlust, deshalb kann ich auch die Namike-Feder nicht einbüßen. Dieser oder ein gleichwertiger Füllhalter wird mir wiedererstattet! Von allen Geschäften in New York, die ich kannte, führte keines diese Füllhalter, und London war weit. Doch ich war erfüllt von der göttlichen Gewissheit, dass ich die Namike-Feder nicht verlieren konnte. Eines Tages, als ich in einem Bus die 5th Avenue herauf fuhr, streifte mein Blick für den Bruchteil einer Sekunde ein Ladenschild. Es schien wie von einem besonderen Licht herausgehoben aus der Masse der Schilder. Ich las: Haus orientalischer Kunst. Noch nie zuvor hatte ich davon gehört, doch ich spürte jenen starken inneren Anstoß, als ob ich hineingehen und nach einer Namike-Feder fragen sollte. Ich verließ den Autobus, ging in das Geschäft und erkundigte mich. Die Verkäuferin antwortete: »Aber sicher, wir haben eine ganze Kollektion – der Preis ist übrigens auf 250 Dollar herabgesetzt.« Ich lobte und dankte Gott, kaufte gleich drei Stück und erzählte diese Geschichte auf einer meiner Versammlungen. Die Federhalter waren bald ausverkauft, weil die Leute sich beeilten, noch einen zu erwischen. Dies war gewiss ein überzeugendes Arbeiten des Gesetzes, aber ich war nun völlig zu meinem Guten erwacht. Dank der intuitiven Führung war ich in Zukunft nicht mehr blind.

Der Wahrheits-Student weiß, dass er dieses Prinzip im täglichen Leben anwenden muss. »Erkennt mich in allen euren Wegen und ich werde eure Steige richten. Wahrlich, ich sage euch, wer an mich glaubt, der wird die Werke auch tun, die ich tue, und er wird größere denn diese tun, denn ich gehe zu meinem Vater.« Welch wunderbaren Glauben an den Menschen hatte Jesus Christus! Er besaß die Vision von einem Geschlecht, das in Zukunft sein würde. Vom Menschen, gemacht nach dem Bilde Gottes. »Und um was ihr bitten werdet in meinem Namen, das will ich tun, auf dass der Vater geehrt werde in dem Sohne. Was ihr bitten werdet in meinem Namen, das will ich tun.« Er erklärte den Menschen, dass sie unter dem Gesetz der Gnade stünden. Gott war der Geber, der Mensch der Empfänger. »Glaubt ihr nicht, dass ich bin im Vater, und der Vater ist in mir? Die Worte, die ich zu euch rede, rede ich nicht von mir selbst, aber der Vater, der in mir wohnt, tut die Werke.« Er rief die Menschen auf, das »Königreich« zu suchen, das Reich der vollkommenen Ideen, wo alles ihnen zufällt. Er weckte sie auf.

»Ich war blind, jetzt aber bin ich sehend geworden; es gibt nichts, das ich zu fürchten hätte, denn es gibt keine Macht, die schaden könnte. Deutlich sehe ich den Weg der Erfüllung vor mir. Es gibt keinen Widerstand auf meiner Bahn.«

»Du hast Ihn zum Herrn gemacht über deiner Hände Werk; alles hast du unter Seine Füße getan.«

Die Ehre Gottes

Im Lexikon finde ich das Wort »Ehre« erklärt als Glanz, Strahlen. »Meine Augen haben den Glanz des Herrn gesehen« bedeutet, das Gesetz in Funktion zu erkennen. Wir können Gott nicht sehen, denn Gott ist Prinzip, Kraft, die höchste Intelligenz in uns; aber wir sehen die Werke Gottes. »Prüfe du mich hiermit, spricht der Herr der Heerscharen, ob ich nicht die Fenster öffnen kann, um zu hören, um auf dich auszugießen so große Gnade, dass da kein Raum ist sie zu fassen.« Wir erfahren Gott, indem wir die Gottkraft lenken und darauf vertrauen, dass sie das Erforderliche wirkt. Jedes Mal, wenn wir eine Verwirklichung erleben, haben wir Gott erfahren. Wenn du deine Wünsche nicht erfüllt bekommst, hast du verkehrt gebetet, d. h. du hast nicht fehlerfrei gebetet. Du erhältst deine Antwort auf dem gleichen Wege, auf dem du deine Forderung ausgeschickt hattest. Deine trägen Wünsche werden träge erwidert, deine leidenschaftlichen aber sehr spät oder gewaltsam erfüllt.

Angenommen, du lebst in dürftigen Verhältnissen und empfindest tief den Mangel und die Unzulänglichkeit. Sagst du nun mit großer innerer Anteilnahme: »Ich wünsche in einem großen Haus zu leben, in schönen Verhältnissen!«, wirst du dich wahrscheinlich früher oder später, als Portier in einem großen und schönen Haus wieder finden; aber teil an seinem Reichtum hast du nicht. Diese Idee kam mir, als ich einmal an einem prächtigen Haus vorüberging. Alles war zu; am Eingang und an den Fenstern waren die Jalousien herabgelassen. Ein einziges Fenster im Erdegeschoß stand offen. Dort lebt der Hausmeister. Ein trauriges Bild war das. So wünsche mit Lob und Danksagung, damit du die Ehre Gottes – das Gesetz in Funktion – erblickst.

Das ganze Leben ist Schwingung. Du verbindest dich mit dem,

worauf du achtest oder mit dem, womit du gleich schwingst. Schwingst du gleich mit Ungerechtigkeit und Unmut, so wird das auf deinem Weg Auf Schritt und Tritt dir begegnen. Sicher hältst du dann diese Welt für sehr unerfreulich, in der jeder gegen dich ist. Hermes Trismegistus sagte vor einigen Tausend Jahren: »Um deine innere Verfassung zu ändern, musst du deine Schwingungen ändern.« Ich gehe noch weiter. Ich sage: »Um die Welt zu ändern, musst du dich selber – deine Einstellung ändern.« Gib den Vorgängen in deinen Gedanken eine andere Richtung und du wirst den Unterschied sofort sehen. Angenommen, man missachtet dich und behauptet, du taugst nichts, so benütze den Leitsatz: »Gott hält mich für tauglich, deshalb schätzen mich die Menschen, ich schätze mich selber.« Alsbald wirst du auch im Äußeren manche Anerkennung finden.

Du bist jetzt ein vorbildlicher Arbeiter und dein Handwerkszeug sind deine Worte. Sei sicher, du wirst jetzt konstruktiv arbeiten gemäß dem göttlichen Plan. Judge Troward sagte: »Der Mensch ist ein Verteiler der Gottkraft. Er selbst schafft diese Kraft nicht.« Im Hebräerbrief finden wir: »Was ist der Mensch, dass du seiner gedenkst, und des Menschen Sohn, dass du auf ihn achtest? Du hast ihn wenig niedriger gemacht denn die Engel, und mit Preis und Ehre hast du ihn gekrönt. Du hast ihn zum Herrn gemacht über deiner Hände Werk, alles hast du unter seine Füße getan.« Du hast uns alle Dinge unserer Einsicht übergeben.

Wir treten jetzt in ein Zeitalter des Verständnisses ein. Wir sind nicht länger in Unkenntnis über unseren Glauben; wir haben Einsicht gewonnen. Salomon sagte: »Durch all dein Tun wachse ich an Einsicht.« Einsicht in das Wirken des göttlichen Geistes, damit wir diese Kraft in uns auf eine konstruktive Art verteilen bzw. ausgeben lernen.

Das Gesetz der Gesetze ist, andern so zu tun, wie man will, dass einem selber getan werde. Denn was du ausschickst, das kommt zu dir zurück, und wie du dich anderen gegenüber verhältst, so verhält man sich dir gegenüber. Die Frau, die es vermeidet, andere zu kritisieren, schützt sich selber vor Tadel. Kritische Menschen werden auch immer kritisiert. Sie leben in dieser Schwingung. Sie neigen auch zu Rheumatismus, denn saure Gedanken erzeugen auch Säure im Blut. Das ist die Ursache des Gliederreißens. In einem Zeitungsartikel berichtete ein Arzt von der eigentümlichen Erfahrung mit einer seiner Patientinnen. Die Frau bekam jedes Mal Furunkulose, wenn ihre Schwiegermutter zu Besuch kam. Daran ist nichts Merkwürdiges, denn sie kochte innerlich. Dann erschienen die Furunkel auf ihrem Körper wie Blasen auf der Wasseroberfläche, wenn es zum Sieden kommt. Selbstverständlich gilt das hier nicht für alle Schwiegermütter. Ich habe einige wundervolle Schwiegermütter gekannt, die Frieden und Harmonie verbreiteten, wo immer sie hinkamen. Unreine Haut besagt, dass irgendetwas unter die Haut gedrungen ist. Du bist gereizt oder verärgert. Daran wird wiederum deutlich, dass der Mensch durch sein Verhalten die Gottkraft außer Acht lässt. Wer gleich schwingt mit dieser Kraft, dem sind alle Dinge unter seine Füße gegeben. »Schafe und Ochsen allzumal, dazu auch die wilden Tiere. Die Vögel unter dem Himmel und die Fische im Meer.« Welch ein Bild der Kraft und der Herrlichkeit des Menschen! Der Mensch hat Macht und Herrschaft über die Elemente. Wir könnten »dem Wind und den Wellen gebieten«. Der Dürre könnten wir ein Ende setzen. In einer Zeitung las ich, dass die Bewohner eines Dürregebiets ersucht wurden, das Lied »Es wird nicht mehr regnen« nicht mehr zu singen. Da sie einiges vom Metaphysischen verstanden, war ihnen klar, dass sie die Kraft des negativen Wortes verwirklicht hatten. Sie spürten, dass dies irgendwie mit der Dürre zusammenhing. Wir könnten Fluten und Epidemien zum Stillstand bringen, denn »dem Menschen ist gegeben Macht über alle erschaffenen Dinge«. Jedes Mal, wenn wir eine Verwirklichung bekommen, beweisen wir unsere Macht und Herrlichkeit.

Wir müssen unser Bewusstsein erheben, weil der König der Ehren kommt! Sobald wir den Satz lesen: »Wenn dein Auge einfältig ist, so wird dein ganzer Körper licht sein«, erscheint uns ein innerer Glanz zu erhellen. Ein einfältiges Auge zu haben, bedeutet, nur das Gute zu sehen, ungestört zu sein durch den misslichen Anschein. So sagte Jesus Christus: »Richtet nicht nach dem Ansehen; richtet aber ein rechtes Gericht.«

Es gibt ein verborgenes Gesetz des Gleichmuts. Christus kannte dieses Gesetz: »Keines dieser Dinge bewegt mich.« Nichts von alldem kann mich in Verwirrung bringen, würden wir in unserer modernen Sprache sagen. Selbstsucht und Eigenwille bringen Niederlage und Misserfolg. »Wer ohne den Herrn das Haus baut, der arbeitet vergeblich.«

Die Fähigkeit der Fantasie ist eine schöpferische Fähigkeit und deine Angst-Einbildungen werden sich im Äußeren zeigen, als das Resultat deiner eigenen verdrehten Vorstellungen. Mit einfältigem Auge sieht der Mensch nur die Wahrheit. Er durchschaut das Übel, wissend, dass Gutes daraus wächst. Er verwandelt Ungerechtigkeit in Gerechtigkeit und entwaffnet seine scheinbaren Feinde, indem er guten Willen hinaus sendet. Weil das einfältige Auge nur den Sieg sieht, wird ihm beigestanden von unzähligen Heerscharen der Macht.

Wir erfahren aus der griechischen Legende über das Riesengeschlecht der Zyklopen, das in Sizilien gewohnt haben soll. Die Zyklopen hatten nur ein einziges Auge inmitten der Stirn. Der Sitz der Einbildungskraft befindet sich hinter der Stirn (zwischen den Augen) und die legendären Riesen entstanden aus dieser Idee. Du bist tatsächlich ein Riese, wenn du dieses eine einfältige Auge besitzt.

Jesus Christus, der größte aller Lehrer, wiederholte: »Jetzt ist die Zeit da, heute ist der Tag der Errettung.« Ich sah einen Film, der das nutzlose Unterfangen zeigte, in der Vergangenheit zu leben oder zu ihr zurückzukehren. Dieser Film erzählt die Geschichte einer Frau, die mit 16 Jahren auf ihren ersten Ball gegangen war. Jetzt ist sie eine Witwe von 35 Jahren. Sie hatte eine Geldheirat gemacht und hatte niemals Glück gekannt. Während der Verbrennung alter Papiere kommt ihr eine verblichene Tanzkarte in die Finger. Auf dem Blatt standen die Namen von sechs Männern, mit denen sie auf dem Ball getanzt hatte. Jeder einzelne schwor, sie zu lieben. Während sie so mit dem Programm in der Hand dasteht, erscheint auf der Leinwand der Ball, wie er in ihrer Erinnerung blieb. Eine Szene von unendlichem Zauber, wie die Tanzenden zu den Klängen eines Walzers dahinschweben. Jetzt ist ihr Leben sinnlos; so beschließt sie, ihre Jugend neu zu entdecken, indem sie herauszufinden versucht, was aus jenen sechs Männern geworden war. Ein wohlmeinender Freund rät: »Du kannst deine verlorene Jugend nicht zurückholen. Wenn du zurückgehst, wirst du die Gegenwart verlieren.« Sie geht aber trotzdem auf die Suche danach und damit beginnt die allmähliche Enttäuschung. Einer kann sich überhaupt nicht mehr an sie erinnern. Als sie sagt: »Kennst du mich nicht mehr? Ich bin Christine!«, erwidert er: »Christine ... und wie weiter?« Einige andere führen ein gemeines Dasein. Schließlich kehrt sie zurück in die Stadt ihrer Mädchenzeit. Dort lebte der fünfte Mann. Er war Friseur geworden. Munter plauderte er mit ihr von vergangenen Zeiten, während er ihr eine Dauerwelle machte. Er sagte: »Wahrscheinlich erinnerst du dich nicht mehr an deinen ersten Ball? Hier in dieser Stadt war das. Heute Abend ist zufällig in demselben Saal eine Tanzveranstaltung. Komm mit! Es wird die Erinnerung an alte Tage wecken!« Sie geht zum Ball. Alles macht einen billigen, übertrieben herausgeputzten Eindruck. Gewöhnliche, schlecht gekleidete Leute bewegen sich auf der Tanzfläche. Sie bestellt bei der Kapelle »ihren Walzer«, den Walzer ihrer verlorenen Jugend! Ihr Begleiter macht sie darauf aufmerksam, dass die anderen solch einen altmodischen Walzer nicht schätzen, jedoch: sie spielen ihn. Der Kontrast ist gewaltig. All ihre Illusionen sind verflogen. In ihrer Erinnerung lebte ein Ball, der so, wie sie es dachte, niemals wirklich stattgefunden hatte. Es war nur eine Einbildung der Vergangenheit. Sie konnte ihre Vergangenheit nicht zurückholen.

Es ist geäußert worden, dass die zwei Schächer am Kreuz die Diebe der Zeit versinnbildlichen. Der eine sprach von der Vergangenheit, der andere von der Zukunft. Und Christus erwiderte: »Jetzt ist die entscheidende Zeit, heute noch wirst du mit mir im Paradies sein.« In der alten Sanskritdichtung wird uns gesagt: »Darum merke wohl auf den heutigen Tag. Solches ist der Morgenröte Gruß.« Aller Kummer und alle Angst sind Diebe der Zeit.

Das dem Gleichmut zugrunde liegende verborgene Gesetz ist eines der wichtigsten, denn es bezeugt die Erreichung eines Zustandes von Bewusstsein, in welchem die äußere Welt der Sinne keinen Einfluss mehr hat auf die Betätigung des Willens, und der Mensch kann dann vollkommen eins sein mit dem göttlichen Willen. Das Leben der Meisten jedoch ist eine Quelle fortdauernder Beunruhigung: Mangel, Verlust, Schwiegermütter, Hauswirte, Schulden, Unrecht. Das ist die als Jammertal bekannte Welt. Die Menschen wurden alle durch ihre eigenen Angelegenheiten verwirrt gemacht, indem sie ihre Kämpfe ausfochten und ihre Bürden schleppten. Wenn ein Mensch nach dem Schein urteilt, findet er sich selber die meiste Zeit auf dem Kampfplatz widriger Verhältnisse und herausfordernd auftretender Löwen des Mangels und der Begrenzung.

»Ist aber dein Auge ein Schalk (d. h. du bildest dir widrige Umstände ein), so wird dein ganzer Leib finster sein. Wenn nun das Licht, das in dir ist, Finsternis ist, wie groß wird dann die Finsternis sein!« Das Licht des Leibes ist das innere Auge (oder die Einbildungskraft). Wenn das Auge die Einheit gewahrt, so siehst du nur eine Kraft, einen Plan und einen Planenden, dein Leib und deine Angelegenheiten werden voller Licht sein. So erkenne dich selber täglich im Lichte Christi. Dieses innere Strahlen ist die unüberwindliche Kraft, die alles aufhebt, was nicht göttlich geplant ist. Vor diesem inneren Glanz vergeht aller Anschein von Übel, Mangel, Verlust oder Beschränkung. Alle widrigen Umstände lösen sich in ihm auf, oder »jede Waffe, die gegen dich gerichtet ist«, verschwindet.

Wenn unser Auge einfältig ist, so steht uns immer auch dieses Licht zu Gebote. Wir sollten lernen, dieses Licht mit der gleichen Selbstverständlichkeit anzuknipsen wie das elektrische Licht. »Trachtet am ersten nach dem Reiche Gottes und nach seiner Gerechtigkeit, so wird euch alles zufallen.« Ein chinesisches Sprichwort sagt: »So überlass auch den Plan deines Lebens dem göttlichen Plan, und du wirst finden, dass deine Verhältnisse dauernd vollkommen sind.«

Friede und Glück

»Es möge Friede sein in deinen Mauern und Glück in deinen Palästen.« Aus diesem Satz des 122. Psalms ersehen wir, dass Friede und Gedeihen Hand in Hand gehen. Leute, die an den Schein des Mangels glauben, befinden sich in einem Zustand von Furcht und Verwirrung. Sie sind nicht voll erwacht zu ihrem Guten, und sie ermangeln daher der Führungen und der Entwicklungsmöglichkeit. Ein friedvoller Mensch ist ein voll erwachter Mensch. Er sieht klar und handelt schnell. Er kennt immer die rechte Weise.

Ich habe zwiespältige, unglückliche Menschen vollkommen verändert gesehen. Wiederum will ich mit einem Beispiel das Wirken des Gesetzes erläutern. Eine Frau erschien bei mir in einer Verfassung grässlichen Kummers. An ihrem Äußeren war ihr innerer Zustand sichtbar. Ihre Augen waren trüb von ständigem Weinen. Erschöpfung war in ihrem hageren Gesicht. Der von ihr geliebte Mann war von ihr gegangen, und ganz gewiss war sie das verlassenste Wesen, das ich jemals zu Gesicht bekommen habe. Ich richtete mein Augenmerk auf die Form des Gesichts. Große, weit voneinander entfernte Augen und ein spitzes Kinn. Viele Jahre lang war ich bildende Künstlerin gewesen und hatte die Gewohnheit angenommen, die Menschen von diesem Standpunkt aus zu betrachten. Die Menschen erscheinen mir wie Figuren verschiedener Maler. Als ich dieses verlassene Geschöpf erblickte, sah ich die Formen einer Botticelli'schen Schöpfung. Ich sehe oft gleichsam »Rembrandts«, »Reynolds« in mir begegnenden Menschen. Nun sprach ich das Wort für diese Frau und gab ihr mein Buch: »Das Lebensspiel und seine Regeln«. Etwa zwei Wochen später prallte ich während eines Spaziergangs heftig mit einer Frau zusammen. Sie hatte schöne Augen und sah sehr nett aus. Sogleich dachte ich: »Ihr Gesicht hat die Linien eines Botticelli.« Plötzlich erkannte ich sie wieder. Sie war glücklich und sorgenfrei! Was war geschehen? Unser Gespräch und das Buch hatten ihr Frieden gebracht.

»Es möge Frieden sein in deinen Mauern!« Deine »Mauern« sind dein Bewusstsein. Jesus Christus legte besonderen Nachdruck auf den Frieden und die Ruhe. »Kommet her zu mir alle, die ihr mühselig und beladen seid, ich will euch Ruhe geben.« Er sprach von dem inneren Christus jedes Einzelnen, von der unbewussten Erkenntnis, die nichts weiß von Lasten und Kämpfen. Zweifel, Ängste und negative Vorstellungen sind im Unterbewusstsein. Als ich vor einigen Jahren im Flugzeug von Kalifornien zurückkehrte, hatte ich in großer Höhe ein merkwürdiges Empfinden von Losgelöstheit. In dieser Höhe sind wir im Frieden mit uns selbst und der ganzen Welt. In großer Höhe sind die Felder immer »reif zur Ernte«. Nur die Gemütsbewegungen verhindern das Reifen des Erfolgs, des Glücks und der Fülle. »Ich werde dir deine Jahre wiedergeben, welche Heuschrecken gefressen haben.« Wir dürfen das wohl umschreiben und sagen: »Ich werde dir die Jahre wiedergeben, die durch deine Gemütsbewegungen zugrunde gerichtet wurden.« Menschen, die von Zweifeln und Ängsten geschüttelt sind, begegnet Misserfolg, Unglück und Krankheit.

In einer Tageszeitung las ich, dass die Gesetze des Geistes in der Hauptsache erforscht und verstanden sind. Man fand, dass die Angst vor Misserfolg die verbreitetste von allen Ängsten ist und dass zumindest 75 Prozent aller psychologisch Untersuchten im Bann dieser Furcht leben. Selbstverständlich hat das auch zu gelten für Misserfolg in der Gesundheit, Misserfolg im Geschäft, in Geldangelegenheiten, in der Liebe, usw. Andere wichtige Ängste sind: Furcht vor Dunkelheit, Furcht vor Alleinsein, Furcht vor Tieren. Manche fürchten, dass man sie missverstehen könnte, während andere wiederum in Sorge sind, dass sie ihrer Vernunft verlustig gehen könnten. Beständige, fortwährende Angst wirkt auf die Drüsen, beeinflusst die Verdauung und ist gewöhnlich noch mit anderen, schmerzhaften nervösen Symptomen verbunden. Das beraubt den Körper der Gesundheit und zerstört das Glück.

Die Furcht ist des Menschen erbittertster Feind, denn was du fürchtest, das rufst du herbei. Furcht ist auf den Kopf gestellter Glaube. Dies ist in Wahrheit Glaube an das Böse statt an das Gute. »Warum habt ihr Furcht, oh ihr Kleingläubigen?« Ein furchtloser, fesselfreier Geist zieht alles Gute an. Was immer du wünschst oder begehrst – es ist schon auf dem Weg zu dir. »Bevor du rufst, habe ich geantwortet.«

Angenommen, wir umschreiben die Schrift, so können wir sagen: »Was immer du wünscht oder begehrst, es ist schon bereitgestellt auf deinem Weg.« Oftmals gibt ein anderes Wort plötzlich Einsicht. Wenn du eine Auskunft brauchst, wird sie dir gegeben. Eine Freundin berichtete mir von einer geradezu verblüffenden Arbeitsweise des Gesetzes. Sie war dabei, eine alte italienische Handschrift über das Leben eines früheren persischen Herrschers zu übersetzen. Im Englischen existierten über diesen Gegenstand keine Bücher. Sie war verwundert, dass die Verleger mit einer Veröffentlichung zögerten. Sie kam ins Gespräch mit einem Mann am selben Tisch. Sie erzählte von ihrer Arbeit, von der Übersetzung des alten italienischen Manuskripts. Er fühlte sich plötzlich zu der Auskunft bewogen: »Es wird schwer sein, für Ihre Arbeit einen Verleger zu finden, die Ideen dieses persischen Herrschers sind nicht die unserer gegenwärtigen Regierung.« Ihre Frage war beantwortet worden. Gott bringt seine Wunder an völlig unverhofften Orten zur Ausführung. Sie hatte sich Sorgen gemacht, doch erst, als sie glücklich und zufrieden und unbekümmert war, segelte die Auskunft über das still gewordene Meer daher.

»Unsere Füße stehen in deinen Toren, Jerusalem.« Jerusalem ist gleichbedeutend mit Friede, und Füße bedeuten Verstehen. So führt uns das Verständnis immer in die Tore des Friedens. Wie kann man Frieden erlangen, wenn das ganze Leben ein Aufruhr ist? Nur indem man eine Bestätigung erlangt. Du kannst deine Gedanken nicht kontrollieren; aber deine Worte kannst du kontrollieren und das Wort schafft es schließlich.

Die meisten Menschen bereiten sich disharmonische Verhältnisse, weil sie ihre Kämpfe selber gekämpft und sich mit ihren Lasten abgemüht haben. Wir müssen lernen, den Weg Gottes zu gehen, damit er die Situation harmonisieren oder berichtigen kann. Harmonisieren ist ein sehr gutes Wort, denn es werden auf diese Weise krumme Dinge gerade und in Ordnung gebracht, die kein Mensch für möglich gehalten hätte. Alles, was das Reich gewährt, gehört dir, sofern du der unendlichen Intelligenz die Bahn frei gibst, denn sie hat schon verschwenderisch ihre Güter jedem Begehren entsprechend ausgeteilt. Aber sie will volles Vertrauen. Bist du im Zweifel oder in Angst, so verlierst du die Verbindung zu dieser höchsten Kraft. Wenn du von Zweifeln und Ängsten erfüllt bist, so musst du irgendetwas unternehmen, an dem dein Glaube sich bewährt. »Glaube ohne die Werke (oder das Wirken) ist tot.« Tätiger Glaube weckt im Unterbewussten eine Stimmung der Erwartung; dadurch schaffst du dir Kontakt mit der universalen Intelligenz. Wie Wallstreet über den Handelsmarkt wacht, so müssen wir über unseren »Markt des Glaubens« wachen. Mitunter liegt das Glaubensgefühl danieder. Manchmal geht es mehr und mehr bergab damit, bis es zu einem Zusammenbruch kommt. Mancher unglücklichen Situation hätten wir beizeiten begegnen können. Wir folgten dem berechnenden Verstand anstatt der Intuition.

Wir leben tatsächlich ein magisches Dasein – geführt, beschützt und gerüstet. Jede Angst wäre für alle Zeiten gebannt, wenn diese vom Universalen dem Mensch anvertrauten erstaunlichen Fähigkeiten benützt würden. Der Mensch würde den Gleichmut bewahren bei widrigen Ereignissen und wissen, was die alten Hebräer wussten, »dass Jehova vorangeht und jede Schlacht gewonnen ist«.

Eine Freundin erzählte mir eine interessante Geschichte. Ein Mann aus der Papierbranche in Kalamazoo (Michigan) hat tausend meiner Bücher an seine Angestellten ausgeteilt. Er fing sein Unternehmen einst mit einem geringen Kapital an – gegen alle kühle Berechnung und Überlegung. Inzwischen hat er einen Zwölf-Millionen-Dollar-Betrieb aufgebaut, indem er intuitiven Eingebungen und inneren Anstößen folgte. Alle seine Angestellten haben ein Wissen um das metaphysische Gesetz. Ein anderer Mann, der sein Unternehmen auf dem Gesetz von Geben und Empfangen aufbaute, fand den gleichen verblüffenden Erfolg. Er kam mit wenig Geld nach Philadelphia und übernahm ein Magazin. Seine Absicht war, den Menschen recht viel für einen möglichst niedrigen Preis zu bieten. Er glaubte an das Gesetz des Gebens. Sein Blatt erwies sich schließlich als eines der populärsten Magazine überhaupt. Er gab der Öffentlichkeit das Beste, und das machte sich bezahlt. Je mehr er gab, umso mehr empfing er. »Es möge Friede sein in deinen Mauern und Glück in deinen Palästen!« Friede und Glück gehen Hand in Hand. »Großen Frieden haben die, die deine Gebote lieben, und nichts kann ihnen widerfahren.« Dies ist das Gesetz des Nicht-Widerstehens. »Widerstehet nicht dem Übel, sondern vergeltet Böses mit Gutem.« Verwandle alles Versagen in Erfolg, Mangel in Fülle und Zwiespältigkeit in Frieden.

Deine große Chance

Nur einen Richter hast du: Dein Wort. Jesus Christus sagte: »Ich aber sage euch, dass für jedes eitle Wort, das die Menschen reden, sie sich verantworten müssen am Tage des Gerichts; denn durch sein Wort wird der Mensch gerechtfertigt und durch sein Wort wird er verdammt werden.«

Jeder Tag ist ein Tag des Gerichts. Gewöhnlich wird uns gelehrt, dies würde mit dem Weltende geschehen. Schau zurück auf dein Leben und sieh, wie du entweder Glück oder Unglück durch deine Worte angezogen hast. Das Unterbewusstsein hat keinen Sinn für Humor. Die Menschen scherzen zusehend über sich selber und das Unterbewusstsein nimmt sie ernsthaft beim Wort. Das kommt daher, weil das geistige Bild, das du während des Sprechens erzeugst, sich dem Unterbewussten einprägt, und in der Folge sich im Äußeren gestaltet. Wer die Kraft des Wortes kennt, wird sehr sorgfältig auf seine Rede achten. Er braucht nur einmal die Reaktion auf seine Worte zu beobachten, um zu wissen, dass sie nicht unverrichteter Dinge zurückkehren.

Die schlimmsten Fehler begeht man beim Reden in Angst oder Ärger. Von solchen Worten geht eine sehr starke, schädigende Wirkung aus. Infolge der Schwingungskraft der Worte ziehst du das an, wovon du redest. Leute, die unausgesetzt von Krankheit sprechen, rufen unweigerlich Krankheit herbei.

Unsichtbare Mächte arbeiten dauernd für den Menschen, auch wenn er nichts davon weiß. Wir lesen in der Bibel: »Leben und Tod sind in der Macht der Zunge.« Noch reden die meisten zersetzend vom Morgen bis zum Abend. Das ergibt sich zwangsläufig aus ihrer Gewohnheit zu kritisieren, zu verdammen und zu klagen. Eifrig sind sie dabei, dir von ihrem Missgeschick zu berichten und dir ihre Meinung über alle Verwandten zu unterbreiten. Sie ermüden ihre Freunde und die Leute meiden sie. Sie reden sich selber in eine ganze Herde von Sorgen hinein. Wenn wir nun um die Kraft des gesprochenen Wortes wissen, warum ziehen wir nicht Vorteil daraus? Wir nehmen den Nutzen entgegen von Radio, vom Telefon und von den Flugzeugen, aber mit den Totengräbern leben wir in gemeinsamem Gespräch.

Wissenschaft und Religion finden jetzt zueinander. Die Wissenschaft erschließt die Kraft des Atoms, Metaphysiker die Kraft innerhalb der Gedanken und der Worte. Wenn wir uns der Worte bedienen, gehen wir mit Dynamit um. Denkt an die heilsamen Kräfte in den Worten! Ein Wort wird gesprochen, und eine chemische Umwandlung findet im Körper statt.

Eine meiner Freundinnen war ernstlich krank. Der Arzt diagnostizierte eine chronische Bronchitis und die Gefahr einer Lungenentzündung. Ihre Tochter und der Arzt schickten sie ins Bett, eine Krankenschwester wurde verordnet. Aber Wochen vergingen, ohne dass sich die mindeste Verbesserung zeigte. Sie war Wahrheitsstudentin, aber seit über einem Jahr hatte sie weder Versammlungen besucht, noch war sie in der Lektüre fortgefahren. Eines Morgens rief sie mich und sagte: »Bitte, sprich das Wort und hol mich aus dieser Patsche heraus! Ich bin nicht krank. Ich halte es nicht länger aus! Ich bin mir selbst zum Ekel. Unzählige negative Gespräche und Gedanken haben mich zu Boden geworfen.« Durch das gesprochene Wort und ihre Bestätigung der Wahrheit trat sofort eine Änderung zum Besseren ein. Sie hatte das starke Gefühl, sie müsse aufstehen. Man sagte ihr, dass das gefährlich wäre. Diesmal aber folgte sie der göttlichen Leitung. Sie stand auf, rief mich an und lud sich am nächsten Tag zum Frühstück zu mir ein. Was war geschehen? Die Worte der Wahrheit hatten eine Sinnesänderung und damit eine chemische Umwandlung in ihrem Leib bewirkt. Es wurde uns gesagt, dass, wenn wir glauben, ohne je zu zweifeln, wir sprechen könnten zu diesem Berg:

»Hebe dich auf«, so würde er ins Meer stürzen. Die unerschöpfliche Energie in einem Menschen wird frei gemacht durch guten Willen. Ein Mensch, frei von Furcht, losgelöst vom Wirbel des Scheins, der ganzen Menschheit Liebe schenkend, kann den Bergen des Hasses und des Streitens befehlen: »Hebet euch hinweg!« Und sie würden in ihre frühere Nichtigkeit versinken.

Verärgerung und Unduldsamkeit berauben den Menschen seiner Kraft. In den Straßenbahnen, in den Geschäften sollten Schilder aufgehängt sein mit den Sätzen: »Hüte deine Gedanken! Bewache deine Worte!« Steuern wir sorgsam diese dynamische Kraft in uns. Zu Heil, Glück und Wohlfahrt wollen wir sie lenken, zum Guten auch für die ganze Welt. Eine mächtige, aber stille Kraft quillt daraus! Der Gedanke, die gewaltigste Macht im Universum, ist ohne einen Laut. Dein guter Wille fegt alle Hindernisse aus deinem Weg und dein Herzenswunsch wird erfüllt.

Was gehört nun wirklich dir? Die Antwort muss heißen: »Alles, was das Reich hervorbringt, gehört dir.« Dir wird die Erfüllung jedes berechtigten Wunsches zugesagt. Dreitausend Verheißungen gibt es in der Bibel, aber die Verwirklichung dieser Gaben erleben wir nur, wenn wir den Verheißungen Glauben schenken, dass alles durch uns kommt und nicht zu uns. Alles Leben ist Schwingung. Fühl dich reich, und du ziehst den Reichtum an. Fühle dich erfolgreich und du wirst Erfolg haben. Ich kannte in einem winzigen Landstädtchen einen kleinen Jungen ohne besondere Vorzüge. Er hielt sich stets für erfolgreich und war der festen Überzeugung, dass er ein großer Künstler werde. Niemand konnte ihn entmutigen, er war der Erfolg selbst. Er hatte nur Erfolgsgedanken, er strahlte Erfolg aus. In jungen Jahren verließ er das Städtchen und ging in eine große Stadt. Um sich selber durchzubringen, nahm er eine Stellung als Zeichner bei einer Tageszeitung an. All das ohne entsprechende Ausbildung. Es kam ihm niemals in den Sinn, dass er den Anforderungen etwa nicht gewachsen sein könnte. Er besuchte eine Kunstschule und wurde bald ein glänzender Schüler. Nie zuvor hatte er auf akademische Weise studiert. Was er jemals gesehen hatte, daran erinnerte er sich. Ein paar Jahre später zog er in eine noch größere Stadt. Bald war er ein allgemein beachteter Künstler. Dieser Erfolg wurde ihm zuteil, weil er immer den Erfolg vor Augen gehabt hatte. »Ich will euch das Land geben, das ihr saht.«

Den Kindern Israels war gesagt worden, dass sie alles Land bekommen würden, das sie sehen könnten. Die Bibel ist ein metaphysisches Buch, das sich an jeden Einzelnen wendet. Jetzt, in diesem Augenblick, sagt es zu jedem von uns: »Ich will dir das Land geben, das du siehst.« Nun denn: Was erkennt dein inneres Auge? Welche Bilder lockst du in dein Leben hinein? Wenn du Gedanken des Versagens hegst, wende diese Gedanken in Worte des Gelingens. Solch ein Schall ist leicht genug zu erzeugen. Doch wenn ein Bankrottgedanke bereits Gewohnheit geworden ist, bedarf es unausgesetzter Wachsamkeit, ihn zu verjagen. In einem solchen Fall bedarf es einer besonders kraftvollen Bestätigung. Andauernd kannst du deine Gedanken nicht bewachen. Dein Wort aber unterliegt deiner vollen Kontrolle, und schließlich beeindruckt das Wort das Unbewusste. Du gewinnst.

Bist du in negativer Geistesverfassung, so gebrauche folgenden Leitsatz: »Mit Staunen blicke ich auf das, was vor mir liegt!« Das bewirkt einen Zustand wundervoller Erwartung und du wirst manch Wundervolles erhalten. Pflege das Gefühl für das Geschehen von Wundern. Pflege die Erwartung eines Glücks.

Sehr wenige Leute erreichen in ihrem Leben das ihnen zu Recht Gehörende. Sie leben gleichsam in der näheren Umgebung ihrer Wünsche. Allzeit scheint es ihnen, ihre Vorstellungen seien zu schön, um wahr zu sein. Für einen geistig Erwachten ist nichts zu schön, um wahr zu sein. Wenn du Verlangen danach hast, Menschen reden zu hören, die noch im Traume Adams befangen sind, dann geh in einen Friseurladen. Der Traum Adams ist die Illusion der Gegensätze. Adam fiel in einen tiefen Schlaf, nachdem er vom Baum der Täuschung gegessen hatte. Selbstverständlich steht Adam stellvertretend für die ganze Art der Menschheit. Der Mensch als Angehöriger seiner Art lebt in den nichtigen Vorstellungen von Mangel, Verlust, Misserfolg, Sünde, Krankheit und Tod. Der erwachte Mensch weiß nur von einer Macht, Gott, und nur von einem Verhältnis, dem Guten. Aber wir wollen zurückkehren in den Schönheitssalon. Das Folgende ist eine genaue Darstellung und ein treffendes Beispiel für das, was man dort zu hören bekommt. Eine Frau auf dem Nebenstuhl sagt mit vernehmlicher Stimme: »Hier ist es viel zu warm! Man sollte die Heizung etwas zudrehen oder ein wenig das Fenster öffnen!« Jemand fragt sie: »Wie geht es Ihnen heute, Frau S.?« – »Ach, im Moment kann ich nicht klagen, aber das wird bestimmt nicht so bleiben.« Später fragt sie ihre Maniküre: »Warum tragen Sie keine Brille?« Das Mädchen erwidert: »Ich brauche keine Brille, wozu sollte ich eine tragen?« Die Frau meint: »Weil jedermann eine trägt. Und im Übrigen: Lassen Sie nur Ihre Augen untersuchen, bestimmt ist etwas nicht in Ordnung.« Als sie schließlich geht, fühlen sich alle matt und grübeln darüber nach, ob es ihnen wirklich noch gut geht oder ob sie sich ihre Gesundheit nur einbilden. Einen ganzen Rattenschwanz von Besorgnis und Trübsal hat sie hinterlassen. Dies ist ein Musterbeispiel für das, was man in beinahe jedem Laden hören kann. In dieser Weise sprechen die Meisten miteinander. Es ist erschreckend, wenn man die Macht des Wortes kennt und weiß, was damit heraufbeschworen werden kann. Denn fast alle beschreiben Krankheiten oder Operationen. Du verbindest dich mit dem, worauf du deine Aufmerksamkeit lenkst. Beschreibe also nichts Destruktives, denn dann verbindest du dich nicht mit ihm.

Was gehört nun wirklich dir? Das Glück, das du selber dir bereitest durch dein gesprochenes oder verschwiegenes Wort. Die Dinge, die ein inneres Auge erschaut. Ausschließlich deine Zweifel, Befürchtungen und dein Nachtragen halten dein Gutes von dir fern. Wenn du irgendetwas hasst oder übel nimmst, so bindest du es an dich, da du ja alles anziehst, was du fürchtest oder was dir missfällt. Irgendeiner hat dich z. B. ungerecht behandelt und du bist nun von Zorn und Groll erfüllt. Du bringst es nicht zuwege, diesem Menschen zu vergeben. Die Zeit vergeht, und ein Anderer tut dir das Gleiche an. Das kommt davon, weil du das Bild der Ungerechtigkeit in dein Unterbewusstsein eingegraben hast. Diese Geschichte wird sich solange wiederholen, bis du am Ende der Meinung bist, dass ein Fluch dich in Unglück gestürzt und dich der Ungerechtigkeit ausgeliefert hat. Nur auf eine einzige Art kann das geändert werden. Bleibe vollkommen ungestört durch die Ungerechtigkeit und strahle guten Willen aus auf alle Traurigen. »Mein guter Wille ist ein fester Burgwall rund um mich. Ich verwandle jetzt alle Feinde in Freunde, alle Disharmonie in Harmonie, alle Ungerechtigkeit in Gerechtigkeit.« Du wirst staunen über die Tätigkeit des Gesetzes. – Eine Studentin verwandelte das Chaos ihrer geschäftlichen Angelegenheiten in Harmonie durch dieses Verfahren.

Schau nicht rückwärts. Gräme dich nicht in schweren Zeiten, sonst wirst du wieder in diese Verhältnisse zurückgezogen. Danke für den Anbruch einen neuen Morgens. Werde gegen alle Entmutigungen unempfindlich. Bleibe ungestört von jeder widerstrebenden Erscheinung.

Alles, was du wünschst oder begehrst, ist bereits unterwegs zu dir, aber du musst zu deinem Gott voll erwacht sein, dann erst kann es sich in der Wirklichkeit darstellen. Nachdem du die Wahrheit festgestellt hast, wirst du blitzartig die Möglichkeit der Verwirklichung erkennen. Plötzlich erblickst du dich in einer neuen Umgebung. Du spürst, wie alte, negative Verhältnisse nicht mehr sind. Ich sagte einmal zu einer Frau: »Die Mauern des Mangels und der Beschränkung zerbröckeln und Sie gelangen jetzt unter der Gnade in Ihr Gelobtes Land.« Sie sagte, sie hätte plötzlich in blitzhellem Licht die zerfallenden Mauern gesehen und auch, wie sie darüber hinweg stieg. Bald danach kam es zu einer Veränderung ihrer Umstände und sie betrat wirklich ihr »Gelobtes Land, wo Milch und Honig fließen«. Die Tochter einer Bekannten hatte nur einen brennenden Wunsch, ein Heim und einen Gatten. In der Blüte ihrer Jugend war eine Verlobung in die Brüche gegangen. Wann immer sich eine mögliche Heirat am Horizont ihres Daseins abzeichnete, geriet sie in wahnsinnige Angst und Besorgnis, weil sie sich lebhaft den ersten Fehlschlag vor Augen führte. Und so ging es einige Male. Ihre Mutter kam zu mir und bat mich, das Wort für die richtige, göttlich bestimmte Hochzeit für ihre Tochter zu sprechen. Während der Unterredung sagte die Mutter ununterbrochen: »Arme Nelly! Arme Nelly!« Ich antwortete: »Nennen Sie Ihre Tochter nicht länger arme Nelly. Sie sind ihr dabei behilflich, sie abstoßend zu machen. Rufen Sie lieber: Glückliche Nelly, begünstigte Nelly! Denn Sie müssen den Glauben haben, dass Gott jetzt Ihren Wunsch erfüllen wird.« Mutter und Tochter wollten das bestätigen. Jetzt hat die letztere ihre Bestimmung erfüllt, denn sie ist »Frau« Nelly. Der Dämon der Furcht ist gebannt für alle Zeit.

Es gibt herrliche Sätze in der Bibel, um negative Gedankenformen zu zerbrechen. »Die Kraft des Geistes ist mächtig genug, um Bollwerke zu Fall zu bringen.« Der menschliche Verstand ist zu hilflos, um sich mit diesen negativen Vorstellungen messen zu können. Der Sieg wird gewonnen mit dem Gott im Inneren, dem Überbewusstsein.

»Weiter, liebe Brüder, was wahrhaftig ist, was ehrbar, was gerecht, was keusch, was lieblich, was wohllautend, etwa eine Tugend, etwa ein Lob, dem denket nach.« (***Phil. 4, 8***)

Wenn man dem gehorcht, wird das meiste Gerede eine Zeit lang ruhen. Bis man lernt, über aufbauende Dinge zu reden.

Fürchte dich nicht!

Die ganze Bibel hindurch wird die Aufforderung an uns gerichtet, uns nicht zu sorgen, nicht furchtsam zu sein, nicht Schätze zu häufen oder zu vergraben, weil unüberwindliche Macht dem Menschen zu Gebote steht zur Befriedigung seiner Bedürfnisse. Aber es wurde uns auch gesagt, dass es ohne unseren Glauben daran nicht gelingen würde. Wenn du an diese göttliche Macht glauben kannst, dann sind alle Dinge möglich. Leicht ist es nicht für den Menschen, an diese Macht zu glauben, weil ein tüchtiges Training im Nicht-Glauben vorausgegangen ist. »Ich glaube nur, was ich sehe.« – dies setzte man voraus als den Gipfel aller Weisheit. Wir lebten in einer Welt der Äußerlichkeiten, aus der wir die Vergangenheit als »schon geschehen« zu deuten gewohnt waren. Wir wussten nicht mehr, dass hinter allem Geschehen eine Ursache steht, dass wir ganz allein die Maschinerie in Gang setzen, die, je nachdem, Gutes oder Böses auf unserem Weg hervorbringt.

Wir wussten nicht, dass Worte eine Art Sprengstoff sind und dass wir behutsam, mit Weisheit und Verständnis, damit umgehen sollen. Wir schleuderten Worte des Zorns, des Grolls oder des Selbstmitleids in den Äther und wunderten uns dann, wenn unser Leben so beschwerlich war.

Warum versuchen wir es nicht mit dem Glauben? Vertraue der unsichtbaren Gottkraft und fürchte nichts. Aber in allen Dingen lass Gott mit Preisen und Danksagen wissen, worum du bittest. Könnte irgendetwas anders einfacher oder unmittelbarer sein? Angst und Gewohnheit sind das Gewöhnliche geworden. Die alten Gedankenformen, die du im Unbewussten aufgebaut hast, hängen gleich Muscheln an einem Ozeandampfer. Aber hin und wieder wird das

Schiff auf das Trockendock gelegt und die Muscheln werden herunter gekratzt. In gleicher Weise habe deine geistigen Muscheln das Herunter-gekratzt-Werden nötig. Das Trockendock ist dann eine große Gelegenheit zur Bewährung.

Ich weiß von einer Frau, die ihr Leben lang besonders in Geldangelegenheiten ein Feigling war. Sie sorgte sich dauernd um Geld. Sie kam in unseren Wahrheitszirkel, erkannte, wie sehr sie sich selbst gehemmt hatte und machte urplötzlich einen mächtigen Sprung in den Glauben. Sie begann auf Gott zu bauen und nicht mehr auf irgendein Äußeres. Sie folgte ihrer intuitiven Führung. Wenn eines ihrer Kleider so unansehnlich wurde, das sie sich als Arme zu fühlen begann, warf sie es kurz entschlossen fort und bekam manch ein neues, um sich reich fühlen zu können. Sie hatte sehr wenig Geld, aber sie gab sozusagen den »Zehnten« für gute Werke. Sie begann sich in eine höhere Schwingungsebene zu erheben. Bald fingen die Dinge im Äußeren sich zu wandeln an. Eine ihrer Familie befreundete Frau hinterließ ihr tausend Dollar. Ein paar Monate später kamen weitere tausend dazu. Dann aber tat sich eine große Tür zu ihren Gunsten auf und viele Tausende flossen herein. Sie hatte von ihrem unversiegbaren, unsichtbaren Konto auf der Bank des Universalen abzuheben begonnen. Sie hatte nur auf Gott hingeschaut, da öffneten sich die Schleusen. Der Punkt, auf den es hier eben ankommt, ist der Fortschritt, in Geldangelegenheiten alle Besorgnis verloren zu haben. In ihrem Unterbewusstsein hatte sie die sichere Überzeugung verankert, dass ihre Versorgung von Gott käme, und dies blieb in der Tat nicht aus. Der Mensch ist ein Instrument, durch welches die unendliche Intelligenz wirkt. Durch ihn will sie im endlichen Bereich Erfolg, Fülle, Glück, Gesundheit und vollkommenen Selbstausdruck erzielen, frei von Angst und Sorge.

Wenn du Beispiele furchtlosen Glauben wünschst, so gehe in den Zirkus! Die Leute vom Zirkus führen scheinbar unmögliche Kunststücke vor. Weil sie sich diese zutrauen, sehen sie sich fähig, diese Dinge zu tun. Glauben bedeutet, dass du dich selbst all die Dinge empfangen siehst, welche du begehrst. »Ich will dir das Land geben, das du siehst.«

Du kannst niemals eine Sache vollbringen, wenn du dich selbst nicht schon im Geiste sehen kannst, wie du es tust. Oder auch: Du kannst keine Stellung ausfüllen, die du nicht zuvor dich ausfüllen siehst. Aber nicht durch visuelles Sehen, indem du ein mentales Bild erzeugst, gelingt das (das wäre ein verstandesgemäßer Ablauf, der oft verkehrte und unzureichende Ergebnisse zeitigt), nein, es muss eine geistige Verwirklichung sein, ein Spüren, dass es geistig bereits durch dich erreicht ist. Mit einem Wort: Man muss in der seinem Ziele entsprechenden Schwingung sein.

Sehr stark hat mich die Geschichte eines bekannten Fußballers beeindruckt, welcher der größte Allround-Sportsmann der Welt war. Er erledigte sein Training in einer Hängematte. Eines Tages lag er wieder darin, in der Sonne schlummernd, als ein Trainer mit tränenüberströmtem Gesicht zu ihm kam und ihn anflehte: »Jim, bei der Liebe Mikes und deines Vaterlandes, willst du nicht endlich aufstehen aus dieser Hängematte und etwas tun?«

Jim erwiderte, ein Auge öffnend: »Grad eben hatte ich daran gedacht. Ich war im Begriff, nach dir zu schicken ...« »Gut«, sagte der Trainer, »was soll ich tun?« – »Zuerst einmal«, sagte Jim, »schreite dort auf dem Platz eine Strecke von 25 Fuß ab.« Das tat der Trainer. »Und was dann?« fragte er danach. »Das ist alles«, meinte Jim, schloss seine Augen und schaukelte fröhlich auf und nieder.

Nach wenigstens fünf Minuten öffnete er die Augen und sah sich für ein paar Sekunden abschätzend die Strecke an und dann machte er die Augen wieder zu. »Was soll das heißen?« schrie der Trainer. Jim blickte ihn vorwurfsvoll an und sagte: »Was ist denn mit dir los? Ich übe doch Weitsprung!« Er machte sein ganzes Training in der Hängematte: Er sah sich selbst den Sprung ausführen!

Ohne die Vision würde ein Volk untergehen in Mangel und Unzulänglichkeit. Du magst noch so hart im Äußeren schaffen. Du wirst nicht zustande bringen, wenn du ohne Vision bist. Vision bedeutet das klare Sehen und Festhalten des Zieles mit dem geistig erweckten Auge. Alle Menschen verhielten sich so, die Großes geleistet haben. James J. Hill, der Erbauer der großen Nordeisenbahn, sagte, noch bevor eine einzige Schiene gelegt worden war, er höre mit seinem inneren Ohr das Rattern der Wagen und das Pfeifen der Lokomotiven. Er hatte viele Hindernisse zu überwinden; doch seine Vision war sehr klar, sie beherrschte ihn völlig. Eines half ihm sehr: seine Frau glaubte an ihn. Man sagt: Zwei sind nötig, um einen Traum zu verwirklichen.

Wenn Henry Ford von seiner Schwiegermutter sprach, sagte er: »Sie war eine feine Dame, sie glaubte an mich.«

Wenn zwei von euch einig sind, so wird es gelingen. Wenn du an dich selber glaubst, werden auch andere an dich glauben. Sobald du der Gottkraft in dir selber vertraust, fallen Furcht und Besorgnis von dir ab. Du schaffst die Schwingung der Sicherheit. Dies gilt für einen intuitiven Menschen. Jeder Schritt wird unter göttlichem Schutz getan und weil nie eine Eingebung außer Acht gelassen wird, ist man immer zur rechten Zeit am rechten Ort. Nichtsdestoweniger braucht es zum Befolgen der Intuition oft ein ungewöhnliches Maß an Mut. Es bedarf eines Wikingers, der ohne Bangen unbekannte Meere befährt. Claude Bragdon sagt: »Intuitiv leben bedeutet vierdimensional leben.« Der magische Pfad führt dich aus Ägypten, aus dem Haus der Knechtschaft. Dies ist unschätzbar in geschäftlichen Dingen. Unterwirf nie eine Eingebung verstandesgemäßer Planung. Die, welche Ohren haben zu hören, sollen auf ihre intuitive Führung hören und ihr ständig gehorsam sein. »Was immer du erblicken wirst von Gott, Gott wird es dir geben.« Dies gilt für jeden Einzelnen. Doch wenn wir nicht alle Glücksgüter des Lebens empfingen, haben wir zu bitten versäumt oder wir haben nicht rechtzeitig gebetet.

Die Bibel lehrt das geistige Gesetz des Bittens und Empfangens. Wir müssen es studieren und von jedem Platz aus anwenden. »Wenn du bittest, glaube, dass du es hast.« »Mach dir keine Sorgen.«

»Steh still und sieh das Heil des Herrn.« Verwirklichung ist Offenbarung.

Bete mit Loben und Danksagen. Einige beten angsterfüllt mit Ärger und Groll. Kürzlich schrieb mir eine Frau folgendes: »Ich hatte eben ein feines Gespräch mit Gott gehabt und ich sagte ihm, was er so ungefähr tun sollte.« Sie gehörte zu den befehlshaberischen Menschen und sah auf Gott als auf jemandem, den sie durch Einschüchterung dazu bewegen könnte, etwas für sie zu tun. Gott ist die höchste Intelligenz in jedem von uns und wir sind die Instrumente, durch die sie sich mitteilt. Wir müssen fügsam, innerlich ausgewogen und ruhig unser Gutes erwarten. Wir sind die Empfänger, Gott ist der Geber und er muss sich seine eigenen Wege schaffen. Gott in der richtigen Weise zu bitten, ist ein großes Kunststück. Gott muss freie Bahn haben, seine Bahn, nicht die deine. Im selben Augenblick, in dem du dein Begehren an die unendliche Intelligenz richtest, weiß sie auch, auf welche Weise es erfüllt werden kann. Wenn du bestimmst, wie deine Gebete beantwortet werden sollen, so hast du den von Gott vorgesehenen Weg schon versperrt. Dann neigst du zu der Feststellung: »Meine Gebete sind nie erhört worden.« Wir müssen eine Technik erwerben und einen aufrichtigen Wunsch ausschicken – das ist eine Bitte. Wir sind frei von allem, was uns bedrängt und ängstigt, sobald wir sprechen: »Wenn dies gemäß dem göttlichen Plan ist, so werden wir es erhalten, wenn nicht, so gib uns gleichwertigen Ersatz dafür.« Sei bedacht darauf, nicht irgendetwas zu fordern, das nicht göttlich geplant ist.

Wir wissen, dass wir verbunden mit Gott unschlagbar sind. »Gottes Wege sind wunderbar«, seine Mittel sind sicher.

Zwei der schönsten Psalmen sind der 23. und der 121. Beide vermitteln die Empfindung absoluter Sicherheit und wurden von jemandem geschrieben, der das Wirken des geistigen Gesetzes wohl erfahren hatte. Der Gott in uns fördert, behütet und versorgt uns, wenn wir ihm voll vertrauen. Die Meisten verlieren, was sie lieben, weil sie den Verlust befürchten. Sie ergreifen im Äußeren jede Vorsichtsmaßnahme, vertrauen aber ihre Versorgung nicht dem »Auge das da wacht über Israel« an. Stelle, was immer du liebst, unter das Gesetz des göttlichen Schutzes. Der wichtigste Teil des Bittens ist das Zeigen von furchtlosem Glauben. »Ich will vor dir hergehen und die Höcker eben machen! Ich will die ehernen Türen zerschlagen und die eisernen Riegel zerbrechen.« Die Bibel spricht über Bewusstseinszustände. Die »ehernen Türen« und die »eisernen Riegel« sind deine Zweifel und Ängste, dein Groll und deine Besorgnis. Die ehernen Türen und eisernen Riegel sind von uns selber verfertigt und rühren her von unseren eigenen falschen Vorstellungen, unserem Glauben an das Böse. Es gibt eine Geschichte von einer Herde wilder Elefanten. Sie waren in ein Gehege zusammengebracht worden, und die Menschen wussten nicht, wie sie die Tiere darin halten sollten. Da gruben sie Pfähle ein und spannten einfach ein Seil rund um das Gehege. Die Elefanten meinten, nicht mehr herauszukommen, obgleich sie über das Seil hätten hinweg schreiten können. Aber sie unterlagen der Täuschung, das Seil werde sie aufhalten. So geht das auch den Menschen: Zweifel und Furcht sind ein um dein Bewusstsein gespanntes Seil. Es wird unmöglich für dich, herauszutreten in deutliches Erkennen.

Eine klare Vision ist wie ein Mann mit einem Kompass; er weiß, wohin er geht. Lass die Intuition dein Kompass sein, und sie wird dich alle Zeit aus dem Wald führen. Ebenso würde ein Mensch in der Wirklichkeit ohne Kompass nur von der Intuition geleitet, aus dem dichtesten Dschungel wieder herausfinden oder fähig sein, ein Schiff übers Meer zu steuern. Intuition wird dir zeigen, wie man hinweg schreitet über dieses Seil. Erschreckend ist es, wie man so lange die wichtigste menschliche Fähigkeit übersehen konnte – die Intuition. Immer finden sich auf dem Weg des Menschen Botschaften oder Fingerzeige für ihn. Oftmals erscheinen diese für uns bestimmten Hinweise im ersten Moment trivial oder albern. Einer, der rein nach dem Intellektuellen plant, würde so etwas gleich abweisen, aber der Wahrheitsstudent wendet sein geistiges Ohr immer gegen den geistigen Grund, wissend, dass er Anweisungen empfängt vom Unendlichen. An vielen Stellen erwähnt die Bibel die »stille kleine Stimme«. Diese Stimme ist keine wirkliche Stimme, obwohl mitunter hörbare Worte vom inneren Ohr registriert werden.

Wenn wir um Führung bitten und den berechnenden Verstand beiseite lassen, so erschließen wir die Universal-Quelle alles Wissens. Alles, was dir zu wissen frommt, wird dir enthüllt werden. Manche Menschen sind bereits von Natur aus intuitiv und befinden sich in dauerndem Kontakt mit der universalen Intelligenz; aber um eine sichere Bestätigung zu bekommen, stellen wir bewusst eine Verbindung her. Bitten sind Fernanrufe bei Gott. Mit Intuition telefoniert Gott bei dir an. Viele Leute haben gleichsam eine »überbeanspruchte Leitung« und wenn Gott bei ihnen anruft, empfangen sie keine Botschaft. Deine Leitung ist »belegt«, wenn du mutlos, voll Zorn und Groll bist. Du hast sicher schon den Ausdruck gehört: »Ich war so wütend, dass ich nichts mehr sah.« Wir dürfen erweitern: »Ich war so wütend, dass ich nichts mehr hören konnte.« Deine negativen Gemütsbewegungen schwemmen die Stimme der Intuition fort.

Wenn du entmutigt, zornig oder voll Ablehnung bist, so ist es an der Zeit, ein Wahrheitsprogramm aufzustellen, um herauszukommen aus dem Teufelskreis der Verzweiflung und Beschränkung. Denn »wer immer den Namen des Herrn anruft, der wird befreit werden!« Es gibt einen Ausweg – »Offenbare mir den Weg!«

Hören wir also auf zu planen und zu entwerfen und lassen wir die unendliche Intelligenz die Probleme auf ihre Weise lösen. Gottkraft ist fein, still und unwiderstehlich. Sie ebnet Berge ein und sie füllt Täler aus und sie weiß von keiner Niederlage! Unsere Sache ist es, uns auf unsere Segnungen vorzubereiten und den intuitiven Anweisungen zu folgen.

»Jetzt geben wir der unendlichen Intelligenz die Bahn frei!«

Furchtlosigkeit

»Ihr Kleingläubigen, warum seid ihr so furchtsam?« Die ganze Bibel hindurch wird gesagt, man solle nicht bange sein. Die Furcht ist des Menschen größter Feind. Sie ist umgekehrter Glaube. Jesus Christus fragte: »Ihr Kleingläubigen, warum seid ihr furchtsam?« Wenn du nur glauben könntest, wären alle Dinge möglich; gerüstet mit der Kraft Gottes ist der Mensch unbesiegbar.

Die Geschichte von Josaphat ist die Geschichte des Einzelnen schlechthin. So oft scheint es aus zu sein mit ihm, da sich ihm massenhaft widrige Erscheinungen entgegen stellen; doch immer wieder hört er die selbe Stimme aus dem Unendlichen zu sich sagen: »Ihr sollt euch nicht fürchten noch zagen vor diesem großen Haufen; denn ihr nicht streitet, sondern Gott.« Es wurde Josaphat und seiner Armee geradezu mitgeteilt, dass sie es nicht nötig haben würden, in den Kampf zu ziehen. »Tretet nur hin und stehet und sehet das Heil des Herrn, denn Gottes Sache war es, zu kämpfen, nicht die ihre.« Josaphat bestellte Sänger dem Herrn, dass sie lobten im heiligen Schmuck und vor den Gerüsteten herzögen und sprächen: »Danket dem Herrn, denn seine Barmherzigkeit währet ewiglich …«

»Als sie aber an die Orte kamen in der Wüste, wandten sie sich gegen die Haufen und siehe: da lagen die Leichname auf der Erde.« »Einer hatte dem andern zum Verderben geholfen.« Es war nichts mehr da, das hätte bekämpft werden müssen. Die Bibel redet von Bewusstseinszuständen. Deine Feinde sind deine Zweifel und Ängste, deine Kritiklust und dein Ärger. Jeder negative Gedanke ist dein Feind. Du magst zahllosen widrigen Erscheinungen gegenüberstehen, aber fürchte dich nicht und zage nicht (auf Grund von

Verstandeserwägungen), denn das Kämpfen ist nicht deine Sache, sondern diejenige Gottes.

Wenn wir aufmerksam dem Bericht über Josaphat folgen, bemerken wir, dass Josaphat sich innerlich zu einer Bestätigung hin entwickelt. »Danket dem Herrn, denn seine Barmherzigkeit währet ewiglich.« Nicht ein Wort verlor er über den Feind oder über seine eigenen Mängel oder Anstrengungen. Er gab alle Ehre Gott, und als er zu singen und Gott zu loben anfing, legte der Herr seinen Feinden einen Hinterhalt und sie wurden besiegt. Wenn du deine Wahrheitsfeststellungen machst, so werden deine feindseligen Gedanken widerlegt, aufgelöst und zerstreut; infolge davon verschwinden dann auch alle misslichen Erscheinungen. Als Josaphat und seine Armee zu der Warte kamen in der Wüste und auf den Haufen blickten, sahen sie, dass alle tot waren. Die Warte in der Wüste ist dein hoher Bewusstseinszustand, dein furchtloser Glaube, der Ort deiner Geborgenheit. Dort bist du über alle widrigen Verhältnisse hinausgehoben und Gottes Schlacht ist für dich entschieden.

Als Josaphat mit seinem Volk den Feindesraub teilen wollte, fanden sie so viele köstliche Güter, dass sie zur Teilung drei Tage benötigten. Das bedeutet, wenn du Gott für dich kämpfen lässt, erwächst dir aus jeder widrigen Situation viel Glück, »denn Gott wird den Fluch in Segen verwandeln, denn der Herr, dein Gott hat dich lieb.«

Die weise Voraussicht des Geistes ist geradezu überwältigend. Er ist reine Intelligenz und duldet keine Einmischung in seine Pläne. Für den Durchschnittsmenschen ist es sehr schwierig, »still zu stehen«, Gleichmut zu wahren und die unendliche Intelligenz die Lage meistern zu lassen. Die Menschen stürzen sich gern in den Kampf und versuchen, die Sachen selbst zu regeln. Das führt zu Niederlage und Misserfolg.

»Aber ihr werdet nicht streiten in dieser Sache. Tretet nur hin und stehet und sehet das Heil des Herrn, der mit euch ist. Morgen zieht aus wider sie; der Herr ist mit euch.« Das heißt nicht etwa, man solle einer Situation ausweichen, sondern vielmehr furchtlos darauf losgehen und den Löwen ins Auge fassen und der Löwe wird sich als ein Gespenst erweisen. Von deiner Furcht erhält der Löwe seine Furchtbarkeit. Ein großer Dichter sagte einmal: »Mut entwickelt Genie, Magie und Kraft zugleich.«

Daniel war ohne Furcht und der Löwen Rachen blieben geschlossen. Als König Darius herbei gerufen wurde, während Daniel noch in der Löwengrube war, fragte er ihn, ob sein Gott ihn habe erretten können von den Löwen, worauf Daniel antwortete: »Der König lebe ewiglich! Mein Gott hat seinen Engel gesandt, der den Löwen den Rachen zugehalten hat, auf dass sie mir kein Leid antun.« Wir entnehmen dieser Geschichte, dass sogar die körperliche Haltung der Löwen ein Ergebnis der geistigen Kraft ist. Die ganze Gruppe verwandelte sich von Wildheit zu Fügsamkeit, und Daniel sah weg von den Bestien auf das Licht und die Macht des Geistes, welche ihn sicher vor den Löwen bewahrte. Es vergeht kaum ein Tag, ohne dass nicht irgendeine Art von Löwe des Menschen Pfad kreuzte, die Löwen des Mangels, der Beschränkung, der Furcht, der Ungerechtigkeit, des Schreckens oder düsterer Vorahnungen. Tritt sofort diesen Verhältnissen entgegen, die bange machen. Wenn du vor ihnen wegläufst, werden sie dir immer auf den Fersen bleiben.

Viele Menschen büßen die Dinge ein, die sie wertschätzen oder lieben, weil sie unausgesetzt ihren Verlust befürchten. Sie tun äußerlich alles nur Mögliche, um sie sicher zu bewahren; aber hinter allen Maßnahmen lauert doch beständig die untergrabende Vorstellung der Furcht vor Verlust. Um die Dinge, welche dir lieb und wert sind, zu behalten, musst du erkennen, dass sie unter göttlichem Schutz stehen und darum nichts sie zu beeinträchtigen vermag. Hier das Beispiel einer Frau, die vollkommen vernarrt war in einen gut aussehenden Mann, der es verstand, auf Frauen zu wirken. Sie beschloss zu verhüten, dass er sich mit einer bestimmten Frau ihrer Bekanntschaft traf, weil sie sicher war, dass diese Frau jede Anstrengung machen würde, sie »auszustechen«.

Eines Abends ging sie ins Theater und entdeckte ihn mit ihr. Sie hatten sich auf einem Spielabend kennen gelernt. Ihre Befürchtungen hatten die gefürchtete Situation herbeigerufen.

Ich kannte eine Frau, die sieben Kinder hatte. Sie war sich klar darüber, dass sie alle unter göttlichem Schutz standen und alle sieben wuchsen sicher und gesund auf. Eines Tages stürzte eine Nachbarin herein mit dem Ausruf: »Sie sollten ihre Kinder herbei rufen, dauernd klettern sie die Bäume hinauf und hinunter, sie werden sich noch das Genick brechen!« Meine Freundin erwiderte: »Oh, die spielen nur Baumzeck. Machen Sie sich keine Gedanken, es wird sicher nichts geschehen.«

Gleich Daniel schenkte sie der Situation keine Bedeutung und überließ es Gott, dafür zu sorgen.

Der Durchschnittsmensch ist übelnehmerisch, ein Querkopf oder einer, der ständig weinerlich bedauert. Er nimmt überall übel, bei Leuten, die er kennt, ebenso wie bei Unbekannten. Allem setzt er Widerstand entgegen, vom frühen Morgen an. Er bedauert, was er getan hat, ebenso wie das, was er unterlassen hat. Mit solchen Leuten zusammen zu sein ist sehr ermüdend. Sie erschöpfen die Geduld all ihrer Freunde. Das kommt daher, dass sie nicht im wundervollen JETZT leben, deshalb gehen all ihre Chancen im Lebensspiel ungenutzt verloren.

Es ist himmlisch, ohne Sorge und Angst vollkommen im JETZT zu leben. Wir müssen furchtlos das gebrauchen, was unser ist in der Erkenntnis, dass hinter uns die Fülle aller Sphären steht, die uns empor führt. Wir wissen, dass furchtloser Glaube und das gesprochene Wort diese Fülle freimachen für uns. Die Macht des gesprochenen Wortes war in Ägypten schon vor Tausenden von Jahren bekannt.

In der Bibel lesen wir: »Sieh, ich mache alles neu.« Durch unsere Worte der Wahrheit können wir unsere Seele, unseren Leib und unsere Verhältnisse neu machen. Wenn alle Furcht ausgelöscht ist, leben wir ein magisches Leben. Wie Josaphat schreiten wir voran, furchtlos singend: »Danket dem Herrn, denn seine Barmherzigkeit währet ewiglich.« Auf unserer Warte des höheren Bewusstseins stehen wir still und sehen das Heil des Herrn.

Christentum gründet auf den Glauben. Der Glaube gibt eine höhere Gewissheit von dem, was einem frommt. Man mag umgeben sein von widrigen Erscheinungen, aber die höhere Gewissheit beeindruckt das Unterbewusstsein und ein Weg erschließt sich zu Offenbarung von Gesundheit, Wohlstand und Glück. Es gibt eine nie versiegende unsichtbare Quelle der Versorgung für einen jeden von uns. Bevor wir rufen, wird uns geantwortet. Alle Fülle wartet darauf, durch unseren Glauben und unser gesprochenes Wort erschlossen zu werden. Wir sind in der Lage, festzustellen, dass Jesus Christus eine exakte Wissenschaft lehrte.

Der Erfinder Edison war der Mann gewesen, der den Glauben an die Macht der Gesetze der Elektrizität gehabt hatte. Er hatte gewusst, was man mit dieser Kraft würde machen können, wenn man sie zügelte und lenkte. Sie schien selbst Intelligenz zu besitzen. Nach Jahren der Geduld und des liebevollen Vertieftseins in sein Werk schuf er eine Maschine, die diese Kraft nutzbar machen sollte, den Dynamo. Nun erleuchtet diese Kraft die Welt, denn sie ist gebändigt und geleitet. Es war ihm klar, dass Furcht ebenso gefährlich ist, wie unkontrollierte elektrische Kräfte es sind. Worte und Gedanken müssen mit Weisheit angewandt werden. Die Fantasie ist die Werkstatt des Menschen, und eine Einbildung, die ungebändigt tätig ist und Bilder der Furcht errichtet, ist eine ebenso gefährliche Sache wie ein bockender Mustang beim Reiten.

Wir werden geboren und großgezogen in einem Zeitalter des Zweifels und der Furcht. Es wird uns mitgeteilt, dass die Zeit der

Wunder vorüber wäre und dass wir das Schlimmste zu gegenwärtigen hätten. Ein Optimist wird ausgelacht.

Wie schön könnte doch diese Welt sein, wenn alle Angst und Furcht ausgelöscht wären! Diese Zwillinge Angst und Furcht haben die Menschen zu Sklaven erniedrigt, diese beiden zerstören Gesundheit, Wohlstand und Glück. Nur ein Mittel gibt es, die Furcht loszuwerden: sie in Glauben umzuwandeln, denn Furcht ist das Gegenteil von Glaube. »Ihr Kleingläubigen, warum seid ihr so furchtsam?« Diese Worte läuten mahnend durch die Jahrhunderte gleich mächtigen Glocken. Jesus Christus lehrte, dass dem Vater im Menschen unbedingt vertraut werden darf, dass er uns behüten, beschützen und fördern wird, wenn wir nur glauben, dass er es tun kann. Durch seine Taten bewies Jesus Christus immer und immer wieder diese Gottkraft und überzeugte sein Jünger. Aus der unsichtbaren Quelle der Versorgung beschaffte er die Brotlaibe und die Fische. Er hob den Tod auf und holte Geld aus den Mäulern der Fische. Er verhieß ihnen: »Ihr werdet größere Dinge tun, denn ich gehe zum Vater.«

Wir wissen, dass er eine exakte Wissenschaft gelehrt hat, die Wissenschaft der Seele, die Kraft des Gedankens und die Macht des Wortes. Wir müssen Glauben haben, denn der Glaube schreibt die Idee ins Unterbewusstsein. Ist eine Idee im Unterbewusstsein erst einmal niedergelegt, so muss sie auch gegenständlich werden. Das ist der Grund, weshalb Jesus Christus den Menschen sagt, dass wenn sie glauben würden (was bedeutet: Vertrauen haben), alle Dinge möglich wären. Wie können wir nun diese Qual auslöschen, die wir eigentlich »Anti-Glauben« nennen sollten? Die einzige Art, sie aufzuheben, ist, auf die Dinge loszugehen, vor denen wir uns fürchten.

Da war ein Mann, der sein ganzes Geld verloren hatte. Er lebte in einer sehr ärmlichen Gegend, und die Menschen in seiner Umgebung waren alle arm. Er fürchtete sich, von dem Wenigen seines Besitzes etwas auszugeben. Er hatte versucht, Arbeit zu bekommen, aber überall war er abgewiesen worden. Eines Tages, als er wieder einen der üblichen Tage voll von Mangel und Verdruss vor sich sah, hatte er den Einfall, in die Pferdeschau zu gehen. Das kostete ihn fast sein ganzes Geld. Doch er war Feuer und Flamme für den Gedanken, wieder einmal mit wohlhabenden und erfolgreichen Menschen zusammen zu sein. Er hatte seine erbärmliche Enge gründlich satt. Ohne Bedenken gab er das Geld für die Eintrittskarte zur Pferdeschau aus. Und dort traf er einen alten Freund, der sich freute, ihn wieder zu sehen. Angelegentlich erkundigte er sich nach seinem Leben und noch ehe die Vorführungen beendet waren, hatte er eine wundervolle Stellung in der Firma seines alten Freundes erhalten. Seine Eingebung und die unbekümmerte Haltung dem Geld gegenüber hatten ihn in eine neue Schwingung des Erfolges versetzt. Erziehe dich zu der Gewohnheit, einen gewaltigen Satz in den Glauben hinein zu machen. Dein Gewinn wird ungeheuer sein.

Wie wir schon festgestellt haben, blicken wir mit Staunen auf die Zirkusleute, die ihre bemerkenswerten Kunststücke vorführen. Diese Menschen haben den Glauben, dass ihnen ihre waghalsigen Stücke gelingen werden und sie sehen, wie es ihnen gelingt. Du kannst keine Sache vollführen, die du dich nicht schon im Geist hast vollbringen sehen. Diese schwierigen artistischen Leistungen sind alle eine Frage der Ausgewogenheit und des Gleichmuts.

Dein Erfolg, dein Glück hängen ab von deiner Ausgewogenheit, von deinem inneren Gleichgewicht. Auf Gott vertrauen ist wie das Gehen an einem roten Faden. Zweifel und Furcht sind der Grund dafür, dass du dein Gleichgewicht einbüßt und abgleitest in Mangel und Begrenzung. Dem Zirkusartisten gleich musst du dich üben. Wie oft du auch schwach wurdest, tut nichts zur Sache! Versuch es noch einmal und immer wieder! Du wirst den Zustand echten Gleichmuts erwerben. Dann gehört dir die Welt! Voller Freude wirst du in dein Königreich einziehen. Die Artisten im Zirkus lieben ganz offensichtlich all ihre Arbeit, wie schwer sie auch sei. Das Orchester spielt, das Publikum applaudiert und sie lächeln; aber denke daran, sie haben trainiert ohne Musik und Beifall.

Rhythmus, Harmonie und Gleichgewicht sind die Schlüssel zu Erfolg und Glück. Wenn du außer Rhythmus bist, bist du ohne Glück.

Im vierten Kapitel des Philipperbriefes lesen wir: »Sorget nichts! Sondern in allen Dingen lasset eure Bitten in Gebete und Flehen mit Danksagung vor Gott kundwerden.« Das ist gewiss eine wunderbare Sache, den Menschen zu gefallen. Frei von Angst und Furcht bittet der Mensch mit Danksagen, und sein Gutes wird ihm gegeben.

Sieg und Erfüllung

Sieg und Erfüllung, zwei wundervolle Worte! Seit wir lernten, uns zu vergegenwärtigen, dass Worte und Gedanken eine Art Radioaktivität besitzen, wählen wir sehr sorgfältig die Worte, die wir kristallisiert zu sehen wünschen.

Das Leben ist ein Kreuzworträtsel, das rechte Wort gibt dir die Antwort. Viele Leute platzen beim Reden mit zersetzenden Worten heraus. Wir hören sie sagen: »Ich bin zerschlagen! Ich bin völlig gebrochen!« Erinnere dich, dass deine Worte dich rechtfertigen und deine Worte dich verdammen. Du wirst verdammt durch sie, weil sie nicht ohne Wirkung bleiben. Ändere deine Worte und du änderst deine Welt. Wenn du deine Ernährungsweise änderst und zum Frühstück anstatt Weißbrot, Fleisch, Kartoffeln, Pastete und drei Tassen Milchkaffee nur noch geröstetes Brot und Fruchtsaft zu dir nimmst, so ist das sicher eine harte Kasteiung, aber für die Gesundheit des Körpers eine Wohltat.

Warum versuchst du es nicht mit einer Diät der richtigen Worte? Vergegenwärtige dir, dass deine Worte buchstäblich von dir wie Nahrung aufgenommen werden. Vielleicht sagte man dir von Kindheit an, das Leben sei hart, das Glück flüchtig, die Welt kalt und unfreundlich. Diese Wortnahrung formte dein Unbewusstes und du glaubst an diese zerstörenden Gedanken. Kein Wunder, dass diese Vorhersagen dein Leben auch beherrschen. Setze an Stelle der negativen Worte solche des Glaubens an positive Bilder. Es ist eine strenge Diät, die vorerst dein Unbewusstes und nachher deine Lebensumstände von Grund auf zum Guten wendet. Dein Wort ist deine Welt.

Wenn ich den Menschen von der Macht des Wortes erzähle und sage, dass Worte und Gedanken eine Art radioaktiver Strahlung seien, dass sie nie ohne etwas bewirkt zu haben zurückkehren, antworten sie: »Ach, ist das eine so einfache Sache?« Viele Menschen haben eine Vorliebe für schwierige und kaum verständliche Dinge. Ich bin der Überzeugung, dies war auch die Ursache dafür, dass die verblüffend einfachen Lehren Jesu Christi bereits nach ein paar hundert Jahren vergessen waren. Stattdessen führten die Menschen Glaubensbekenntnisse und Riten ein, die sie nur halb verstanden. Jetzt, im 20. Jahrhundert, sind wir dabei, die geheimen Dinge neu zu enthüllen und wieder das einfache Christsein zu verstehen.

»Wenn ihr bittet, glaubet nur, so werdet ihr nehmen!« Wir wissen, dass unsere Überzeugungen oder Erwartungen sich dem Unbewussten einprägen und sich verwirklichen. Wir dürfen sagen, wenn du bittest und nicht glaubst, wirst du nicht empfangen. Glaube erst wirkt Erwartung. Die den Menschen versorgende unendliche Intelligenz wird von Jesus Christus »euer himmlischer Vater« genannt. Dieser innere Vater wird von Christus als ein gütiger, als ein liebender Vater beschrieben, der nur darauf wartet, alle guten Dinge seinen Kindern zuteil werden zu lassen. »Fürchte dich nicht, du kleine Herde, es ist eures Vaters Wohlgefallen, euch das Reich zu geben.« Er lehrte, dass Gottes Gesetz einfach ein Gesetz der Liebe und des guten Willens ist. »Liebe deinen Nächsten wie dich selbst« – und »wie ihr wollt, dass die Leute euch tun, so tut ihr ihnen auch.« Jede Verletzung des Gesetzes der Liebe verursacht einen Kurzschluss. »Der Weg des Übertreters ist schwer.« Gott ist unwandelbares Gesetz: »Ich bin der Herr (das Gesetz) und es ist kein Gott außer mir.«

Göttliche Ideen sind unwandelbar, also keinem Wechsel unterworfen. Was für wundervolle Worte – »unwandelbar, keinem Wechsel unterworfen«!

Eine von Ängsten und trüben Vorahnungen gequälte Frau kam zu mir und sagte, sie sei seit Jahren von Furcht verfolgt. Und dass immer dann, wenn ihr Herzenswunsch gerade Wirklichkeit werden sollte, irgendetwas Verhinderndes geschehe. Ich gab ihr den Leitsatz: »Der göttliche Plan Ihres Lebens ist eine vollkommene Idee im göttlichen Geiste, unverderblich und unzerstörbar und nichts kann seine Ausführung verhindern.« Eine große Last war ihr von der Seele genommen. Zum ersten Mal seit Jahren hatte sie ein Gefühl von Freude und Freiheit.

Erkenne die Wahrheit und die Wahrheit gibt dir eine Empfindung von Freiheit und bald wird auch die tatsächliche Freiheit im Äußeren kommen.

Die höchste Intelligenz ist dasjenige, mit dem der Mensch eins wird, wenn er das Wort spricht. Diese höchste Intelligenz erwartet des Menschen Auftrag, aber ihr muss die Wahl der Art und Weise der Verwirklichung überlassen bleiben. Sie darf nicht beschränkt werden.

Göttliche Aktivität in deinem Leben schafft Gesundheit. Es gibt nur eine Krankheit - Blutandrang, und nur ein Heilmittel – Zirkulation. Blutandrang und Stillstand sind dasselbe. Die Leute sagen, sie seien »festgefahren in einem ungewohnten Geleis«. Wir müssen aus dem Geleis des negativen Gedankens herauskommen.

Das Wort Enthusiasmus wird im Lexikon definiert: »Inspiriert oder besessen sein von den Göttern.« Enthusiasmus ist ein göttliches Feuer und entzündet in anderen Enthusiasmus. Um ein guter Verkäufer zu sein, musst du von der Ware begeistert sein, die du anbietest. Wenn dein Unternehmen dich langweilt oder dich gleichgültig lässt, erlischt die Glut und kein Mensch wird sich dann dafür »erwärmen«.

Eine Frau erbat von mir Beistand zum Erfolg in geschäftlichen Dingen. Sie sagte: »Ich habe einen Laden, doch gewöhnlich ist er leer. Ich nehme mir nun nicht mehr die Mühe, ihn vormittags zu öffnen. Was raten Sie mir zu tun?« Ich erwiderte: »Solange Sie die bisherigen Gefühle pflegen, ist wirklich nichts zu machen. Sie halten die Leute davon ab, Ihr Geschäft zu betreten. Lassen Sie sich von den Artikeln begeistern, die Sie verkaufen! Seien Sie begeistert, überzeugt von sich selber! Seien Sie begeistert über die Gottkraft in Ihnen und stehen Sie früher auf, um Ihren Laden zu öffnen, und dann machen Sie sich auf einen großen Andrang gefasst!«

Für diesmal war sie geladen mit göttlicher Erwartung. Am nächsten Morgen eilte sie so schnell wie möglich in ihr Geschäft und draußen warteten bereits die Leute. Und Tag für Tag strömten sie nun herein. Die Leute sagen mir oft: »Behandeln Sie mein Geschäft.« Ich sage dann: »Nein, ich werde Sie behandeln, denn Sie sind Ihr Geschäft.«

Die Qualität deiner Gedanken geht auf alle deine Waren über und auf alle damit zusammenhängenden Verhältnisse. Jesus Christus war göttlich begeistert von der Botschaft, die er dem Vater in jedem Einzelnen zu bringen hatte. Er war begeistert für den Glauben. Er sagte den Menschen, dass, was immer sie erbitten würden in seinem Namen, ihnen zuteil würde. Es war eine Botschaft des Bittens und Empfangens. Er lehrte sie das Wie der Hingabe an das geistige Gesetz. »Bittet, so wird euch gegeben.« »Wenn ihr bittet, glaubt, dass ihr empfanget.« »Ihr Kleingläubigen, warum seid ihr so furchtsam?«

Nach zweitausend Jahren ist sein göttliches Feuer wieder entzündet im Bewusstsein aller Wahrheitsstudenten. Wir stehen mitten in einer christlichen Neugeburt, einer Wiederbelebung des Christentums. Er lehrte ein universales Prinzip ohne Glaubensbekenntnis und Ritual. Wir sehen Mitglieder aller Religionsgemeinschaften und Konfessionen sich dieser Wahrheitsbewegung anschließen. Dazu ist der Austritt aus der Kirche gar nicht nötig.

Viele Kleriker lehren jetzt wirklich das, was die Metaphysiker lehren. Christus ist der größte aller Metaphysiker, er bewies seine Prinzipien, indem er Wunder tat. Er sandte seine Jünger aus »zu predigen das Evangelium und Kranke zu heilen«. Etwa 300 Jahre lebte seine Botschaft, dann ging sein göttliches Feuer verloren und die Worte »sei geheilt« wurden nicht länger mehr gesprochen. Glaubensbekenntnis und Zeremonie wurden eingeführt. Heute sehen wir die

Menschen in Scharen in die Wahrheitszentren kommen, um geheilt, gesegnet und zu Wohlstand geführt zu werden. Sie haben gelernt, richtig zu beten und besitzen einen wissenden Glauben.

Eine Frau berichtete mir von der Erhörung eines Gebetes. Ihr Sohn schrieb ihr, er sei mit seinem Wagen unterwegs auf einer Geschäftsreise in Südkalifornien. In der Morgenzeitung las sie von einer Überschwemmung dort und sofort sprach sie das Wort für göttlichen Schutz. Sie hatte ein starkes Gefühl der Sicherheit, sie wusste, ihr Sohn würde Schutz haben. Bald hörte sie von ihm, er sei durch einige unvorhergesehene Geschäfte an der Abreise gehindert worden. Wäre er, wie ursprünglich vorgehabt, abgereist, so wäre er in das Gebiet der Überschwemmungen geraten. Durch unsere Bitten, die erhört wurden, werden wir göttlich begeistert. Diese erhörten Bitten nennen wir »Demonstrationen«, denn das bedeutet, dass wir die Wahrheit demonstriert (bewiesen) haben und befreit wurden von einigen Riegeln. Der 24. Psalm ist einer der begeistertsten aller Lob- und Dankpsalmen.

»Machet die Tore weit und die Türen in der Welt hoch, auf dass de König der Ehren einziehe! Wer ist der König der Ehren? Es ist der Herr, stark und mächtig, der Herr, mächtig im Streit.«

Die Tore und Türen symbolisieren das menschliche Bewusstsein. Wenn dein Bewusstsein gehoben ist, bekommst du Kontakt mit dem Überbewussten, mit dem »inneren Gott«, und der König der Ehren zieht ein. Dieser König der Ehren nimmt deine Lasten von dir und kämpft deine Kämpfe, löst deine Probleme.

Der Durchschnittsmensch hat es schwer, den König der Ehren einziehen zu lassen. Zweifel, Furcht und Besorgnis halten die Tore und Türen verschlossen gegen dein Gutes.

Eine Studentin berichtete mir, wie ihr negatives Denken eine missliche Situation geschaffen hatte. Sie war zu einer Zusammenkunft alter, geschätzter Freunde geladen. Die Teilnahme daran war für sie von großer Wichtigkeit. In der ständigen Sorge, irgendetwas könne sie verhindern, sagte sie wiederholt zu sich selbst: »Ach, hoffentlich kommt nichts dazwischen!« Der Tag des Empfangs kam und sie erwachte mit schrecklichem Kopfweh. Früher schon einmal hatten sie derartige Kopfschmerzen überfallen und sie musste einige Tage im Bett bleiben. (Jetzt hatte sie viele Jahre überhaupt kein Kopfweh mehr gehabt!) Ihre Zweifel und Ängste hatten diesen Fehlschlag heraufbeschworen. Sie rief mich an und sagte: »Würden Sie bitte das Wort sprechen, damit ich am Abend wieder wohlauf bin und an dem Empfang teilnehmen kann?« »Warum nicht!« erwiderte ich, »nichts kann die Ausführung des vollkommenen Plans verhindern.« Ich sprach das Wort. Später erzählte sie mir von dem Wunder. Sie sagte, dass sie sich trotz ihres Befindens bereit gemacht hatte zu gehen. Sie putzte ihren Schmuck, legte ihre Kleider zurecht und achtete auf jede Kleinigkeit, obwohl sie kaum einer Bewegung fähig war. Sehr spät am Nachmittag hatte sie die eigenartige Empfindung, wie wenn sich ein Nebel in ihrem Bewusstsein zerteilte und sie fühlte sich vollkommen wiederhergestellt. Sie nahm teil an der Gesellschaft und hatte einen wundervollen Abend. Ich glaube, dass die Heilkraft sich schneller hätte auswirken müssen, hätte sie nicht gesagt: »Ich wünsche bis heute Abend wohlauf zu sein.« Wir begrenzen unsere Möglichkeiten selber fortwährend durch unsere Worte. Das war der Grund, weshalb sie nicht vor dem Abend völlig wiederhergestellt war. »Durch deine Worte wirst du gerechtfertigt, und durch deine Worte wirst du verdammt.«

Ich kannte einen Mann, der, wo immer er erschien, Mittelpunkt war, weil er ständig über irgendetwas begeistert war. Entweder über Schuhe oder Kleider oder einen Haarschnitt. Er begeisterte andere zur Anschaffung der gleichen Sachen. Er hatte keinen materiellen Vorteil davon. Er war eben von Natur aus begeistert. Irgendjemand hat einmal gesagt: »Wenn du für andere interessant sein willst, interessiere dich für irgendetwas.« Ein interessanter Mensch ist ein begeisterter Mensch. Wir hören die Menschen oft sagen: »Sag mir, wofür du dich interessierst!«

Viele Leute sind ohne wesentliche Interessen, doch immer begierig zu hören, was andere Leute machen. Das sind gewöhnlich diejenigen, die ihr Radio vom frühen Morgen bis in die späte Nacht laufen lassen. Sie müssen jede Minute unterhalten werden. Ihre eigenen Angelegenheiten interessieren sie nicht genug.

Eine Frau sagte einmal zu mir: »Ich liebe die Angelegenheiten anderer Leute.« Sie lebte vom Klatsch. Ihre Konversation bestand aus: »Ich habe gehört … man hat mir zu verstehen gegeben …« oder »mir ist mitgeteilt worden …« Unnötig zu erwähnen, dass sie jetzt damit beschäftigt ist, ihre Karma-Schuld zu bezahlen. Ein großes Unglück ist über sie hereingebrochen und jeder Mensch weiß Bescheid über ihre Verhältnisse. Es ist gefährlich, seine eigenen Angelegenheiten zu vernachlässigen und in fauler Neugier auf das zu schauen, was andere tun. Wir sollten uns alle eifrig damit befassen, uns selber zu vervollkommnen und nur liebevolle Aufmerksamkeit den anderen zuwenden.

Mache die meisten deiner Fehlschläge wett, indem du sie in glückliche Überraschungen verwandelst. Verwandle alle Misserfolge in Erfolge. Verwandle alles Nicht-Verzeihen in Verzeihen, alle Ungerechtigkeit in Gerechtigkeit. Du wirst mit der Vervollkommnung deines eigenen Daseins so viel zu tun haben, dass dir zum Wühlen in anderer Leute Sachen gar keine Zeit bleibt.

Jesus Christus erweckte die Begeisterung der Massen durch das Vollbringen von Wundern, durch das Heilen von Kranken und durch die Überwindung des Todes. »Und eine große Menge folgte ihm nach, weil sie die Zeichen sahen, die er tat vor ihnen an denen, die kranken Leibes waren.« Wenn wir das lesen, spüren wir die Begeisterung der Menge, die um ihn war. Durch ihn wurden alle Dinge möglich, denn er wusste, dass er und der Vater wahrhaft eins waren.

Mit göttlicher Begeisterung segne ich, was ich habe und schaue mit Staunen auf die zunehmende Fülle.

Das geheime Tor zu Fortschritt und Erfolg

Das geheime Tor zum Erfolg

Da machte das Volk ein großes Feldgeschrei und die Führer bliesen die Posaunen. Und als das Volk den Hall der Posaunen hörte und ein großes Feldgeschrei machte, da geschah es, dass die Mauern umfielen, sodass das Volk die Stadt erstieg. Also gewannen sie die Stadt.

Ein erfolgreicher Mann wird immer gefragt: »Was ist das Geheimnis Ihres Erfolges?«

Die Menschen fragen nie einen Menschen, der Misserfolg hatte: »Was ist das Geheimnis Ihres Misserfolges?« Das ist ganz leicht zu erkennen, und es interessiert sie nicht. Die Menschen möchten alle wissen, wie sich die geheime Tür zum Erfolg öffnet.

Für jeden Menschen gibt es Erfolg, aber er scheint hinter einer Tür oder einer Wand zu liegen. Beim Bibellesen haben wir die wunderbare Geschichte vom Einsturz der Mauern von Jericho gehört.

Natürlich haben alle biblischen Geschichten eine metaphysische Auslegung.

Wir wollen nun über deine Mauer von Jericho sprechen; über die Mauer, die dich vom Erfolg trennt. Fast jeder von uns hat eine Mauer um sein eigenes Jericho aufgebaut.

Diese Stadt, die du nicht betreten kannst, enthält große Schätze: deinen göttlich geplanten Erfolg, deinen Herzenswunsch! Was für eine Mauer hast du um dein Jericho aufgebaut? Oft ist es eine Mauer des Grolls (Groll gegen eine Person oder gegen Verhältnisse), Groll schließt das Gute aus.

Wenn du Misserfolg hast und jemand anderem seines Erfolges wegen grollst, hältst du deinen eigenen Erfolg von dir ab.

Ich habe folgenden Satz aufgestellt, um Neid und Groll unwirksam zu machen: »Was Gott für andere getan hat, das und noch viel mehr tut er jetzt für mich.«

Eine Frau war von Neid erfüllt, weil eine Freundin ein Geschenk erhalten hatte, sie sprach diesen Satz aus und genau das gleiche Geschenk wurde ihr gegeben und eine andere Gabe noch dazu.

Als die Kinder Israel schrien, fielen die Mauern von Jericho ein. Wenn du eine Behauptung der Wahrheit aussprichst, wankt deine Mauer von Jericho. Ich gab einer Frau folgenden Spruch: »Die Mauern des Mangels und der Verzögerung zerfallen und ich trete ein in das gelobte Land, unter Gnade.«

Sie hatte seine Wahrheit von dem Überschreiten einer eingefallenen Mauer und erhielt den Beweis für ihr Gutes beinahe unmittelbar darauf.

Das Wort der Verwirklichung ist es, welche eine Veränderung in deinen Angelegenheiten herbeiführt; denn Worte und Gedanken sind eine Art Radioaktivität.

Wenn du Interesse für deine Arbeit hast und dich freust an dem, was du tust, dann öffnet sich das Tor zum Erfolg.

Vor einer Reihe von Jahren fuhr ich nach Kalifornien, um an den verschiedenen Zentren zu sprechen. Im Panamakanal traf ich auf dem Schiff einen Mann namens Jim Tully. Jahrelang war er ein Wanderer gewesen. Er nannte sich selbst König der Hoboes. Er war ehrgeizig und eignete sich Bildung an. Er hatte eine lebhafte Einbildungskraft und begann Geschichten über seine Erlebnisse zu schreiben. Er dramatisierte das Wanderleben. Er freute sich über das, was er tat, und wurde ein sehr erfolgreicher Schriftsteller. Ich erinnere mich an ein Buch, betitelt: »Außenseiter schaut auf«. Es wurde verfilmt. Er ist jetzt berühmt und wohlhabend geworden und lebt in Hollywood.

Was öffnete Jim Tully das geheime Tor zum Erfolg? Die dramatische Darstellung seines Lebens, Interesse für das, was er tat – Wandergeselle, das war für ihn das Höchste. Auf dem Schiff saßen wir alle am Tisch des Kapitäns, was uns die Möglichkeit zu einem Gespräch gab.

Ms. Grace Stone war ebenso auf dem Schiff. Sie hatte das Buch geschrieben: »Der bittere Tee des Generals Yen« – und fuhr nach Hollywood, um es verfilmen zu lassen. Sie hatte in China gelebt und hatte die Eingebung, dieses Buch zu schreiben.

Das ist das Geheimnis des Erfolges, das, was man selbst tut, anderen Menschen interessant zu machen. Interessiere dich für dich selbst, und andere werden sich für dich interessieren.

Guter Humor und ein Lächeln öffnen die geheime Tür zum Erfolg. Die Chinesen sagen, ein Mensch, der nicht lächelt, braucht keinen Verkaufsladen zu eröffnen.

Der Erfolg eines Lächelns wurde in einem französischen Film, in welchem Chevalier die Führung übernahm, zum Ausdruck gebracht; der Film hatte den Titel: »Mit einem Lächeln«. Einer der Darsteller war arm geworden, traurig und beinahe verlassen. Er sagt zu Chevalier: »Was hat mir meine Ehrlichkeit geholfen?« Chevalier erwidert: «Ohne Lächeln wird Ihnen selbst die Ehrlichkeit nicht helfen.« Da ändert sich der Mann auf der Stelle, wird heiter und erringt großen Erfolg.

In der Vergangenheit leben, dein Unglück beklagen – das baut eine Mauer um dein Jericho. Wenn du zu viel über deine Angelegenheiten sprichst, deine Kräfte zersplitterst, dann wirst du gegen eine hohe Mauer ankämpfen müssen. Ich kannte einen geistvollen und fähigen Mann, der doch ein vollständiger Versager war.

Er wohnte bei seiner Mutter und seiner Tante und ich bemerkte, dass er jeden Abend, wenn er zum Essen kam, ihnen alles erzählte, was während des Tages im Beruf vorgekommen war. Er besprach seine Hoffnungen, seine Befürchtungen und seinen Misserfolg.

Ich sagte zu ihm: »Sie zersplittern Ihre Kräfte, weil Sie über Ihr Geschäft plaudern; besprechen sie Ihr Geschäft nicht mit Ihrer Familie. Schweigen ist Gold.«

Er nahm meine Führung an. Er weigerte sich während des Essens, über das Geschäft zu plaudern. Seine Mutter und seine Tante waren verzweifelt. Sie hörten so gerne alles über alles; aber sein Schweigen erwies sich als golden! Kurz darauf erhielt er eine Anstellung mit 100 Dollar je Woche; in einigen Jahren bekam er 300 Dollar wöchentlich.

Erfolg ist kein Geheimnis, sondern ein System. Viele Menschen lehnen sich gegen die Mauern der Entmutigung auf. Mut und Ausdauer sind Teil des Systems. Das lesen wir im Leben aller erfolgreichen Männer und Frauen. Ich hatte ein lustiges Erlebnis, das mir dies zu Bewusstsein brachte. Ich ging in ein Kino, um meinen Freund zu treffen. Während ich wartete, stand ich neben einem Jungen, der Programme verkaufte. Er rief den Vorübergehenden zu: »Kaufen Sie ein vollständiges Programm, mit Bildern der Darsteller und einer Skizze ihres Lebens.« Die meisten Menschen gingen vorüber, ohne zu kaufen. Zu meiner größten Überraschung wandte er sich plötzlich an mich und sagte: »Nicht wahr, das ist nichts für einen ehrgeizigen Jungen.« Dann erörterte er seine Meinung über den Erfolg: »Die meisten Menschen geben eine Sache gerade dann auf, wenn etwas Großes ihnen entgegenkommt.« »Ein erfolgreicher Mann gibt nicht auf.« Natürlich interessierte es mich und ich sagte: «Wenn ich das nächste Mal komme, werde ich dir mein Buch »Das Lebensspiel und seine Regeln« mitbringen. Du wirst mit vielen Gedanken übereinstimmen.«

Ein oder zwei Wochen später ging ich wieder hin mit dem Buch. Das Mädchen bei der Kartenabgabe sagte zu ihm: »Eddy, lass mich das Buch lesen, während du Programme verkaufst.«

Der Mann, welcher die Karten abnahm, lehnte sich herüber, um zu sehen, was es sei. »Das Lebensspiel« erregt immer das Interesse der Menschen. Nach ungefähr drei Wochen kam ich wieder in das Filmtheater. Eddy war fort. Er hatte sich verbessert, sich einem anderen Beruf zugewandt, an dem er Freude fand. Seine Mauer von Jericho war zusammengebrochen. Er hatte sich nicht entmutigen lassen.

Nur zweimal ist das Wort Erfolg in der Bibel erwähnt – beide Male im Buch des Josua. »Sei nur stark und habe Mut, um alle Gesetze, die Moses, mein Diener, dir gebot, zu beachten und danach zu handeln; weiche nicht von ihnen ab, weder zur Rechten noch zur Linken, damit du guten Erfolg haben mögest, wohin du auch gehest. Das Buch des Gesetzes soll nicht von deinem Munde kommen, doch du sollst darüber nachdenken, Tag und Nacht, damit du alles beachten und tun mögest, was darin geschrieben steht, denn dann wird dein Weg Glück bringend sein und du wirst guten Erfolg haben. Wende dich weder nach links noch nach rechts.« Der Erfolgsweg ist ein gerader und schmaler Pfad; es ist ein Weg liebevollen Vertiefens und ungeteilter Aufmerksamkeit.

Du ziehst jene Dinge an, denen du ein Gutteil deiner Gedanken widmest. Wenn du also viele Gedanken dem Mangel zuwendest, wirst du noch mehr Ungerechtigkeit anziehen.

Josua sagte: »Es wird geschehen, wenn sie einen langen Trompetenstoß mit dem Horn geben und wenn ihr den Ton der Trompete hört, dass alles Volk mit einem Geschrei rufen wird und die Mauer der Stadt wird hinfallen und das Volk wird hinaufsteigen, jeder gerade vor sich hin.«

Die innere Bedeutung dieser Erzählung ist die Macht des Wortes, dein Wort, welches Widerstände löst und Hindernisse wegräumt. Als das Volk schrie, stürzten die Mauern.

Wir finden in jenen Volksmärchen und feenhaften Geschichten, welche sich auf die Wahrheit stützen, die gleichen Gedanken: Ein Wort öffnet die Tür oder spaltet einen Felsen. Wir finden es wieder in einer Geschichte von 1001 Nacht, der von Ali Baba und den vierzig Räubern. Ich sah sie verfilmt.

Ali Baba hatte einen geheimen Versteckplatz, irgendwo hinter Felsen und Bergen verborgen. Einlass konnte nur finden, wer ein geheimes Wort sprach. Es hieß: »Sesam, öffne dich!« Und die Felsen glitten zur Seite.

Das ist sehr eindrucksvoll, denn es zeigt dir, wie deine eigenen Felsen und Berge beim richtigen Wort sich teilen werden.

So wollen wir nun den Satz behalten: »Die Mauern des Mangels und der Verzögerung fallen jetzt ein und ich trete ein in das gelobte Land, unter Gnade.«

Ziegel ohne Stroh!

»Es soll euch kein Stroh gegeben werden und dennoch sollt ihr Ziegel machen ohne Stroh.«

Exodus, 5, 18

Im 5. Kapitel des Exodus haben wir ein Bild des Alltagslebens, wenn wir von ihm eine metaphysische Auslegung geben.

Die Kinder Israels waren in Frondiensten Pharaos, des grausamen Vogtes und Herrschers von Ägypten. Sie wurden zur Sklavenarbeit angehalten und mussten Ziegel machen und waren verhasst und verachtet. Moses hatte Befehle vom Herrn, sein Volk von der Knechtschaft zu befreien. Moses und Aaron gingen hin und sagten zum Pharao: »So spricht Gott, der Herr Israels, lasst mein Volk ziehen, dass es mir ein Fest halte in der Wüste.« Er weigerte sich, sie ziehen zu lassen, und sagte ihnen sogar, dass er ihren Dienst noch schwerer machen werde, sie müssten Ziegel machen, ohne dass ihnen Stroh dazu gegeben würde.

Da gingen die Vögte des Volkes und seine Amtsleute hinaus und sagten: »So spricht Pharao: Ich will euch kein Stroh geben.«

»Geht also hin, besorgt euch Stroh, wo ihr es finden könnt, aber von euerer Arbeit soll nichts gemindert werden.« Es war unmöglich, Ziegel ohne Stroh herzustellen. Die Kinder Israels wurden von Pharao völlig unterdrückt. Sie wurden geschlagen, weil sie nicht genügend Ziegel hatten. – Dann kam die Botschaft von Jehova.

»Geht also hin und arbeitet, denn es wird euch kein Stroh gegeben werden, und dennoch sollt ihr die Ziegel liefern.«

Nach dem geistigen Gesetz konnten sie ohne Stroh Ziegel machen, das heißt, das scheinbar Unmögliche vollbringen.

Oft stehen die Menschen solchen Situationen gegenüber.

Agnes M. Lawson sagt in ihrem »Winke für Bibelstudenten«: »Das Leben in Ägypten unter fremdem Joch ist das Sinnbild eines

Mannes, der unter den harten Vögten zerstörenden Denkens lebt, wie z.B.: Stolz, Furcht, Groll, Missgunst. Die Befreiung unter Moses ist gleichbedeutend mit der Freiheit, die ein Mensch gewinnt, der die Gesetze des Lebens lernt, denn wir können nie Gnade erlangen, außer, wenn wir zuerst das Gesetz kennen. Das Gesetz muss bekannt gemacht werden, damit es erfüllt werden kann.«

Im 111. Psalm lesen wir im Schlussvers: Die Furcht vor Gott (dem Gesetz) ist der Anfang der Weisheit: Ein gutes Verständnis haben all jene, die seine Gebote halten: Sein Lob und Preis währt ewiglich.

Wenn wir nun das Wort Gott (Gesetz) lesen, wird es uns den Schlüssel zu dieser Feststellung geben.

Die Furcht vor dem Gesetz (dem karmischen Gesetz) ist der Anfang der Weisheit.

Wenn wir wissen, dass das, was wir aussenden, wieder zurückkommt, fangen wir an, uns vor unserem eigenen Bumerang zu fürchten.

Ich las in einer medizinischen Zeitschrift folgende Tatsachen, die von solch einem Bumerang berichten, den dieser große Pharao erhielt.

»Es zeigte sich, dass das Fleisch tatsächlich Erbe einer alten und langen Reihe von Übeln ist, als Lord Mongahan bei einer Vorlesung in Leeds enthüllte, dass der Pharao der Unterdrückung buchstäblich an Herzverhärtung litt; Lord Mongahan zeigte einige beachtenswerte fotografische Aufnahmen von Erlebnissen chirurgischer Operationen 1000 Jahre vor Christus, und darunter war eine Aufnahme der tatsächlichen anatomischen Überreste des Pharaos der Unterdrückung.

Das große Gefäß des Herzens war so gut erhalten, dass man Ausschnitte daraus machen konnte, und wenn man sie mit jenen verglich, die kürzlich nach Aufnahmen gemacht worden waren, war es unmöglich, zwischen dem alten und dem neuen Gefäß zu unterscheiden. Beide Herzen waren von Atheroma angegriffen worden, das ist ein Zustand, bei welchem Kalziumsalze an den Wänden des Gefäßes abgelagert werden, wodurch es starr und unelastisch wird.«

Ungenügende Ausweitung für den Blutstrom vom Herzen ließ das Gefäß nachgeben; dieser Zustand verursachte die geistigen Veränderungen, die eintreten, wenn der Blutumlauf erschwert wird. Enge des Ausblicks, Beschränkung und Angst vor Unternehmungen, eine buchstäbliche Verhärtung des Herzens.

So verhärtete die Gemütsverhärtung des Pharaos sein eigenes Herz.

Das ist heute ebenso wahr, wie es vor Tausenden von Jahren war – wir kommen alle aus dem Lande Ägypten, aus dem Hause der Knechtschaft.

Deine Zweifel und Befürchtungen halten dich in Knechtschaft. Du siehst dich einer scheinbar hoffnungslosen Situation gegenüber. Was kannst du tun? Das ist eine Gelegenheit, um Ziegel ohne Stroh zu machen. Gott macht einen Weg, wo kein Weg ist!

Man erzählte mir die Geschichte einer Frau, die Geld brauchte für ihre Miete; sie musste es sofort haben; sie kannte keine Quelle; jede Möglichkeit schien ausgeschöpft zu sein.

Doch sie war eine Wahrheitssucherin, und sie fuhr fort in ihrer Bejahung. Ihr Hund winselte und wollte hinausgehen, sie legte ihm ein Halsband an und ging mit ihm in der gewohnten Richtung die Straße hinunter. Aber der Hund zog an der Leine und wollte in die andere Richtung gehen. Sie folgte ihm und mitten auf dem Platz, gegenüber dem offenen Park, sah sie nieder und hob eine Rolle Banknoten auf, die gerade ihre Miete deckten. Sie suchte nach Anhaltspunkten, konnte jedoch den Besitzer nicht ausfindig machen. Es waren keine Häuser in der der Nähe der Stelle, wo sie die Banknoten gefunden hatte. Der überlegene Geist, der Verstand nimmt in deinem Bewusstsein den Thron des Pharaos ein. Er sagt beständig: »Es kann nicht sein. Was nützt es?« Wir müssen diese armseligen Einflüsterungen durch eine lebensvolle Behauptung verdrängen. Nimm zum Beispiel diesen Ausspruch: »Das Unerwartete geschieht; mein scheinbar unmögliches Gute wird sich jetzt einstellen.« Das bringt alle Beweisgründe von der Armee der Fremde (des überlegenden Verstandes) zum Schweigen. »Das Unerwartete geschieht!«, das ist ein Gedanke, gegen den jener nicht aufkommen kann.

»Du hast mich weiser als meine Feinde gemacht.« Deine feindlichen Gedanken, deine Zweifel, Ängste und Befürchtungen!

Denke an die Freude, wirklich für immer frei zu sein, befreit vom Pharao der Unterdrückung die Vorstellung der Sicherheit, der Gesundheit, des Glückes und der Fülle in deinem Leben bedeuten, das frei von aller Beschränkung ist!

Es würde das Reich sein, von dem Jesus Christus sprach, wo uns alles von selbst zufallen wird. Ich sage, uns von selbst zufallen, denn alles Leben ist Schwingung; und wenn wir schwingen zu Erfolg, Glück und Fülle, werden die Dinge, welchen diese Zustände des Bewusstseins darstellen, sich von selbst zugesellen.

Fühle dich reich und erfolgreich, und plötzlich erhältst du einen großen Scheck oder eine schöne Gabe.

Ich erzählte die Geschichte, die das Wirken dieses Gesetzes zeigt. In einer Gesellschaft spielten die Leute um ein Geschenk. Der Preis war ein schöner Fächer.

Unter den Anwesenden war eine sehr reiche Frau, die alles hatte. Ihr Name war Klara. Die Ärmeren und Missgünstigen rückten zusammen und flüsterten: »Wir wollen hoffen, dass nicht Klara den Fächer gewinnt.« Natürlich gewann Klara den Fächer. Sie war sorgenlos und schwang zur Fülle. Neid und Groll kürzen dein Gutes und halten den Fächer fern.

Solltest du grollen und neidig sein, so sag diesen Spruch: »Was Gott für andere getan hat, das und noch viel mehr tut er jetzt für mich.« Es werden alle Fächer auf dich zukommen.

Jeder gibt sich selbst und jeder nimmt sich selbst: «Das Spiel des Lebens« ist ein Spiel wie das Gefunkel eines Edelsteines; wie du dich veränderst, werden alle Umstände sich verändern. Um nun zum Pharao zurückzukommen – niemand liebt einen Unterdrücker.

Ich erinnere mich an eine Freundin, die ich vor vielen Jahren hatte; sie hieß Lottie; ihr Vater hatte sehr viel Geld und er versorgte ihre Mutter und sie mit Nahrung und Kleidung, aber nicht luxuriös. Wir gingen miteinander in die Kunstschule und alle Studentinnen kauften Wiedergaben der Bilder »Beschwingter Sieg«, »Die Mutter des Pfeiffers« oder irgendetwas, um Kunst nach Hause zu bringen. Der Vater meiner Freundin nannte alles das »Plunder«. Er pflegte zu sagen: »Bringe ja keinen Plunder heim!« So lebte sie ein farbloses Leben, ohne das Bild »Beschwingter Sieg« auf ihrem Schreibtisch oder »Die Mutter des Pfeiffers« an der Wand. Er sagte oft zu meiner Freundin und ihrer Mutter: »Wenn ich sterbe, werdet ihr versorgt sein.«

Eines Tages sagte jemand zu Lottie: »Wann gehst du ins Ausland?« (Alle Kunstschülerinnen gingen ins Ausland.) Sie erwiderte fröhlich: »Erst nach Papas Tod.« So trachten die Menschen immer danach, sich von Mangel und Unterdrückung freizumachen.

Wir wollen uns jetzt freimachen von dem Tyrannen verneinenden Denkens. Wir sind Knechte des Zweifels, der Angst und der Befürchtung. Wir wollen uns befreien lassen, wie Moses die Kinder Israels befreit hat und wollen herauskommen aus dem Land Ägypten und aus dem Hause der Knechtschaft. Finde den Gedanken, der dein großer Unterdrücker ist, finde das King-Pin. Von den Flößlagern lässt man im Frühling die Baumstämme in großer Anzahl die Flüsse hinunter treiben. Manchmal kreuzen sich die Stämme und werden eingekeilt, das nennt man King-Pin. Ordne sie gerade, und die Stämme werden wieder den Fluss hinunter treiben.

Vielleicht ist dein Bedränger, dein King-Pin, der Groll? Groll hält dein Gutes ab. Je mehr du grollst, desto mehr wirst du zu grollen haben. Du schaffst eine Grollspur in deinem Hirn, du wirst deinem Groll gewohnheitsmäßig Ausdruck verleihen. Man wird dir ausweichen, und du wirst die goldenen Gelegenheiten verpassen, die dich jeden Tag erwarten.

Ich erinnere mich, wie vor einigen Jahren die Straßen voller Menschen waren, die Äpfel verkauften. Sie standen früh auf, um an die guten Ecken zu kommen. Ich kam mehrere Male bei einem Verkäufer an der Park Avenue vorbei, er hatte den unangenehmsten Gesichtsausdruck, den ich je gesehen habe.

Wenn die Leute vorübergingen, sagte er: »Äpfel, Äpfel!«, aber niemand blieb stehen, um welche zu kaufen. Ich kaufte Äpfel und sagte: »Sie werden nie Äpfel verkaufen, wenn Sie nicht Ihren Gesichtsausdruck ändern.« Er erwiderte: »Ach, jener Bursche dort drüben nahm mir meine Ecke.«

Ich sagte: »Kümmern Sie sich doch nicht um die Ecke. Sie können hier ebenso gut Äpfel verkaufen, wenn Sie ein freundliches Gesicht zeigen werden.«

Er sagte: »Ausgezeichnet, vielen Dank, meine Dame«, und ich ging weiter.

Als ich ihn am nächsten Tag sah, war sein ganzer Gesichtsausdruck verändert, er machte ein gutes Geschäft und verkaufte lachend Äpfel.

Finde also deinen Bedränger (du hast vielleicht mehr als einen) und deine Stämme des Erfolgs, des Glücks und der Fülle werden deinen Fluss hinunter treiben.

»Geht also und arbeitet, denn es wird euch kein Stroh gegeben werden und ihr werdet Ziegel ohne Stroh machen.«

Und fünf von ihnen waren weise

»Und fünf von ihnen waren weise und fünf waren töricht.« Die Törichten nahmen ihre Lampen, aber sie nahmen kein Öl mit.

Ich spreche über das Gleichnis von den weisen und den törichten Jungfrauen. Die Törichten nahmen ihre Lampen, aber sie nahmen kein Öl mit, doch die weisen nahmen Öl mit in ihren Gefäßen und die Lampen. Das Gleichnis lehrt uns, das wahres Beten Vorbereitung verlangt.

Jesus sagte: »Und alles, was ihr bitten werdet im Gebet, so ihr glaubt, werden ihr es empfangen.« (Matth. 21, 22) »Daher sage ich euch: Was immer ihr wünscht, wenn ihr betet, glaubt, dass ihr es empfangen werdet, und ihr werdet es haben.«(Matth. 11, 24) In diesem Gleichnis zeigt er, dass nur jene, die sich für ihr Gutes vorbereitet haben (und dadurch wahren Glauben zeigen), die Offenbarung hervorrufen werden.« Wir könnten die Worte der heiligen Schrift umschreiben und sagen: »Wenn du betest, glaube, dass du es hast. Wenn du betest, handle, als ob du es schon empfangen hättest.« Sehnsuchtsglaube oder Glaube im Lehnstuhl wird nie Berge versetzen. In der Stille beim Nachdenken bist du erfüllt vom Wunder dieser Wahrheit und fühlst, dass dein Glaube nie wanken wird. Du weißt, Gott ist dein Hirte, dir wird nichts mangeln.

Du fühlst, dass dein Gott der Fülle alle Lasten der Schuld oder der Beschränkung tilgen wird; dann verlässt du deinen Lehnstuhl und trittst hinaus auf den Spielplatz des Lebens. Nur das zählt, was du auf dem Spielplatz des Lebens tust.

Ich will dir ein Beispiel geben, das zeigt, wie das Gesetz arbeitet, denn Glaube ohne Handlung ist tot.

Ein Mann, einer meiner Schüler, hatte den sehnsüchtigen Wunsch, ins Ausland zu gehen. Er übernahm folgenden Leitgedanken: Ich danke für meine durch Gnade göttlich vorgezeichnete, göttlich vollkommen gesicherte Reise. Er hatte sehr wenig Geld. Aber da er das Gesetz der Verwirklichung kannte, kaufte er einen Koffer. Es war ein sehr lustiger und interessanter Koffer, mit einem roten Band um die Mitte. So oft der junge Mann ihn anschaute, gab der Koffer ihm die Vorstellung einer Reise. Eines Tages war es ihm, als ob sein Zimmer sich bewegte. Er fühlte die Bewegung eines Schiffes. Er ging zum Fenster, um die frische Luft einzuatmen, und sie hatte den Geruch des Docks. Mit seinem inneren Ohr hörte er das Kreischen der Seemöwen und das Krachen der Bordbretter. Der Koffer hatte begonnen zu wirken. Er hatte ihn in die Erregung einer Reise gebracht. Bald darauf kam eine große Geldsumme in seine Hände und er machte die Reise. Er sagte nachher, sie sei in jeder Einzelheit vollkommen gewesen.

Auf dem Spielplatz des Lebens müssen wir uns nach der Tonhöhe des Gesamtklanges richten.

Handeln wir nach Beweggründen der Furcht oder des Glaubens? Beobachte deine Beweggründe mit allem Fleiß, denn aus ihnen ergeben sich die Lebenserfolge.

Wenn dein Problem finanzieller Art ist (und das ist gewöhnlich der Fall), musst du wissen, wie du finanziell höher kommst und es dann bleibst, indem du immer nach deinem Glauben handelst. Die geistige Haltung dem Geld gegenüber ist die, auf Gott und seine Versorgung zu vertrauen. Dagegen die materielle Haltung dem Geld gegenüber (die Falsche) ist die, auf dein Gehalt, dein Einkommen, deine Geldanlagen zu vertrauen, die über Nacht schwinden können. Um dein Besitztum zu behalten, sei dir immer bewusst, dass es Gott in Offenbarung ist. »Was Gott gegeben hat, kann nicht vermindert werden.« Wenn sich eine Tür schließt, öffnet sich sofort eine andere.

Gib nie dem Mangel oder der Beschränkung Ausdruck, denn »durch deine Worte wirst du gerechtfertigt werden« - oder verurteilt.

Du verbindest dich mit dem, was du bemerkst, und wenn du immer Mangel und schwere Zeiten bemerkst, wirst du dich mit Mangel und schweren Zeiten verbinden. Du musst dir zur Gewohnheit machen, in der vierten Dimension zu leben, »der Welt des Wundersamen«. Es ist die Welt, wo du nicht nach dem äußeren Schein urteilst.

Der Mann, der Erfolg erzielt, hat die fixe Idee des Erfolges. Wenn er auf einem Felsen der Wahrheit und der Rechtschaffenheit gegründet ist, wird er bestehen. Wenn nicht, ist er auf Sand gebaut und wird ins Meer gespült – und kehrt in sein ursprüngliches Nichts zurück.

Nur göttliche Ideen können Bestand haben. Das Schlechte zerstört sich selbst, denn es ist ein Gegenstrom zur Weltordnung, und der Weg desjenigen, der gegen die universellen Gesetze verstößt, ist schwer.

Die Törichten nahmen ihre Lampen, aber sie nahmen kein Öl mit. Doch die Weisen nahmen Öl mit im Gefäß ihrer Lampe.

Die Lampe bedeutet das Bewusstsein des Menschen. Das Öl ist das, was Licht bringt; das Verstehen, die Einsicht.

»Während der Bräutigam zögerte, schlummerten und schliefen sie. Und um Mitternacht war ein Geschrei: Siehe, der Bräutigam kommt, geh hin, um ihm zu begegnen. Da erhoben sich alle Jungfrauen und richteten ihre Lampen. Und die Törichten sagten zu den Weisen: Gebt uns von eurem Öl, denn unsere Lampen sind ausgegangen.«

Die Jungfrauen hatten nicht Weisheit und Verständnis, - das Öl für das Bewusstsein – und als sie in eine schwierige Lage kamen, wussten sie nicht, wie sie sich helfen sollten.

»Und als sie zu den Weisen sagten: Gebt uns von eurem Öl, antworteten die Weisen und sagten: Nicht doch, es ist nicht genug für uns und für euch; aber geht lieber zu denen, die es verkaufen, und kauft Öl für euch.« Das bedeutet, dass die törichten Jungfrauen nicht mehr erhalten konnten, als in ihrem Bewusstsein war oder wozu sie es aufschwangen.

Der Mann kam zu der Reise, weil sie als Wirklichkeit in seinem Bewusstsein war. Er glaubte, dass er schon bekommen habe. Als er sich für die Reise vorbereitete, nahm er Öl für seine Lampen mit. Mit der Verwirklichung im Geiste kommt die Offenbarung.

Das Gesetz der Vorbereitung arbeitet nach beiden Richtungen. Wenn du dich auf das, was du befürchtest oder nicht willst, vorbereitest, beginnst du es anzuziehen. David sagte: »Das, was ich befürchtete, ist über mich gekommen.« Wir hören die Menschen sagen: »Ich muss Geld beiseite legen, für den Fall einer Krankheit.« Sie bereiten sich freiwillig auf die Krankheit vor, - oder: Ich spare für schlechte Tage. Die schlechten Tage werden sicherlich kommen, zu höchst ungelegener Zeit.

Der göttliche Gedanke für jeden Menschen ist Fülle. Deine Scheunen sollten voll sein, und dein Becher sollte überfließen, aber wir müssen lernen, richtig zu bitten.

Nimm zum Beispiel diesen Ausspruch: »Ich rufe das Gesetz der Anhäufung an. Meine Versorgung kommt von Gott und fließt nun herein und häuft sich auf durch Gnade.«

Dieser Ausspruch gibt kein Bild der Einschränkung oder des Sparens oder des Krankseins. Es gibt ein Gefühl der Fülle, indem er die Kanäle dem unendlichen Verständnis überlässt.

Jeden Tag musst du die Wahl treffen, ob du weise sein willst oder töricht. Willst du dich für dein Gutes vorbereiten? Willst du den riesenhaften Schwung zum Glauben durchführen? Oder willst du dem Zweifel oder der Furcht dienen und kein Öl in deine Lampe bringen? »Und während sie gingen, um Öl zu kaufen, kam der Bräutigam; und diejenigen, die bereit waren, gingen mit ihm zur Hochzeit: Und die Tür wurde geschlossen. Herr, Herr, öffne uns. Aber er antwortete und sagte: Wahrlich, ich sage euch, ich kenne euch nicht.« Du kannst verstehen, dass die törichten Jungfrauen ihr Versäumnis, Öl mitzubringen, sehr teuer bezahlten; aber es handelt sich um das Gesetz des Karmas oder der Rückkunft (Vergeltung). Es wurde der »Tag des Gerichts« genannt, den die Menschen in ihrer Vorstellung gewöhnlich mit dem Ende der Welt verbinden.

Der Tag des Gerichts kommt, sagen sie, in sieben Stunden, sieben Tagen, sieben Wochen, sieben Jahren. Er könnte auch in sieben Minuten kommen. Dann bezahlst du irgendeine karmische Schuld, den Preis für die Übertretung eines geistigen Gesetzes. Du versäumtest, auf Gott zu vertrauen, du nahmst kein Öl für deine Lampen mit.

Prüfe jeden Tag dein Bewusstsein und schaue, worauf du dich vorbereitest. Du fürchtest dich vor dem Mangel und hängst an jedem Groschen und ziehst dadurch noch mehr Mangel an. Gebrauche weise, was du hast, und das öffnet den Weg, damit dir mehr zukommt.

In meinem Buch »Dein Wort ist dein Zauberstab« erzähle ich von einer Zauberbüchse. In 1001 Nacht wird die Geschichte von einem Mann, der eine solche Zauberbüchse hatte, erzählt. Wie das Geld ausging, erschien darin sofort wieder Geld.

So machte ich diesen Ausspruch: »Meine Versorgung kommt von Gott – ich habe die Zauberbüchse des Geistes, sie ist unerschöpflich. Wie Geld ausgeht, kommt sofort Geld herein. Sie ist immer reichlich gefüllt durch Gnade, auf vollkommene Art.« Das bringt ein lebhaftes Bild der Versorgung ins Gedächtnis. Du zeichnest einen Wechsel auf der Bank der Vorstellung.

Eine Frau, die nicht viel Geld hatte, fürchtete sich davor, irgendwelche Rechnungen zu bezahlen und ihr Bankkonto schwinden zu sehen. Es kam mit großer Überzeugung über sie: Ich habe die Zauberbüchse des Geistes, sie ist unerschöpflich. Wie Geld ausgeht, kommt gleich Geld hinein. Furchtlos bezahlte sie nun ihre Rechnungen und sie erhielt mehrere große Schecks, die unerwartet eingingen.

Wacht und betet, dass ihr nicht in Versuchung kommt, etwas Vernichtendes statt etwas Aufbauendes vorzubereiten.

Ich kannte eine Frau, die mir sagte, sie halte immer einen langen Trauerschleier bereit, für den Fall eines Begräbnisses. Ich sagte zu ihr: »Sie sind eine Gefahr für Ihre Verwandten und Sie bereiten sich vor, sie alle schleunigst wegzubringen, damit Sie den Schleier tragen können.« Sie vernichtete ihn.

Eine andere Frau, die kein Geld hatte, entschloss sich, ihre beiden Töchter in die Mittelschule zu schicken. Ihr Mann spottete über diesen Gedanken und sagte: »Wer wird das Schulgeld bezahlen? Ich habe kein Geld dafür.« Sie antwortete: »Ich weiß, dass etwas unvorhergesehenes Gutes auf uns zukommen wird.« Sie fuhr fort, ihre Töchter für die Mittelschule vorzubereiten. Ihr Mann lachte herzlich und erzählte allen Bekannten, dass seine Frau die Töchter auf die Mittelschule schicken werde, auf etwas unvorhergesehenes Gutes hin. Ein reicher Verwandter schickte ihr plötzlich eine Summe Geldes. Etwas unvorhergesehenes Gutes kam wirklich, denn sie hatte tätigen Glauben gezeigt. Ich fragte sie, was sie zu ihrem Mann gesagt habe, als der Scheck einlangte. Sie erwiderte: »Oh, ich reize Georg nie, indem ich zu ihm sage: Ich habe recht.« Bereite dich auf dein unvorhergesehenes Gutes vor. Lasse jeden Gedanken und jede Tat Ausdruck deines unerschütterlichen Glaubens sein. Jedes Ereignis in deinem Leben ist ein kristallisierter Gedanke. Etwas hast du eingeladen, entweder durch Furcht oder durch Glauben. Etwas hast du vorbereitet.

So lasst uns weise sein und Öl bringen für unsere Lampen (für unser Bewusstsein) und wenn wir es am wenigsten erwarten, werden wir die Früchte unseres Glaubens ernten.

Meine Lampen sind gefüllt mit dem Öl des Geistes und der Erfüllung.

Was erwartest du?

»Euch geschehe nach eurem Glauben.«

Matth. 9, 29

Glaube ist Erwartung. »Euch geschehe nach eurem Glauben.« Wir könnten sagen: »Euch geschehe nach euren Erwartungen; welches sind also eure Erwartungen?« Wir hören die Menschen sagen: »Wir erwarten das Schlimmste, das geschehen könnte«, oder sie sagen: »Das Schlimmste wird noch kommen.« Sie rufen freiwillig das Schlimmste herbei. Wir hören andere sagen: »Ich erwarte eine Veränderung zum Besten.« Sie rufen bessere Bedingungen in ihr Leben.

Ändere deine Erwartungen und du änderst deine Lebensumstände. Wie kannst du deine Erwartungen ändern, wenn du die Gewohnheit angenommen hast, Verlust, Mangel oder Missgunst zu erwarten? Beginne, so zu handeln, als ob du Erfolg, Glück und Fülle erwarten würdest: Bereite dich vor für dein Gutes. Tue etwas, um zu zeigen, dass du etwas erwartest; tätiger Glaube allein wird das Unterbewusstsein beeinflussen.

Wenn du das Wort für ein Heim gesprochen hast, triff sofort deine Vorbereitungen, als ob du keinen Augenblick zu verlieren hättest. Sammle kleine Zierstücke, Tischgedecke usw.

Ich kannte eine Frau, die den Riesenschwung zum Glauben durchführte und einen großen Armsessel kaufte; ein Stuhl bedeutet Geschäft, sie kaufte einen großen bequemen Sessel, denn sie bereitete sich vor für den richtigen Mann. Er kam.

Jemand sagt vielleicht: »Angenommen, Sie haben nicht genug Geld, um Ziergegenstände oder einen Stuhl zu kaufen?«

Dann schaue in die Schaufenster und verbinde dich damit. Gelange in ihre Schwingungen. Manchmal höre ich die Menschen sagen:

»Ich gehe nicht in die Geschäfte, weil ich es mir nicht leisten kann, etwas zu kaufen.« Deshalb solltest du eben in die Geschäfte gehen. Beginne damit, dich anzufreunden mit den Dingen, die du wünschst oder brauchst.

Ich kenne eine Frau, die einen Ring haben wollte. Sie ging mutig in die Ringabteilung und probierte Ringe, dies gab ihr eine solche Vorstellung des Eigentums, dass ihr kurz darauf ein Ring geschenkt wurde. »Du verbindest dich mit dem, was du beachtest.«

Fahre fort, schöne Dinge zu beachten, und du stellst eine unsichtbare Verbindung zu ihnen her. Früher oder später müssen diese Dinge in dein Leben kommen, wenn du nicht sagst: »Ich Armer, zu schön, um wahr zu sein.«

»Meine Seele, warte du nur des Herrn; denn meine Erwartung ist von Ihm.« Das ist ein sehr bedeutender Ausspruch aus dem 62. Psalm. Die Seele ist das Unterbewusstsein und der Psalmist gebot seinem Unterbewusstsein, alles direkt vom Universum zu erwarten, nicht von Türen und Kanälen abhängig zu sein. »Meine Erwartung ist von Ihm.«

Gott kann nicht versagen, denn seine Wege sind sinnvoll, seine Methoden sind sicher. Du kannst jedes scheinbar mögliche Gute von Gott erwarten, wenn du die Kanäle nicht begrenzt. Sage nicht, wie du es gemacht haben willst oder wie es nicht gemacht werden kann.

Gott ist der Geber und die Gabe und schafft seine eigenen wunderbaren Kanäle.

Nimm den folgenden Ausspruch: Ich kann nicht von Gott dem Geber getrennt werden. Die Gabe ist Gott in der Tat.

Mache dir klar, dass jeder Segen Gott in der Tat ist und erblicke Gott in jedem Gesicht und Gutes in jeder Lage: Dies lässt dich alle Umstände meistern.

Eine Frau kam zu mir und sagte, dass in den Heizkörpern ihrer Wohnung keine Wärme sei und dass ihre Mutter unter der Kälte leide. Sie fügte hinzu: »Der Hausherr erklärte, dass wir vor einem gewissen Datum keine Wärme haben können.« Ich erwiderte: »Gott ist Hausherr.« Sie sagte, das ist alles, was ich wissen will und stürzte hinaus. An jenem Abend wurde die Wärme ohne Bitten eingelassen. Es war, weil sie sich klargemacht hatte, dass Gott der Hausherr in Offenbarung sei.

Das ist ein wunderbares Zeitalter; denn die Menschen werden übersinnlich; es liegt in der Luft.

Die Menschen beginnen, sich die Kraft ihrer Worte und Gedanken zu vergegenwärtigen. Sie verstehen, warum der Glaube die Substanz (das Wesen) des Erschafften ist; der Beweis für Ungesehenes.

Wir sehen, wie sich das Gesetz der Erwartung durch den Aberglauben auswirkt. Wenn du unter einer Leiter weggehst und erwartest, dass dir dies Unglück bringt, wird es dir Unglück bringen. Die Leiter ist ganz unschuldig; das Unglück kam, weil du es erwartetest.

Wir könnten sagen, die Erwartung ist das Wesen der erhofften Dinge; oder Erwartung ist das Wesen dessen, was der Mensch befürchtet. »Das, was ich erwartete, ist über mich gekommen.«

Nichts ist zu schön, um wahr zu sein, nichts ist zu wunderbar, um zu geschehen, nichts ist zu gut, um anzudauern, wenn du dein Gutes bei Gott suchst.

Nun denke an die Segnungen, die so weit entfernt scheinen und beginne sie jetzt zu erwarten, durch Gnade, in unerwarteter Weise. Dein Gott wirkt in wunderbarer Weise, um seine Wunder zu erfüllen.

In der Bibel sollen dreitausend Versprechungen sein.

Nun wollen wir alle diese Segnungen erwarten. Darunter sind uns versprochen: Reichtum und Ehre, ewige Jugend und ewiges Leben, »selbst der Tod soll überwunden werden.«

Das Christentum gründet sich auf Vergebung der Sünden und ein leeres Grab.

Wir wissen jetzt, dass dies wissenschaftlich möglich ist.

Wenn wir das Gesetz der Vergebung anrufen, werden wir frei von Fehlern und deren Folgen. Mögen eure Sünden wie Scharlach sein, so werdet ihr doch weißer gewaschen werden als Wolle.

Dann wird unser Körper in Licht gebadet sein und den »geistigen Körper« zum Ausdruck bringen, der unverweslich und unzerstörbar ist, reines Wissen, Ausdruck der Vollkommenheit.

Der lange Arm Gottes

»Zuflucht ist bei dem alten Gott und unter den ewigen Armen.«

5. Buch Mose 33. 27

In der Bibel versinnbildlicht der Arm Gottes immer Schutz. Die Bibelschreiber kannten die Kraft eines Sinnbildes. Es bringt ein Bild zustande, das sich dem Unterbewusstsein einprägt. Sie verwendeten die Sinnbilder Felsen, Schafe, Hirten, Weinberg, Lampe und hunderterlei Andere. Es würde interessant sein zu wissen, wie viele Sinnbilder in der Bibel verwendet werden.

Der Arm bedeutet auch Kraft.

»Zuflucht ist bei dem alten Gott und unter den ewigen Armen. Und er wird vor dir her deinen Feind austreiben und sagen: Sei vertilgt!«

Wer ist der Feind »vor dir«? Die negativen Gedankenbilder, die du in deinem Unterbewusstsein geschaffen hast. Die Feinde des Menschen sind nur jene der eigenen Haushaltung. Die ewigen Arme stoßen diese feindlichen Gedanken hinaus und vernichten sie.

Hast du je die Erleichterung gefühlt, wenn du von einem negativen Gedankenbild loskamst? Vielleicht ist das Gedankenbild des Grolls in dir entstanden, bis du vor Ärger außer dir warst. Du grollst Menschen, die du kennst, und solchen, die du nicht kennst, Menschen der Vergangenheit und der Gegenwart; und sicherlich werden auch die Menschen der Zukunft deinem Groll nicht entgehen.

Alle Organe des Körpers werden beim Groll in Mitleidenschaft gezogen – denn wenn du Groll hegst, grollst du mit jeder Zelle deines Körpers. Du zahlst die Strafe mit Rheumatismus, Arthritis, Neuritis usw., denn saure Gedanken erzeugen Säure im Blut. Alle diese Beschwerden kommen, weil du den Streit selbst ausfichtst und ihn nicht dem langen Arm Gottes überlässt.

Vielen meiner Schüler habe ich folgenden Spruch gegeben: Der lange Arm Gottes reicht über Menschen und Verhältnisse, beherrscht diese Lage und schützt meine Interessen.

Dies lässt das Bild eines langen Arms aufkommen, der Kraft und Schutz bedeutet. Mit der Vorstellung des langen Armes Gottes würdest du nicht mehr widerstehen oder grollen. Du würdest nachgeben und gewähren lassen. Die feindlichen Gedanken in dir würden vernichtet werden, daher würden die widrigen Umstände verschwinden.

Geistige Entwicklung bedeutet die Fähigkeit, stille zu stehen und den unendlichen Geist deine Lasten tragen und deine Kämpfe durchkämpfen zu lassen. Wenn die Last des Grolls abgenommen ist, spürst du ein Gefühl der Erleichterung! Du hast ein gütiges Gefühl für jedermann, und alle Organe deines Körpers beginnen richtig zu arbeiten.

Ein Zeitungsausschnitt, der Worte des Herrn Dr. theol. Albert Edward Day zitiert, lautet: »Es ist allgemein bekannt und anerkannt, dass es für unsere geistige Gesundheit gut ist, wenn wir unsere Feinde lieben. Aber dass Verneinung und vergiftende Erregungen unsere körperliche Gesundheit zerstören, ist eine verhältnismäßig neue Entdeckung. Das Problem der Gesundheit ist oft ein Gefühlsproblem. Wiederholt gehegte falsche Gefühle sind mächtige Ursachen für Krankheit.« Wenn der Prediger davon spricht, dass wir unsere Feinde lieben sollen, ist der Mann von der Straße geneigt, den Gedanken als unerträglich und fromm abzutun. Aber tatsächlich sagt der Prediger etwas von einem der ersten Gesetze der Hygiene wie auch der Ethik. Kein Mensch kann es sich schon aus Rücksicht auf seinen Körper leisten, sich dem Hass hinzugeben, das würde wiederholter Giftzuführung gleichkommen. Wenn dir jemand eindringlich rät, die Furcht loszuwerden, dann hörst du nicht irgendeinen Idealisten, du hörst vielmehr einen Rat, der für die Gesundheit ebenso bedeutend ist wie eine Diätvorschrift. Wir hören so viel von einer ausgeglichenen Diät, aber ohne ausgeglichene Seele kannst du nicht verdauen, was du isst, seien es Kalorien oder nicht. Nicht Widerstand leisten – ist eine Kunst. Wenn du sie erworben hast, ist die Welt dein! So viele Menschen versuchen, Situationen zu erzwingen. Dein dauerndes Gutes wird nie dadurch kommen, indem du deinen eigenen Willen durchsetzt.

»Flieh' vor den Dingen, die dich fliehen, suche nichts, das Glück sucht für dich. Sieh seinen Schatten schon vor dir! Sieh – es steht schon an der Tür!«

Ich kenne den Verfasser dieser Zeilen nicht. Lovelock, der berühmte englische Athlet, wurde gefragt, wie er die Geschwindigkeit und Ausdauer im Laufen erlange. Lernt entspannen, antwortete er. Wenn er am schnellsten lief, war er am meisten entspannt.

Deine große Gelegenheit und dein Erfolg stellen sich gewöhnlich ein, wenn du es am wenigsten erwartest. Lange genug ließest du das große Gesetz der Anziehung wirken. Nie hast du einen besorgten und ängstlichen Magneten. Er steht gerade und hat keine Sorge auf der Welt, weil er weiß, dass seine Nadeln nicht anders springen können. Was wir richtig wünschen, wird sich einstellen, wenn wir die Kupplung geöffnet haben.

In meinem Korrespondenzkurs sage ich:

»Lasse deinen Herzenswunsch nicht zu einem Herzeleid werden.« Du bist vollständig entmagnetisiert, wenn du etwas zu stark wünschst. Du sorgst, fürchtest und quälst dich. Es gibt ein okkultes Gesetz des Gleichgewichts: »Keines von diesen Dingen bewegt mich.« – »Deine Schiffe kommen herein über eine sorglose See.«

Viele Anhänger der Wahrheitsbewegung rufen den Widerstand ihrer Freunde hervor, weil sie sie zu sehr nötigen, die Bücher zu lesen und in die Vorträge zu gehen.

Eine Freundin brachte mein Buch »Das Lebensspiel und seine Regeln« in das Haus ihres Bruders. Die jungen Leute der Familie weigerten sich, es zu lesen. Es schien kein Lesestoff für sie zu sein. Einer dieser jungen Männer ist Taxichauffeur. An einem Abend fuhr er mit einem Wagen, der einem anderen Mann gehörte. Als er den Wagen reinigte, fand er irgendwo hineingerutscht ein Buch. Es war »Das Lebensspiel und seine Regeln«. Am nächsten Tag sagte er zu seiner Tante: »Ich fand Mrs. Shinn's Buch gestern Abend im Wagen. Ich las es und es ist großartig! Es ist eine Menge guter Lesestoff darin. Warum schreibt sie nicht weitere Bücher?« Gott wirkt oft auf Umwegen, um seine Wunder auszuführen.

Ich begegne vielen unglücklichen Menschen und einigen dankbaren und zufriedenen Menschen. Ein Mann sagte eines Tages zu mir: »Ich habe sehr vieles, wofür ich dankbar sein darf. Ich habe gute Gesundheit, genug Geld und bin unverheiratet!«

Der 89. Psalm ist sehr interessant, denn wir finden zwei Wesen in ihm; der Mann, der den Psalm singt (denn alle Psalmen sind Gesänge oder Gedichte), und Gott der Herr der Heerscharen antwortet ihm. Es ist ein Lob- und Dankgesang, der den starken Arm Gottes preist.

»Ich will singen von der Gnade des Herrn ewiglich!«

»Oh Herr, Gott Zebaoth, wer ist wie du ein mächtiger Gott?«

»Du hast einen gewaltigen Arm, stark ist deine Hand und hoch ist deine Rechte.«

Dann erwidert der Herr der Heerscharen: »Meine Hand soll ihn erhalten und mein Arm soll ihn stärken.«

»Ich will ihm ewiglich behalten meine Gnade, und mein Bund soll ihm fest bleiben.« Wir lesen das Wort »ewiglich« (das Wort für alle Zeiten) nur in der Bibel und in Märchen. Im Absoluten ist der Mensch außer Zeit und Raum. Sein Gutes ist »von Ewigkeit zu Ewigkeit«. Die Märchen stammen von den alten persischen Legenden ab, die auf Wahrheit beruhten.

Aladin und seine Lampe sind die Ausmalung des Wortes. Aladin rieb seine Lampe und alle seine Wünsche erfüllten sich. Dein Wort ist deine Lampe. Worte und Gedanken sind eine Art Radioaktivität und kehren nicht leer zurück. Ein Wissenschaftler hat gesagt, dass Worte in Licht gekleidet sind. Du erntest fortwährend die Früchte deiner Worte.

Eine Freundin sagte bei einer meiner Versammlungen, sie habe einen Mann in meine Klasse gebracht, der über ein Jahr arbeitslos war. Ich gab den Spruch: »Jetzt ist die festgesetzte Zeit. Heute ist der Tag meines überraschenden Glücks.« Wie das Ticken einer Uhr klang es in seinem Bewusstsein. Bald darauf erhielt er eine Stelle, die ihm jährlich neuntausend Dollar einbrachte.

Eine Frau sagte zu mir: »Als ich das Opfer segnete, sagte ich, dass jedes Opfer tausendfach vergolten werde.« Sie hatte einen Dollar in die Sammelbüchse gelegt. Sie sagte mit starker Vorstellungskraft: »Dieser Dollar ist gesegnet und wird mit tausend Dollar vergolten.« Sie erhielt kurz darauf, ganz auf unerwartete Weise, tausend Dollar.

Warum zeigt sich diese Wahrheit bei manchen Menschen so viel schneller als bei anderen? Es ist deshalb, weil sie Ohren haben zu hören. Jesus Christus erzählt das Gleichnis von dem Sämann, und der Same fiel auf guten Grund. Der Same ist das Wort. Ich sage: »Hört auf den Spruch, der weitertickt, der deine Vorstellungskraft weckt. Dieser Spruch wird Früchte tragen.« Neulich ging ich in ein Geschäft, dessen Inhaber ich sehr gut kannte. Einem seiner Angestellten hatte ich eine Bejahungskarte gegeben. Zu ihm sagte ich im Scherz: »An Sie möchte ich keine Bejahungskarte verschwenden, Sie würden sie doch nicht gebrauchen.« Er erwiderte: »Oh doch, geben Sie mir eine. Ich werde sie gebrauchen.« Die folgende Woche gab ich ihm eine Karte. Ehe ich ging, kam er aufgeregt auf mich zu und sagte: »Gerade sprach ich den Spruch und zwei neue Kunden traten ein.« Er lautete: »Jetzt ist die festgesetzte Zeit; heute ist der Tag meines überraschenden Glückes.« Es war eingetroffen.

Gar viele Menschen gebrauchen ihre Worte in übertriebenen und gedankenlosen Aussprüchen. Einen großen Teil des Materials für meine Gespräche finde ich im Schönheitssalon. Ein junges Mädchen wollte eine Zeitschrift zum Lesen. Sie rief dem Assistenten zu: »Geben Sie mir etwas schrecklich Neues und furchtbar Aufregendes.« Alles, was sie wollte, war die neueste Filmzeitschrift. Man hört die Menschen sagen: »Ich wollte, dass sich etwas schrecklich Aufregendes ereignet.« Sie laden förmlich irgendein unglückliches oder aufregendes Ereignis ein, in ihr Leben zu treten. Dann wundern sie sich, warum es ihnen geschah.

An allen Hochschulen sollte ein Lehrstuhl für Metaphysik sein. Metaphysik ist die Weisheit der Zeitalter. Sie ist die alte Weisheit, die durch die Jahrhunderte in Indien, Ägypten und Griechenland gelehrt wurde. Hermes Trismegistus war ein großer Lehrer in Ägypten, seine Lehren wurden behutsam verschwiegen und vor mehr als 10 Jahrhunderten wurden sie uns übergeben. Er lebte in Ägypten in den Tagen, als die gegenwärtige Menschenrasse noch der Kindheit angehörte. Aber wenn man Kybalion aufmerksam liest, wird man feststellen, dass er genau dasselbe lehrte, was wir heute lehren. Er sagte, dass alle geistigen Zustände von Schwingungen begleitet sind. Du verbindest dich mit dem, dem du entgegen schwingst, daher wollen wir alle dem Erfolg, dem Glück und der Fülle entgegen schwingen.

Jetzt ist die festgesetzte Zeit. Heute ist der Tag meines überraschenden Glückes.

Die Stütze auf dem Lebensweg

»Erwählt euch heute, wem ihr dienen wollt.«

Jos. 24,15

Jeden Tag ergibt sich die Notwendigkeit einer Entscheidung. Soll ich dieses oder jenes tun? Soll ich gehen oder bleiben? Viele Menschen wissen nicht, was sie tun sollen. Sie laufen herum und lassen andere Menschen die Entscheidungen für sie treffen, dann bedauern sie, dass sie ihrem Rat Folge leisteten.

Andere überlegen alles bis ins Kleinste. Sie wägen und messen die Lage ab, als ob sie mit Kolonialwaren handelten, und sind erstaunt, wenn es ihnen nicht gelingt, ihr Ziel zu erreichen. Wieder andere folgen dem Pfad der Intuition und finden sich in kurzer Zeit in ihrem gelobten Land.

Intuition ist eine große geistige Fähigkeit, hoch über dem überlegenen Verstand, aber auf diesem Pfad ist alles, was du dir wünschst oder verlangst.

In meinem Buch »Das Lebensspiel und seine Regeln« gebe ich viele Beispiele von Erfolgen, die durch die Anwendung dieser wunderbaren Fähigkeiten erreicht wurden. Ich sage euch: »Gebet ist Verbindung mit Gott, und Intuition ist Gottes Verbindung mit euch. So entscheidet euch heute, dem Pfad der Intuition zu folgen.

Bei den meisten Menschen ist es eine Fähigkeit, die bisher in ihnen schlummerte. Daher sagen wir: Werde dir deiner in dir schlummernden Fähigkeiten bewusst. Werde dir des Göttlichen in dir bewusst.

Claude Bragdon sagte: »Intuitiv leben heißt vierdimensional leben.«

Jetzt ist es für dich notwendig, eine Entscheidung zu treffen, du bist am Scheideweg. Bitte um eine bestimmte unmissverständliche Führung und du wirst sie erhalten.

Im Buche Josua finden wir Ereignisse, die wir metaphysisch auslegen können. Nach dem Tode Moses sprach der Herr zu Josua: »So mache dich nun auf, ziehe über den Jordan, du und dein ganzes Volk, in das Land, dass ich euch gebe. Alle Stätten, darauf eure Fußsohlen treten werden, habe ich euch gegeben.«

Die Füße sind das Sinnbild des Verstehens. So bedeutet es metaphysisch, alles, was wir verstehen, ist in unserem Bewusstsein verankert, und was dort verankert ist, kann uns nie entrissen werden.

Die Bibel fährt fort: »Es soll niemand dir widerstehen dein Leben lang … ich will dich nicht verlassen, noch von dir weichen. Sei getrost und unverzagt, dass du hattest und tuest nach dem Gesetz, das dir Mose, mein Knecht, geboten hat; weiche nicht davon, weder zur Rechten noch zur Linken, auf dass es dir wohl ergehen möge, wohin du auch immer gehst.«

Wir finden also, dass wir Erfolg haben, wenn wir getrost und unverzagt dem göttlichen Gesetz folgen. Wir sind also wieder am »Scheideweg« bei der Notwendigkeit der Wahl.

»Erwählt euch heute, wem ihr dienen wollt«, dem Verstand oder der göttlichen Führung.

Ein bekannter Mann, der in der finanziellen Welt großen Einfluss errungen hatte, sagte zu einem Freund: »Ich folge immer der Eingebung; ich bin das verkörperte Glück.«

Inspiration, das heißt göttliche Eingebung, ist das Wichtigste im Leben. Das richtige Wort pflegt das göttliche Walten und alle Angelegenheiten zu bewirken.

Eine Frau kam zu mir in verwickelten Angelegenheiten. Ich sagte zu ihr: »Lass Gott die Lage entwirren.« Sie war einverstanden und nahm die Bejahung an. »Ich lasse Gott die Lage entwirren!« Fast unmittelbar mietete sie ein Haus, das schon lange Zeit leer gestanden hatte.

Lass Gott jede Lage entwirren, denn wenn du es versuchst, wird die Angelegenheit stets noch verwickelter.

In meinen Frage- und Antwort-Klassen wurde ich häufig gefragt: »Wie lassen Sie Gott eine Lage entwirren, und was meinen Sie, wenn Sie sagen, ich sollte sie nicht entwirren?« Du entwirrst mit dem Verstand. Der Verstand würde sagen: »Die Zeiten sind schwer. Keine Tätigkeit auf dem Gebiet der Liegenschaften. Erwarte nichts Wesentliches vor dem Herbst.«

Beim göttlichen Gesetz gibt es nur das Jetzt. Schon ehe du rufst, hast du die Antwort; denn Zeit und Raum sind nur ein Traum, und dein Segen wartet auf dich, dass du ihn durch Glauben und das Wort freimachst.

»Erwählt euch heute, wem ihr dienen wollt«, der Furcht oder dem Glauben.

Jede Handlung, die von der Furcht angeregt wurde, birgt den Keim ihrer eigenen Niederlage in sich.

Es erfordert viel Kraft und Mut, Gott zu vertrauen. Wir vertrauen ihm oft in kleinen Dingen, aber wenn es sich um etwas Großes handelt, fühlen wir uns veranlasst, die Sache lieber selbst in die Hand zu nehmen und dann kommen Niederlage und Misserfolg.

Der folgende Auszug aus einem Brief, den ich von einer Frau aus dem Westen Amerikas erhielt, zeigt, wie sich die Verhältnisse in einem Augenblick ändern können: »Ich habe das Vergnügen gehabt, Ihr wunderbares Buch ‚Das Lebensspiel und seine Regeln' zu lesen. Ich habe vier Söhne mit zehn, dreizehn, fünfzehn und siebzehn Jahren, und ich dachte, wie wunderbar für sie, dies schon früh in ihrem Leben zu erfassen und das zu erhalten, was durch das göttliche Recht ihnen zusteht. Die Dame, die mich das Buch lesen lies, gab mir noch Verschiedenes anderes zu lesen, doch gerade dieses Buch interessierte mich am meisten. Nachdem ich es gelesen hatte, wurde mir vieles klar und ich versuchte, göttlich zu leben, doch noch verstand ich die Gesetze zu wenig, sonst würde ich weiter fortgeschritten sein.

Zuerst dachte ich, es ist schwer, eine Beschäftigung in der Geschäftswelt zu finden, wo ich doch schon seit so vielen Jahren Mutter bin. Ich empfing innerlich diesen Spruch: Gott macht einen Weg, wo keiner ist, und es geschah, dass Gott für mich der Wegbereiter wurde.

Ich bin dankbar für meine Stelle und lächle, wenn die Menschen sagen: ‚Wie machen Sie es nur, vier heranwachsende Söhne leiten, einen Haushalt führen, nachdem Sie so viele Operationen durchmachen mussten und keine Verwandten in der Nähe haben?'«

Ich habe diesen Spruch in meinem Buch »Gott macht einen Weg, wo keiner ist.« Gott machte eine Stelle für sie frei, als alle Freunde zu ihr sagten, dass es vergebens sei für sie, eine Stelle zu finden. Ein Durchschnittsmensch wird dir bei fast allen Dingen sagen, das kann man nicht machen.

Dafür hatte ich kürzlich ein Beispiel. In einem Geschäft fand ich einen hübschen, kleinen, silbernen Tröpfler, der genau eine Tasse füllte, was es auch sei. Begeistert zeigte ich ihn einigen meiner Freundinnen, da ich ihn für gar so praktisch hielt. Die eine sagte: »Das wird doch nie funktionieren«; die andere: »Wenn er mir gehörte, würde ich ihn wegwerfen.« Ich setzte mich für den kleinen Tröpfler ein und sagte, ich sei überzeugt, dass er funktioniere, was auch tatsächlich der Fall war. Meine Freundinnen waren typische Durchschnittsmenschen, die sagten: »Das kann man nicht machen.« Alle großen Ideen stoßen auf Widerstand.

Lass nicht zu, dass andere Menschen dein Boot zum Schwanken bringen. Folge dem Pfad der Weisheit und des Verständnisses »und weiche nicht davon, weder zur Rechten noch zur Linken, auf dass es dir wohl ergehen möge, wohin immer du auch gehst.«

Im 13. Vers des 24. Kapitels von Josua lesen wir einen bemerkenswerten Spruch: »Und ich habe euch ein Land gegeben, daran ihr nicht gearbeitet habt, und Städte, die ihr nicht gebaut habt, dass ihr darinnen wohnt und esst von den Weinbergen und Ölbäumen, die ihr nicht gepflanzt habt.«

Dies zeigt, dass der Mensch nicht etwas verdienen kann; seine Segnungen kommen als Gaben (sofern nicht jemand prahlt). »Denn der Herr, unser Gott, hat uns und unsere Väter aus Ägyptenland geführt, aus dem Diensthaus.«

Ägyptenland steht für Dunkelheit – Diensthaus, wo der Mensch als Ergebnis seiner falschen Entscheidungen am Scheidewege ein Sklave seiner Zweifel und Ängste und seines Glaubens an Mangel und Begrenzung ist.«

Missgeschick ergibt sich daraus, dass wir nicht daran festhielten, was der Geist uns durch Intuition offenbarte.

Alles Große wurde von Menschen vollbracht, die an ihren großen Ideen festhielten.

Henry Ford war schon über das mittlere Alter hinaus, als ihm der Gedanke des Fordwagens kam. Er hatte große Schwierigkeiten, das Geld aufzubringen. Seine Freunde dachten, es sei eine verrückte Idee. Sein Vater sagte ihm mit Tränen in den Augen: »Warum gibst du ein sicheres Einkommen von wöchentlich 25 Dollar auf, um einer verrückten Idee nachzujagen?« Aber niemand konnte Henry Fords Boot schwankend machen.

Um also aus dem Ägyptenland, dem Diensthaus, hinaus zu kommen, müssen wir die richtige Entscheidung treffen.

Wählt daher den richtigen Weg und bleibt auf ihm. »Sei nur getrost und unverzagt, dass du hattest und tuest nach dem Gesetz, das Mose, mein Knecht, geboten hat; weiche nicht davon, weder zur Rechten noch zur Linken, auf dass es dir wohl ergehen möge, wohin immer du auch gehst.« Wenn wir also heute an den Scheideweg kommen, wollen wir furchtlos der Stimme der Eingebung folgen.

Die Bibel nennt sie die stille kleine Stimme. Eine Stimme in mir sagt: »Dies ist der Weg, folge ihm.«

Auf diesem Pfad ist das Gute für dich schon bereitet.

»Ihr werdet das Land finden, daran ihr nicht gearbeitet habt, und Städte, die ihr nicht gebaut habt, dass ihr darin wohnt und esst von Weinbergen und Ölbäumen, die ihr nicht gepflanzt habt.«

Ich werde göttlich geführt, ich wähle den rechten Weg und bleibe auf ihm.

»Gott macht einen Weg, wo keiner ist.«

Dein Durchgang durch das Rote Meer (tätiger Glaube)

»Sage den Kindern Israels, dass sie ziehen.«

Mose 2, 14, 15

Eine der dramatischsten Geschichten in der Bibel ist die Erzählung vom Durchgang der Kinder Israels durch das rote Meer. Moses führt sie aus dem Land Ägypten, wo sie in Knechtschaft und Sklaverei gehalten wurden. Sie wurden von den Ägyptern verfolgt.

Wie die meisten Menschen vertrauten auch die Kinder Israels nicht gerne auf Gott; sie murrten gar sehr. Sie sagten zu Moses: »Ist's nicht das, was wir dir sagten in Ägypten, höre auf und lasse uns den Ägyptern dienen; es wäre uns ja besser, den Ägyptern zu dienen, denn in der Wüste zu sterben.« »Und Moses sprach zum Volk: Fürchtet euch nicht, steht fest und seht zu, was für ein Heil der Herr heute an euch tun wird, denn diese Ägypter, die ihr heute seht, werdet ihr nimmermehr sehen ewiglich.«

»Der Herr wird für euch streiten und ihr werdet stille sein.«

Wir könnten sagen, dass Moses den Kindern Israels den Glauben einhämmerte. Sie zogen es vor, Sklaven ihrer alten Zweifel und Ängste zu sein (Ägypten ist gleich Dunkelheit), statt sich gigantisch zum Glauben aufzuschwingen und durch die Wüste in ihr gelobtes Land zu gehen.

Es ist tatsächlich eine Wüste zu durchschreiten, bevor das gelobte Land erreicht ist. Die alten Zweifel und Ängste umlagern dich, aber es ist immer jemand da, der dir sagt, geh vorwärts! Es ist immer ein Moses auf deinem Pfad, manchmal ist es ein Freund, manchmal eine Eingebung.

»Der Herr sprach zu Mose: Was schreist du zu mir? Sage den Kindern Israels, dass sie ziehen!«

»Du aber hebe deinen Stab auf und recke deine Hand über das Meer und teile es voneinander, dass die Kinder Israels hindurchgehen, mitten hindurch auf dem Trockenen.«

»Da nun Mose seine Hand reckte über das Meer, ließ es der Herr hinweg fahren durch einen starken Ostwind die ganze Nacht und machte das Meer trocken; und die Wasser teilten sich voneinander.«

»Und die Kinder Israels gingen hinein, mitten ins Meer auf dem Trockenen; und das Wasser war ihnen wie Mauern zur Rechten und Linken. Und die Ägypter folgten und gingen hinein ihnen nach, alle Rosse Pharaos und Wagen und Reiter, mitten ins Meer. Aber der Herr sprach zu Mose: ‚Recke deine Hand aus über das Meer, dass das Wasser wieder herfalle über die Ägypter, über ihre Wagen und Reiter.' Da reckte Mose seine Hand aus über dem Meer und das Meer kam wieder von morgens in einem Strom, und die Ägypter flohen ihm entgegen. Also stürzte sie der Herr mitten ins Meer, dass das Wasser wiederkam und bedeckte Wagen und Reiter und alle Macht des Pharaos, die ihnen nachgefolgt waren ins Meer, dass nicht einer aus ihnen übrig blieb.«

Bedenke nun, dass die Bibel vom Einzelwesen spricht. Sie spricht von deiner Wüste, von deinem roten Meer und von deinem gelobten Land.

Jeder, auch du, hat ein gelobtes Land, einen Herzenswunsch, aber du bist von den Ägyptern (deinen negativen Gedanken) so versklavt, das Land scheint sehr weit weg und zu schön, um wahr zu sein. Du hältst Gottvertrauen für einen sehr gewagten Vorschlag. Die Wüste könnte sich schlimmer erweisen als die Ägypter.

Und wie weißt du, dass dein gelobtes Land wirklich besteht? Der überlegene Verstand wird immer die Ägypter verteidigen. Doch früher oder später sagt etwas in dir: »Ziehe!« Es sind gewöhnlich irgendwelche Umstände – du wirst dazu getrieben.

Ich gebe das Beispiel einer Studentin. Sie ist eine ganz wunderbare Pianistin und hatte im Ausland großen Erfolg. Sie kam mit einem Buch voller Zeitungsausschnitte und einem glücklichen Herzen. Eine Verwandte interessierte sich für sie und sagte, sie werde sie finanziell unterstützen. Sie beauftragten einen Verwalter mit der Spesendeckung und mit dem Kartenverkauf.

Nach ein oder zwei Konzerten war kein Geld mehr da. Der Verwalter hatte es für sich selbst verbraucht. Meine Freundin war gestrandet, trostlos und enttäuscht. Ungefähr zu dieser Zeit kam sie zu mir.

Sie hasste den Mann und die Umstände machten sie krank. Sie hatte sehr wenig Geld und sie konnte sich nur ein unfreundliches Zimmer leisten, wo es oft zu kalt war, sodass sie nicht üben konnte. In der Tat, sie war in der Knechtschaft der Ägypter – Hass, Groll, Mangel und Einschränkung.

Jemand brachte sie in eine meiner Versammlungen. Sie sprach mit mir und erzählte mir ihre Geschichte. Ich sagte: »Zuallererst müssen Sie aufhören, jenen Mann zu hassen. Wenn Sie ihm vergeben können, wird Ihr Erfolg wiederkehren. Ihr erster Schritt ist Vergebung.« Es schien eine ziemlich schwere Aufgabe zu sein, aber sie versuchte es und kam regelmäßig in alle meine Versammlungen.

Inzwischen hatte die Verwandte einen Prozess angefangen, um das Geld zurückzubekommen.

Die Zeit verging, aber er kam nie vor Gericht. Meine Freundin erhielt einen Ruf nach Kalifornien. Ihre Lage bereitete ihr keinen Kummer mehr und sie hatte dem Mann vergeben. Plötzlich, nach etwa vier Jahren, wurde sie verständigt, dass ihre Sache vor Gericht gekommen sei. Sie telefonierte mit mir bei ihrer Ankunft in New York und bat mich, das Wort für Recht und Gerechtigkeit zu sprechen.

Sie gingen zur festgesetzten Zeit und es wurde alles außerhalb des Gerichtes geregelt, der Mann zahlte das Geld in monatlichen Raten zurück.

Überströmend vor Freude kam sie zu mir und sagte: »Ich hegte nicht den geringsten Groll gegen den Mann. Er war erstaunt, als ich ihn freundlich grüßte.« Ihre Verwandte sagte, dass das ganze Geld ihr zukommen soll, sodass sie ein großes Bankkonto erhielt. Nun wird sie bald ihr gelobtes Land erreichen. Sie kam heraus aus dem Hause der Knechtschaft, aus Hass und Groll und sie durchschritt ihr rotes Meer.

Ihr Wohlwollen dem Mann gegenüber brachte das Wasser zur Teilung und sie ging über trockenes Land.

Trockenes Land versinnbildlicht etwas Festes unter deinen Füßen, die Füße versinnbildlichen Verständnis.

Moses ragt hervor als eine der größten Gestalten des alten Testaments.

Moses war befohlen, mit seinem Volk aus Ägypten auszuziehen. Die Aufgabe vor ihm richtete sich nicht nur gegen die Verstocktheit des Pharaos, der jene nicht ziehen lassen wollte, die er zu einträglichen Sklaven gemacht hatte, sie verlangte auch, dieses Volk, das unter der Härte seiner Vögte die eigene Initiative verloren hatte, zu offenem Aufruhr anzuspornen.

Diesen Bedingungen zu entsprechen, erforderte einen ganz außergewöhnlichen Geist, den Moses, vereint mit Selbstverleugnung und dem Mut der eigenen Überzeugung, besaß. Selbstverleugnung! Er wurde der Demütigste der Menschen genannt. Wir haben so oft den Ausruf gehört: »Demütig wie Moses.« Er war so demütig den Geboten Gottes gegenüber, dass er einer der Stärksten der Menschen wurde.

Der Herr sagte zu Moses: »Hebe deinen Stab auf und recke deine Hand über das Meer und teile es, dass die Kinder Israels hineingehen, mitten hindurch auf dem Trockenen.«

So sagte er zu den Kindern Israels, ohne je zu zweifeln: »Ziehet!« Es war eine gewagte Sache, eine Menge Volkes ins Meer zu führen, im festen Glauben, dass die Menschen nicht ertrinken würden.

Seht das Wunder!

»... Der Herr ließ das Meer hinweg fahren durch einen starken Ostwind die ganze Nacht und machte das Meer trocken und die Wasser teilten sich voneinander.«

Nun bedenke, wie könnte es für dich geschehen, jeden Tag. Denke an deine Aufgabe. Vielleicht hast du deine Initiative verloren, weil du so lange ein Sklave Pharaos warst – Sklave deiner Zweifel, Ängste und Entmutigungen.

Sage zu dir selbst: »Ziehe!«

»... Der Herr ließ das Meer hinweg fahren durch einen starken Ostwind.« Wir wollen uns diesen starken Ostwind als kräftige Bejahung vorstellen. Nimm einen lebendigen Spruch der Wahrheit. Sage zum Beispiel, wenn dein Problem finanzieller Art ist: »Meine Versorgung kommt von Gott und große, glückliche, finanzielle Überraschungen kommen jetzt durch Gottes Gnade in vollkommener Weise zu mir.« Der Spruch ist ein Guter, denn er enthält das Element der Geheimlehre. Man sagt uns, Gott wirke in geheimnisvoller Weise, um sein Wunder zu vollbringen. Wir könnten sagen, in überraschender Weise. Nun, da du deinen Spruch der Versorgung gesprochen hast, hast du auch veranlasst, dass der Ostwind weht. So gehe also deinem roten Meer des Mangels und der Begrenzung entgegen. Um deinem roten Meer entgegenzugehen, musst du etwas tun, was deine Furchtlosigkeit beweist.

Ich will die Geschichte einer Studentin erzählen, die eine Einladung in einen sehr eleganten Urlaubsort bekam. Sie hatte lange Zeit auf dem Lande gelebt, war stärker geworden, und nichts passte ihr als ihr Pfadfinderinnen-Gewand. Auf einmal erhielt sie die Einladung. Das bedeutete Abendkleider, ferner Schuhe und Zubehör, wovon sie nichts hatte, und sie hatte auch kein Geld bei sich, um dies alles zu kaufen. Sie kam zu mir. Ich sagte: »Was ist Ihre Absicht?«

Sie erwiderte: »Ich habe gar keine Angst. Ich habe die Absicht, auf alle Fälle zu gehen.« So zwängte sie sich in irgendetwas für die Reise und ging.

Als sie im Haus ihrer Freundin ankam, wurde sie herzlich begrüßt, aber ihre Gastgeberin sagte etwas verlegen: »Es ist möglich, dass das, was ich getan habe, dich kränkt, aber da sind einige Abendkleider und Schuhe, die ich nie trage, ich habe sie in dein Zimmer gebracht. Willst du nicht davon Gebrauch machen?«

Meine Freundin versicherte ihr, dass sie es mit Freuden tun werde und alles passte ausgezeichnet.

Sie war wirklich ihrem roten Meer entgegen – und über trockenes Land gegangen.

Die Wasser meines roten Meeres teilen sich und ich gehe hindurch auf trockenem Land. Ich ziehe nun in mein gelobtes Land.

Der Wächter am Tore (Die Beherrschung der Gedanken)

»Ich habe Wächter über euch gesetzt. Merke auf die Stimme der Trompete.«
Jeremia 6, 1

Wir müssen alle einen Wächter am Tor unserer Gedanken haben. Der Wächter am Tor ist das Unterbewusstsein.

Wir haben die Macht, unsere Gedanken zu wählen.

Nachdem wir Jahrtausende in Gedankenströmungen gedacht haben, scheint es fast unmöglich, die Gedanken zu überwachen. Sie jagen durch unseren Geist wie in wilder Flucht dahinjagende Rinder oder Schafe. Aber ein einziger Schäferhund kann die erschreckten Schafe beherrschen und sie in den Schafpferch leiten.

In der Wochenschau sah ich, wie ein Schäferhund die Schafe bewacht und beherrscht. Bis auf drei hatte er alle zusammengetrieben. Diese drei waren recht widerspenstig. Sie blökten und hoben widerstreitend ihre Vorderfüße, doch der Hund setzte sich einfach vor sie hin und schaute sie unverwandt an. Er bellte nicht und drohte nicht. Er saß nur da und in seinem Blick lag Entschlossenheit. Nach einer kleinen Weile warfen die Schafe den Kopf hoch und liefen in den Pferch.

Wir können lernen, unsere Gedanken in gleicher Weise zu beherrschen, durch ruhige Entschlossenheit, nicht durch Zwang. Wir übernehmen eine Bejahung und wiederholen sie fortwährend, während unsere Gedanken sich austoben.

Wir können nicht immer unsere Gedanken beherrschen, aber wir können unsere Worte beherrschen – und Wiederholen prägt sich dem Unterbewusstsein ein, und dann sind wir Herren der Lage.

Im sechsten Kapitel von Jeremia lesen wir: »Ich habe Wächter über euch gesetzt. Merkt auf die Stimmen der Trompeten.« Dein Erfolg und dein Lebensglück hängen von dem Wächter am Tore deiner Gedanken ab, denn früher oder später treten deine Gedanken wie Kristalle äußerlich zutage.

Die Menschen denken, wenn sie vor einer unguten Sache davonlaufen, dann sind sie sie los, aber wo immer sie gehen, sehen sie sich derselben Sache gegenüber. Sie werden dieselben Erfahrungen machen, bis sie ihre Lehre gelernt haben.

Diese Idee liegt dem Film »Der Zauberer von Oz« zugrunde.

Die kleine Dorothy ist sehr unglücklich, weil die schlimme Frau im Dorf ihr ihren Hund Toto wegnehmen will.

In Verzweiflung geht sie, um ihren Schmerz Tante Ann und Onkel Henry anzuvertrauen, aber sie haben gar keine Zeit zuzuhören und sagen zu ihr: »Geh nur!«

Sie sagt zu Toto: »Es gibt irgendwo einen wunderbaren Ort, hoch über dem Himmel, wo jedermann glücklich ist und niemand schlimm.« Wie gerne möchte sie dort sein!

Plötzlich erhebt sich ein Kansaszyklon, Dorothy und Toto werden aufgehoben, hoch in den Himmel hinein, und sie landen im Lande Oz.

Anfangs scheint alles sehr freundlich, aber bald macht das Mädchen dieselben bösen Erfahrungen. Die schlimme alte Frau des Dorfes ist eine schreckliche Hexe geworden und versucht immer noch, Toto von ihr zu bekommen.

Wie wünscht sie sich nun, wieder in Kansas zu sein.

Man sagt ihr, sie solle den Zauberer von Oz aufsuchen. Er ist sehr mächtig und wird ihr eine Bitte gewähren.

Sie macht sich auf, um seinen Palast in der Smaragd-Stadt zu suchen. Unterwegs begegnet sie einer Vogelscheuche, die so unglücklich ist, weil sie keinen Verstand hat. Sie begegnet einem Mann, der aus Zinn gemacht ist und unglücklich ist, weil er kein Gefühl hat. Dann begegnet sie einem Löwen, der unglücklich ist, weil er keinen Mut hat. Sie muntert sie auf und sagt: »Wir wollen alle zum Zauberer von Oz gehen, der wird uns geben, was uns fehlt.«

Der Vogelscheuche Verstand, dem Zinnmann Gefühl und dem Löwen Mut. Sie bestehen schreckliche Abenteuer, denn die böse Hexe ist entschlossen, Dorothy zu fangen und ihr Toto und die Rubinpantoffeln abzunehmen, die sie schützen. Endlich erreichen sie den Smaragd-Palast des Zauberers von Oz.

Sie bitten um eine Audienz, aber man sagt ihnen, dass noch niemand den Zauberer gesehen habe, der so geheimnisvoll im Palast wohnt. Doch durch die Mithilfe der guten Fee des Nordens treten sie in den Palast ein. Dort entdecken sie, dass der Zauberer nur ein betrügerischer Zauberer aus Dorothys Heimatstadt in Kansas ist.

Sie sind alle verzweifelt, weil ihre Wünsche nicht erfüllt werden können. Doch dann zeigt ihnen die gute Fee, dass ihre Wünsche schon erfüllt sind. Die Vogelscheuche hat Verstand entwickelt, weil sie entscheiden musste, was bei den bestandenen Abenteuern zu tun war. Der Zinnmann findet, dass er Gefühl hat, weil er Dorothy liebt, und der Löwe ist mutig geworden, weil er seinen Mut bei den vielen Abenteuern beweisen musste.

Die gute Fee des Nordens sagt zu Dorothy: »Was hast du aus diesen Erfahrungen gelernt?« Dorothy antwortet: »Ich habe gelernt, dass mein sehnlichster Herzenswunsch ist, in mein eigenes Heim und in mein Gärtchen zurückzukehren.« So schwingt die gute Fee ihren Zauberstab und Dorothy ist wieder daheim.

Sie erwacht und findet, dass die Vogelscheuche, der Zinnmann und der Löwe die Männer sind, die auf dem Hof ihres Onkels arbeiten. Sie freuen sich sehr, dass sie wieder zurück ist. Diese Geschichte lehrt, dass wenn du deinen Aufgaben davonläufst, sie dir nachlaufen werden.

Lass dich durch eine Situation nicht beunruhigen, und sie wird durch ihr eigenes Gewicht von dir abfallen.

Es gibt ein okkultes Gesetz der Widerstandslosigkeit. »Von diesen Dingen berührt mich nichts.« »Nichts von diesen Dingen beunruhigt mich«, könnten wir in moderner Sprache sagen. Wenn du dich nicht länger beunruhigen lässt, wird alle Beunruhigung von außen verschwinden.

»Wenn eure Augen eure Lehrer gesehen haben, verschwinden eure Lehrer.«

»Ich habe Wächter über euch gesetzt. Merke auf die Stimmen der Trompeten.« Eine Trompete ist ein Musikinstrument, das in alten Zeiten benutzt wurde, um die Aufmerksamkeit des Volkes auf etwas zu lenken: auf Sieg, auf Anordnung.

Du wirst die Gewohnheit bilden, jedem Gedanken und jedem Wort Beachtung zu schenken, wenn du dir ihrer Bedeutung bewusst bist.

Die Vorstellung, die Schere des Geistes, schneidet immer die Ereignisse heraus, die in dein Leben treten werden. Viele Menschen schneiden Bilder der Furcht aus. Sie sehen Dinge, die nicht von Gott geplant sind.

Mit dem »einzigen Auge« sieht der Mensch nur die Wahrheit. Er durchschaut das Übel und weiß, dass daraus Gutes kommt. Er verwandelt Ungerechtigkeit in Gerechtigkeit und entwaffnet seinen scheinbaren Feind durch Wohlwollen.

Wir lesen in der Mythologie von den Zyklopen, einem Volk, das in Sizilien gewohnt haben soll. Diese Riesen hatten nur ein Auge in der Mitte ihrer Stirn. Die Vorstellungskraft ist in der Stirne, zwischen den Augen. Die Riesen der Fabel gehen also auf diese Idee zurück.

Du bist tatsächlich ein Riese, wenn du ein einziges Auge hast, dann wird jeder Gedanke aufbauend und jedes Wort ein Wort der Kraft sein. Lasse das dritte Auge Wächter sein.

»Wenn dein Auge lauter ist, dann ist dein ganzer Körper voll von Licht.« Mit dem einzigen Auge wird dein Körper in einen geistigen

Körper verwandelt werden. Den »geistigen Körper«, der nach Gottes Bild und Idee gemacht ist.

Wenn wir den vollkommenen Plan klar sehen, könnten wir die Welt erlösen: Mit unserem inneren Auge würden wir eine Welt des Friedens, der Fülle und des guten Willens sehen.

»Urteilt nicht nach dem Schein, fällt ein rechtliches Urteil.«

»Ein Volk soll nicht das Schwert gegen ein anderes Volk erheben, noch sollen sie je wieder Krieg erfahren.«

Geistiges Gesetz übersteigt das Karma-Gesetz.

Das ist die Geisteshaltung, die der Heiler oder der praktische Arzt dem Patienten gegenüber einnehmen muss. Widerstandslos gegenüber den Erscheinungen des Mangels, des Verlustes oder der Krankheit, bringt er die Veränderung im Geist, im Körper und in den Geschäften zustande.

Lasst mich eine Stelle aus dem 31. Kapitel Jeremia anführen. Der Grundton ist ein freudiger. Es ist ein Bild des Menschen, der von verneinendem Denken befreit ist.

»Denn es wird die Zeit noch kommen, dass die Hüter an dem Gebirge Ephraim werden rufen: Wohlauf, und lasst uns hinaufgehen gen Zion zu dem Herrn, unserem Gott!«

Der Wächter am Tore schlummert und schläft nicht. Er ist das »Auge, welches über Israel wacht«.

Doch der Mensch, der in einer Welt negativer Gedanken wohnt, ist sich dieses inneren Auges nicht bewusst.

Er mag gelegentlich blitzartig eine Eingebung oder Erleuchtung haben, aber dann fällt er wieder in eine Welt des Chaos zurück.

Es verlangt Entschlossenheit und ewige Wachsamkeit, Worte und Gedanken in Schach zu halten. Gedanken der Furcht, des Versagens, des Grolls, des Übelwollens, müssen aufgelöst und zerstreut werden.

Nimm den Spruch: »Jede Pflanze, die mein Vater im Himmel nicht gepflanzt hat, soll ausgerottet werden.« Das gibt dir ein anschauliches Bild vom Ausrotten des Unkrautes im Garten. Es wird weggeworfen und vertrocknet, weil es keinen Nährboden mehr hat.

Du nährst negative Gedanken dadurch, dass du ihnen deine Aufmerksamkeit schenkst. Gebrauche das okkulte Gesetz der Widerstandslosigkeit und weigere dich, dich für sie zu interessieren.

Bald wirst du »das Heer der Fremdlinge zum Verhungern bringen.« Göttliche Gedanken werden sich in dein Bewusstsein drängen, falsche Vorstellungen werden verschwinden und du wirst nur das wünschen, was Gott durch dich wünscht.

Die Chinesen haben ein Sprichwort: »Der Philosoph überlässt den Schnitt für seinen Rock dem Schneider.«

So überlasse den Plan für dein Leben dem göttlichen Zeichner und du wirst alle Verhältnisse immer vollkommen finden.

Der Boden, auf dem ich stehe, ist heiliger Boden. Ich finde mich nun rasch in den göttlichen Plan meines Lebens hinein, wo alle Verhältnisse immer vollkommen sind.

»So wirst du für Erde Gold geben.« ***Hiob 22, 24***

Der Weg zur Fülle

Der Weg zur Fülle ist eine Einbahnstraße.

Wie das alte Sprichwort sagt: »Es führen nicht zwei Wege zum Ziel.« Du steuerst entweder dem Mangel oder der Fülle entgegen. Menschen mit einem Bewusstsein der Fülle und Menschen mit einem Bewusstsein der Armut gehen nicht auf derselben geistigen Straße.

Es gibt eine verschwenderische Versorgung, universell geplant für jeden Einzelnen. Der wohlhabende Mann erfasst sie, denn wohlhabende Gedanken bewirken eine wohlhabende Umgebung.

Ändere deine Gedanken und augenblicklich ändern sich alle deine Verhältnisse. Deine Welt ist eine Welt kristallisierter Gedanken, kristallisierter Worte.

Früher oder später erntest du die Früchte deiner Worte und Gedanken. »Worte sind Verdichtungen oder Kräfte«, die sich wie eine Spirale bewegen und zu gegebener Zeit zurückkehren, um das Leben ihrer Urheber zu durchkreuzen.

Menschen, die immer von Mangel und Beschränkungen sprechen, werden Mangel und Beschränkung erfahren.

Du kannst nicht in das Reich der Fülle eintreten, wenn du dein Los beklagst.

Ich kenne eine Frau, deren Gedanken über die Wohlfahrt stets sehr begrenzt waren. Sie trachtete immer danach, ihre alten Kleider so herzurichten, dass sie gerade noch gut genug waren, anstatt Neue zu kaufen. Mit dem Geld, das sie hatte, ging sie sehr sorgsam um, und ihrem Mann gab sie immer gute Ratschläge, damit er nicht soviel ausgebe. Sie sagte immer wieder: »Ich will nichts, das ich mir nicht leisten kann.« Sie konnte sich nicht viel leisten, so hatte sie auch nicht viel.

Plötzlich brach ihre ganze Welt zusammen. Ihr Mann verließ sie, da er ihrer nörgelnden und beschränkten Gedanken überdrüssig war. Sie war in Verzweiflung, bis ihr eines Tages ein Buch über Metaphysik in die Hände kam. Es erklärte die Kraft der Gedanken und Worte.

Es wurde ihr klar, dass sie jede unglückliche Erfahrung durch ihr falsches Denken geradezu eingeladen hatte. Sie lachte herzlich über ihre Fehler und wollte nun daraus lernen. Sie beschloss, das Gesetz der Fülle zu erproben.

Furchtlos gebrauchte sie das Geld, das sie hatte, um ihren Glauben an die unsichtbare Versorgung zu beweisen. Sie vertraute auf das universelle Gesetz als die Quelle ihres Wohlstandes. Sie fühlte sich glücklich und sah auch glücklich aus. Ihre alten Freunde erkannten sie kaum wieder. Sie hatte sich auf den Weg der Fülle begeben. Sie bekam mehr Geld, als sie je zuvor gehabt hatte. Unbekannte Türen öffneten sich, erstaunliche Kanäle wurden frei gemacht. Sie hatte großen Erfolg bei ihrer Arbeit, für die sie nicht vorgebildet war.

Sie befand sich auf wunderbarem Grund. Was war geschehen? Sie hatte die Art der Worte und Gedanken geändert. Sie hatte den universellen Geist in ihr Vertrauen aufgenommen und in all ihr Tun. Sie hatte viele Beweise in der zwölften Stunde, aber ihre Versorgung kam immer, denn sie grub ihre Gräben und dankte, ohne zu wanken.

Kürzlich besuchte mich jemand und sagte: »Ich suche verzweifelt nach einer Arbeitsstelle.« Ich entgegnete: »Suchen Sie nicht verzweifelt, sondern mit Lobpreisungen und Danksagungen; denn der Nazarener, der größte Metaphysiker, sagte, man solle bitten mit Lob und Dank.«

Lob und Dank öffnen die Tore, Erwartung gewinnt immer.

Natürlich ist das Gesetz unpersönlich und ein ehrlicher Mensch mit Gedanken des Wohlstandes wird wohl Reichtümer anziehen, aber »Unrecht gedeiht nicht«. Wir brauchen nur die Zeitungen zu lesen, um zu erfahren, dass der Weg des Übertretens hart ist.

Daher ist es notwendig, dass du deine Bitte an die Versorgung des Universellen richtig stellst und um das bittest, was dir durch göttliches Recht und Gnade zusteht.

Manche Menschen ziehen das Glück an, aber sie können es nicht halten. Manchmal sehen sie es nicht, manchmal verlieren sie es aus Furcht und Sorge.

Für Menschen ohne Kenntnis der geistigen Gesetze und solche, die lange Zeit in Ausdrücken des Mangels gedacht haben, ist es nicht leicht, ein Bewusstsein der Wohlhabenheit aufzubauen.

Ich habe eine Studentin gekannt, die durch folgende Feststellung großen Erfolg erreichte: »Ich bin die Tochter des Königs! Alles gibt den Weg für mich frei.«

Viele Menschen finden sich mit beschränkten Umständen ab, weil sie geistig zu träge sind, sich aus ihnen herauszudenken.

Du sollst den starken Wunsch nach finanzieller Freiheit haben, du sollst dich wohlhabend fühlen, du sollst dich wohlhabend sehen, du sollst dich fortwährend für deinen Reichtum vorbereiten. Werde wie ein kleines Kind und glaube, dass du wohlhabend bist. Dann erfüllst du das Unterbewusstsein mit Erwartung. Die Vorstellung ist die Werkstätte des Menschen oder die Schere des Geistes, mit welcher er ständig die Ereignisse seines Lebens zuschneidet!

Das Überbewusstsein ist das Reich der Eingebung, der Offenbarung, der Erleuchtung und der unmittelbaren Erkenntnis.

Unmittelbare Erkenntnis ist gewöhnlich als »Stoß« bekannt. Das Überbewusstsein ist das Reich vollkommener Gedanken. Das große Genie entnimmt seine Gedanken dem Überbewusstsein.

Ohne die Vision (Vorstellung) kommt ein Volk um. Wenn Menschen die Kraft verloren haben, sich ihr Gutes vorzustellen, kommen sie um.

Mir wird nichts mangeln

»Der Herr ist mein Hirte; mir wird nichts mangeln.«

23. Psalm, 1. Vers

Der 23. Psalm ist der bekannteste aller Psalmen – wir könnten sagen, dass er der Grundton für die Botschaft der Bibel ist.

Er sagt dem Menschen, dass ihm nichts mangeln wird, wenn er sich vergegenwärtigt, dass die unendliche Intelligenz uns mit allem Nötigen versorgt.

Wenn du heute diese Überzeugung gewinnst, wird jede Not heute und für alle Zeiten abgewendet sein; du wirst unverzüglich aus dem Reichtum des Schöpfers Nutzen ziehen; denn was du benötigst, ist schon auf deinem Pfad.

Eine Frau vergegenwärtigte sich plötzlich: »Der Herr ist mein Hirte; mir wird nichts mangeln.« Es kam ihr vor, als ob sie ihre unsichtbare Versorgung berühre; sie fühlte sich außerhalb von Zeit und Raum, sie verließ sich nicht mehr auf das Äußere.

Ihr erster Beweis war klein, aber notwendig. Sie brauchte sofort einige große Papierklammern, hatte aber nicht die Zeit, zu einem Schreibwarenhändler zu gehen und sie dort zu kaufen. Als sie nach etwas anderen suchte, öffnete sie ein selten gebrauchtes Kästchen und darin fand sie etwa ein Dutzend große Papierklammern. Sie fühlte, dass das Gesetz wirkte und dankte dafür; dann erhielt sie etwas Geld, das sie notwendig brauchte, große und kleine Dinge kamen ihr zu.

Seither hat sie sich auf den Spruch verlassen: »Der Herr ist mein Hirte, mir wird nichts mangeln.«

Wir hören manche Menschen öfters sagen: »Ich halte es nicht für richtig, Gott um Geld oder Sachen zu bitten.«

Sie vergegenwärtigen sich nicht, dass dieses schaffende Grundgesetz jedem Menschen innewohnt. – (Der Vater inwendig in dir.)

Wahre Geistigkeit beweist Gott als deine Versorgung täglich – nicht nur hie und da.

Jesus Christus kannte dieses Gesetz; denn was er auch wünschte und verlangte, erschien auf seinem Weg; die Brotlaibe und Fische und Geld aus dem Maul des Fisches.

Bei dieser Überzeugung würde alles Horten und Sparen aufhören. Das bedeutet nicht, dass du nicht ein großes Bankkonto und Anlagen haben sollst, es bedeutet jedoch, dass du dich nicht darauf verlassen sollst, denn wenn du auf der einen Seite einen Verlust hättest, würdest du auf der anderen Seite einen Gewinn haben. »Deine Scheunen würden immer voll sein und deine Kelter überfließen.« Wie stellt man nun diese Verbindung mit seiner unsichtbaren Versorgung her? Indem man einen passenden Wahrheitsspruch annimmt, der die Verwirklichung bringt. Dieses gilt nicht nur für einige wenige Auserwählte: »Wer auch immer den Namen des Herrn anruft, soll erlöst werden.« Der Herr ist dein Hirte und mein Hirte und jedermanns Hirte.

Gott ist die höchste Intelligenz, geweiht, menschliche Bedürfnisse zu befriedigen. Die Erklärung ist, dass der Mensch Gott in Tat ist. Jesus Christus sagte: »Ich und der Vater sind eins.«

Wir können den Ausspruch umschreiben und sagen: »Ich und das große schaffende Gesetz des Universums sind ein und dasselbe.« Der Mensch leidet nur Mangel, wenn er seine Verbindung mit diesem schaffenden Gesetz verliert, dem er völlig vertrauen muss, denn er ist reine Intelligenz und kennt den Weg der Erfüllung.

Der überlegene Verstand und persönlicher Wille sind die Ursachen für einen geistigen Kurzschluss.

»Hoffe auf mich und ich will es vollbringen.«

Die meisten Menschen sind von Besorgnis und Furcht erfüllt, wenn sie nichts haben, an dem sie sich äußerlich festhalten können.

Eine Frau kam zu einem Arzt und sagte: »Ich bin nur eine arme Frau und habe keinen anderen Halt als Gott.« Der Arzt sagte: »Sie brauchen keine Angst zu haben, wenn Gott Ihr Halt ist; denn alles, was das Himmelreich bietet, ist dein.«

Eine Frau rief mich an und sagte fast weinerlich: »Ich bin so in Sorge wegen der Geschäftslage.« Ich antwortete: »Die Lage bei Gott bleibt dieselbe! Der Herr ist dein Hirte; dir wird nichts mangeln!«

»Wenn eine Tür sich verschließt, öffnet sich eine andere.«

Ein erfolgreicher Geschäftsmann, der alle seine Geschäfte nach Methoden der Wahrheit leitete, sagte: »Mit den meisten Menschen hat man deshalb Plage, weil sie auf gewisse Bedingungen aufgebaut haben. Sie haben nicht genug Vorstellungskraft, um weiter zu sehen. – Um neue Kanäle zu öffnen.«

Fast jeder große Erfolg ist auf einem Misserfolg aufgebaut. Man erzählte mir, dass Edgar Bergen seine Rolle in einer Vorstellung am Broadway verlor, weil man keine Statisten mehr brauchte. Noel Coward brachte ihn zur Rudy Vallee Radiostunde, und er und Charlie Mc Carthy wurden über Nacht berühmt.

Bei einer meiner Versammlungen erzählte ich die Geschichte von einem Mann, der so arm und mutlos war, dass er alles aufgab. Einige Tage später kam ein Brief, der ihn in Kenntnis setzte, dass er ein großes Vermögen geerbt habe. Ein Mann in der Versammlung sagte: »Das heißt, wenn du tot sein willst, dann steht der Beweis der Hilfe noch drei Tage aus.«

Ja, lasse dich nicht irre machen durch die Dunkelheit vor der Morgendämmerung. Es tut gut, wenn man hin und wieder die Morgendämmerung sieht, um sich überzeugen zu lassen, wie unfehlbar sie kommt. Das erinnert mich an ein Erlebnis, das ich vor mehreren Jahren hatte.

Ich hatte eine Freundin, die in Brooklyn in der Nähe des Prospect Parks wohnte, sie tat gerne etwas Ungewöhnliches: »Komm und besuche mich, wir wollen früh aufstehen und den Sonnenaufgang im Prospect Park sehen.«

Zuerst lehnte ich ab, dann kam der Anreiz, dass es ein interessantes Erlebnis sein werde. Es war im Sommer. Wir standen etwa um vier Uhr auf, meine Freundin, ihre kleine Tochter und ich. Es war stockfinster, aber wir machten uns auf, gingen die Straße hinunter zum Parkeingang.

Einige Polizisten beguckten uns neugierig, aber meine Freundin sagte zu ihnen voller Würde: »Wir wollen den Sonnenaufgang sehen«, und die Worte schienen sie zu befriedigen. Wir wandelten durch den Park bis zu dem schönen Rosengarten.

Ein zarter Rosastreifen erschien im Osten, dann hörten wir plötzlich ein schreckliches Aufbrüllen. Wir waren in der Nähe des zoologischen Gartens und alle Tiere grüßten den Tagesanbruch. Die Löwen und Tiger brüllten, die Hyänen lachten, da war ein Kreischen und Heulen; jedes Tier hatte etwas zu sagen, denn ein neuer Tag brach an.

Es war in der Tat höchst eindrucksvoll. Das Licht schoss durch die Bäume, alles hatte ein überirdisches Aussehen.

Dann, als es heller wurde, war unser Schatten vor uns, statt hinter uns. Der Anbruch eines neuen Tages.

Das ist die wundervolle Morgendämmerung, die zu jedem von uns kommt, nach irgendeiner Dunkelheit.

Dein Morgendämmern des Erfolges, des Glücks, der Fülle wird kommen. Jeder Tag ist bedeutend; denn wir lesen in dem wunderbaren Sanskritgedicht: »Schau daher gut auf diesen Tag, so lautet der Gruß der Morgendämmerung.« Diesen Tag ist der Herr dein Hirte; heute wird dir nichts mangeln. Da du und dieses große Gesetz des Schaffens ein und dasselbe sind.

Der 34. Psalm ist auch ein Psalm der Sicherheit. Er beginnt mit einem Lob auf den Herrn: »Ich will den Herrn loben zu allen Zeiten; sein Lob soll immerfort in meinem Munde sein.« »Die den Herrn suchen, haben keinen Mangel an irgendeinem Gut.« Den

Herrn suchen, das bedeutet, dass der Mensch den ersten Schritt machen muss.

»Komm her zu mir und ich will zu dir kommen«, spricht der Herr.

Du suchst den Herrn, indem du deine Bejahung sprichst, das Gute erwartest und vorbereitest. Wenn du um Erfolg bittest und dich auf Fehlschlag vorbereitest, wirst du das empfangen, auf was du dich vorbereitet hast. Ich erzähle in meinem Buch »Das Lebensspiel und seine Regeln« von einem Mann, der mich bat, das Wort zu sprechen, dass alle seine Schulden getilgt würden. Nach der Behandlung sagte er: »Nun überlege ich, was ich den Leuten sagen werde, wenn ich kein Geld habe, um sie zu bezahlen.« Eine Behandlung wird dir nichts nützen, wenn du keinen Glauben daran hast, denn Glaube und Erwartung wirken auf das Unterbewusstsein durch die Vorstellung der Erfüllung.

Im 23. Psalm lesen wir: »Er erquickt meine Seele.« Deine Seele ist dein Unterbewusstsein und muss mit den rechten Gedanken gefüllt werden. Was du tief empfindest, wird deinem Unterbewusstsein eingeprägt und offenbart sich in deinen Geschäften.

Wenn du überzeugt bist, dass du ein Versager bist, wirst du ein Versager sein, bis du deinem Unterbewusstsein einprägst, dass du Erfolg haben wirst. Das geschieht dadurch, dass du eine passende Bejahung sprichst.

Eine Freundin sagte bei einer Versammlung, dass ich ihr beim Verlassen des Zimmers den Spruch gegeben habe: »Der Grund, auf dem du stehst, ist Erntegrund.« Bisher war alles bei ihr eintönig gewesen. Aber dieser Spruch wirkte. »Erntegrund, Erntegrund«, klang es in ihren Ohren. Unmittelbar darauf begann Gutes zu ihr zu kommen und manche glückliche Überraschung.

Der Grund für die Notwendigkeit einer Bejahung liegt darin, dass Wiederholung derselben das Unterbewusstsein beeinflusst. Du kannst anfangs deine Gedanken nicht zügeln, wohl aber deine Worte, und Jesus Christus sagte: »Durch eure Worte werdet ihr gerechtfertigt und durch eure Worte werdet ihr verurteilt.« Wähle jeden Tag die rechten Gedanken und die rechten Worte!

Wir haben alle eine Bank, auf der wir abheben können: die Bank der Vorstellung. Wir wollen uns vorstellen, dass wir reich, gesund und glücklich sind, dass alle unsere Angelegenheiten göttlich geordnet sind; doch die Art der Erfüllung wollen wir der unendlichen Intelligenz überlassen. »Er hat Waffen, von denen ihr nichts wisst.« Er hat Möglichkeiten, die euch überraschen werden. Eine der bedeutendsten Stellen im 23. Psalm lautet: »Du bereitest einen Tisch für mich in der Gegenwart meiner Feinde.« Dass heißt, sich selbst in Gegenwart einer feindlichen Stellung, die durch deine Zweifel, deine Ängste, deinen Groll entstanden ist, ein Ausweg für dich bereitet ist.

»Der Herr ist mein Hirte; mir wird an nichts mangeln.«

Schaue mit Verwunderung

»Darum gedenke ich an die Taten des Herrn ja ich gedenke an deine vorigen Wunder.«

Psalm 77, 1

Die Worte Wunder und wunderbar werden in der Bibel sehr oft gebraucht. Im Wörterbuch wird das Wort Wunder ausgelegt als »Ursache der Überraschung, des Erstaunens, als Mirakel, als Unglaubliches«.

Ouspensky nennt in seinem Buch »Tertium Organum« die Welt der vierten Dimension die Welt des Wunderbaren. Er hat mathematisch ausgerechnet, dass es ein Reich gibt, wo alle Zustände vollkommen sind. Jesus Christus nannte es das Reich Gottes. Wir können sagen: »Suche die Welt des Wunderbaren und alles wird euch zufallen.« Es kann nur durch einen Zustand des Bewusstseins erreicht werden.

Jesus Christus sagte, um in das Reich Gottes zu kommen, müssen wir werden »wie ein kleines Kind«. Kinder sind beständig in einem Zustand der Freude und des Wunders.

Die Zukunft hält Versprechen von geheimnisvollem Gutem. Irgendetwas kann über Nacht geschehen.

Robert Louis Stevenson sagt in dem Buch »Der Reimgarten eines Kindes«: »Die Welt ist so voll von schönen Sachen, die sollten uns glücklich wie Könige machen.«

»Lasst uns voller Verwunderung das betrachten, was vor uns liegt.« Diesen Spruch bekam ich vor vielen Jahren. Ich erwähne ihn in dem Buch »Das Lebensspiel und seine Regeln«.

Ich hatte eine Gelegenheit verpasst und spürte, dass ich für mein Gutes hätte aufmerksamer sein sollen. Am folgenden Tag sagte ich meinen Spruch am frühen Morgen. »Ich schaue voll Verwunderung auf das, was vor mir liegt.«

Mittags klingelte das Telefon und der Vorschlag wurde mir noch einmal unterbreitet. Diesmal griff ich zu. Ich schaute wirklich voll Verwunderung auf, denn ich hatte kaum erwartet, dass sich die Gelegenheit noch einmal bieten würde.

Neulich erzählte mir eine Freundin in einer meiner Versammlungen, dass ihr dieser Spruch wunderbare Ergebnisse gebracht habe. Er erfüllt das Bewusstsein mit glücklicher Erwartung.

Kinder sind von glücklicher Erwartung erfüllt, bis erwachsene Menschen und unglückliche Erfahrungen sie aus der Welt des Wunderbaren herausreißen!

Schauen wir einmal zurück und erinnern und an die düsteren Gedanken, die uns vermittelt wurden: »Iss die fleckigen Äpfel zuerst!« »Erwarte nicht zu viel, dann wirst du nicht enttäuscht werden!« »Du kannst in diesem Leben nicht alles haben!« »Die Kindheit ist deine glücklichste Zeit: Niemand weiß, was die Zukunft bringen wird.« Was für ein Anfang im Leben!

Das sind einige der Eindrücke, die ich in früher Kindheit erhielt. Im Alter von sechs Jahren hatte ich ein großes Verantwortungsgefühl, statt mit Verwunderung das anzuschauen, was vor mir lag. Ich schaute voller Furcht und Argwohn.

Ich fühle mich heute viel jünger als damals mit sechs Jahren. Ich habe eine Fotografie, die ungefähr zu jener Zeit aufgenommen wurde: Ich greife nach einer Blume, aber mit sorgenvollem und hoffnungslosem Ausdruck. Ich hatte die Welt des Wunderbaren hinter mir gelassen. Ich lebte nun in der Welt der Wirklichkeiten, wie die Älteren mir sagten, und sie war weit davon entfernt, wundervoll zu sein.

Es ist ein großes Vorrecht für die Kinder, in diesem Zeitalter zu leben, da sie von ihrer Geburt an die Wahrheit gelehrt werden. Selbst wenn sie nicht wirkliche Metaphysik gelehrt werden, die Luft ist doch erfüllt von froher Erwartung.

Du kannst eine Shirley Temple oder ein Freddy Bartholomew oder mit sechs Jahren ein großer Pianist werden und auch eine Konzertreise geben.

Wir sind jetzt alle wieder in der Welt des Wunderbaren, wo alles über Nacht geschehen kann, denn wenn Wunder geschehen, kommen sie schnell!

So lasst uns »wunderbewusst« werden. Bereitet euch auf Wunder vor, erwartet Wunder und dann laden wir sie in unser Leben ein.

Brauchst du ein finanzielles Wunder? Es gibt eine Versorgung für jeden Bedarf; durch tätigen Glauben, das Wort und die Eingebung lösen wir diese unsichtbare Versorgung aus.

Ich will ein Beispiel geben: Eine meiner Schülerinnen war fast ohne Mittel, sie benötigte 1000 Dollar, sie hatte einst sehr viel Geld und schöne Besitzungen, aber es war ihr nichts geblieben als ein Hermelinumhang, doch kein Pelzhändler wollte ihr viel dafür geben. Ich sprach das Wort, dass er entweder der rechten Person zum rechten Preis verkauft werde oder das die Versorgung in irgendeiner anderen Art kommen werde. Es war notwendig, dass das Geld sofort aufschien, es war keine Zeit zum Zaudern oder Überlegen. Auf der Straße sagte sie ihre Bejahungen. Es war ein stürmischer Tag – sie sagte zu sich: »Ich werde tätigen Glauben in meine unsichtbare Versorgung zeigen und ein Taxi nehmen.« Es war ein starker Anstoß. Als sie, an ihrem Ziel angekommen, ausstieg, wartete eine Frau.

Es war eine alte Bekannte, eine sehr, sehr liebe Freundin, die eben in das Taxi einsteigen wollte. Es war das erste Mal in ihrem Leben, dass sie ein Taxi nahm, aber ihr Wagen war an diesem Tag nicht fahrbereit. Sie plauderten und meine Freundin erzählte ihr von ihrem Hermelinumhang; ihre Freundin sagte: »Ei, ich will dir 1000 Dollar dafür geben«, und an jenem Nachmittag erhielt sie den Scheck. Gottes Wege sind wunderbar, seine Methoden sind sicher. Eine Schülerin schrieb mir freudig, dass sie diesen Spruch gebrauche: »Gottes

Wege sind wunderbar, seine Methoden sind sicher.« Eine Reihe unerwarteter Begebenheiten brachten eine Lage, die sie wünschte. Voller Verwunderung schaute sie auf das Wirken des Gesetzes.

Unsere Beweise kommen meist innerhalb des Bruchteils einer Sekunde. In Gottes Geist ist alles mit verblüffender Genauigkeit zeitlich geregelt.

Meine Schülerin verließ den Wagen gerade, als ihre Freundin anhielt, um einzusteigen; eine Sekunde später würde sie ein anderes Taxi gerufen haben.

Aufgabe des Menschen ist es, hell wach zu sein für die innere Führung und Zügelung; denn auf dem Zauberpfad der Eingebung liegt alles, was er wünscht oder braucht.

In Maultons Bibel für moderne Leser wird das Buch der Psalmen als das Vollkommenste lyrischer Dichtung anerkannt.

»Die musikalische Meditation, die das Wesen der Lyrik ist, kann kein höheres Gefilde finden als den frommen Geist, der sich zum Dienste Gottes erhebt und auf den verschiedenen Serien tätigen und nachdenklichen Lebens überfließt.«

Die Psalmen sind auch menschliche Dokumente und ich habe den 77. Psalm ausgewählt, weil er das Bild eines verzweifelten Menschen gibt, aber indem er die Wunder Gottes betrachtet, werden ihm Glaube und Sicherheit gegeben.

»Ich schreie mit meiner Stimme zu Gott, zu Gott schreie ich und er erhört mich. In der Zeit der Not suche ich den Herrn, denn meine Hand ist des Nachts ausgestreckt und lässt nicht ab; meine Seele will sich nicht trösten lassen. Wird denn der Herr ewiglich verstoßen und keine Gnade mehr zeigen? Hat Gott vergessen, gnädig zu sein, und seine Barmherzigkeit vor Zorn verschlossen? Aber doch sprach ich: Ich muss das leiden; die rechte Hand des Höchsten kann alles ändern. Darum gedenke ich an die Taten des Herrn, ja, ich gedenke an deine vorigen Wunder und rede von deinen Werken und sage von deinem Tun. Gott, dein Weg ist heilig. Wo ist so ein mächtiger Gott, als du, Gott, bist? Du bist der Gott, der Wunder tut; du hast deine Macht bewiesen unter den Völkern.« Dies ist ein Bild dessen, was der durchschnittliche Wahrheitssucher durchgeht, wenn ihm ein Problem gegenübertritt; er wird von Gedanken des Zweifels, der Furcht und der Verzweiflung angegriffen. Dann durchblitzt ein Ausspruch der Wahrheit sein Bewusstsein – »Gottes Wege sind wunderbar, seine Methoden sind sicher!« Er erinnert sich anderer Schwierigkeiten, die überwunden worden sind, sein Gottvertrauen kehrt zurück. Er denkt: »Was Gott früher getan hat, das und noch viel mehr wird er für mich tun.« Kürzlich sprach ich mit einer Freundin, die sagte: »Ich würde recht verstockt sein, wenn ich nicht glaubte, dass Gott mein Problem lösen kann. So oft habe ich schon Wunderbares erlebt. Ich weiß, dass es wieder geschehen wird!«

So ist also dies die Zusammenfassung des 77. Psalms: »Was Gott früher getan hat, das und noch viel mehr tut er jetzt für mich.«

Wenn du an deinen früheren Erfolg oder Reichtum, an dein früheres Glück denkst, ist es gut, wenn du sagst: »Aller Verlust von deinen eitlen Eingebungen; Furcht vor Verlust kroch in dein Bewusstsein.« Du trugst Lasten und kämpftest Kämpfe, du überlegtest, statt dem Zauberpfad der Eingebung zu folgen.

Aber in einem Augenblick wird dir alles wieder gegeben werden – denn wie sie im Osten sagen: »Was Allah gegeben hat, kann nicht gemindert werden.«

Um nun zum kindlichen Zustand des Bewusstseins zurückzugelangen, sollst du von Wundern erfüllt sein, doch hüte dich davor, in deiner vergangenen Kindheit zu leben.

Ich kenne Menschen, die nur so an die glücklichen Tage der Kindheit zurückdenken können: Sie denken an das, was sie anhatten. Kein Himmel war je so blau oder Gras so grün. Daher verpassten sie die Gelegenheiten des Wunderbaren jetzt.

Ich will eine unterhaltende Geschichte erzählen von einer Freundin, die als junges Mädchen in einer Stadt wohnte und später in eine andere übersiedelte. Sie dachte immer an das Haus zurück, wo sie zuerst gewohnt hatte; für sie war es ein Zauberschloss. Groß, geräumig und glanzvoll. Viele Jahre später, als sie erwachsen war, hatte sie Gelegenheit, dieses Haus zu besuchen. Sie war enttäuscht; es kam ihr klein, muffig, hässlich vor. Ihre Vorstellung vom Schönen hatte sich völlig geändert.

Wenn du in deine Vergangenheit zurückgehen würdest, würde es nicht dasselbe sein. In der Familie dieser Freundin nannte man in der Vergangenheit leben »Hunde-Fesseln«. Ihre Schwester erzählte mir eine Geschichte von ihrem Hunde-Fesseln. Als sie etwa sechzehn Jahre alt war, begegnete sie im Ausland einem sehr feschen und romantischen jungen Mann, einem Künstler. Diese Romantik dauerte nicht lange, aber sie erzählte dem Mann, den sie später heiratete, eine Menge davon.

Jahre vergingen, der junge Mann war ein bekannter Künstler geworden und er kam in dieses Land, um eine Ausstellung seiner Bilder veranstalten. Meine Freundin war von Aufregung erfüllt und sie suchte ihn auf, um die Freundschaft zu erneuern. Sie ging in seine Ausstellung, und dann kam ein stattlicher Geschäftsmann herein – keine Spur war geblieben von dem feschen, romantischen Jüngling! Als sie es ihrem Mann erzählte, sagte er nur: »Hunde-Fesseln!«

Bedenke: »Jetzt ist die bestimmte Zeit! Heute ist der Tag!« – und dein Gutes kann über Nacht eintreten.

Schaue voll Verwunderung auf das, was vor dir liegt! Wir sind von göttlicher Erwartung erfüllt: »Ich will dir die Jahre zurückgeben, die dir die Heuschrecken gefressen haben!« – Nun denke jedes an das Gute, das so schwer erreichbar scheint.

Sei es Gesundheit, Wohlstand oder vollkommener Selbstausdruck.

Denke nicht, wie dein Gutes sich erfüllen kann, danke nur dafür, dass du schon empfangen hast, daher sind auch die Schritte, die dahin führen, gesichert.

Sei immer hell wach für die Führung der Eingebung, und plötzlich befindest du dich im gelobten Land.

»Ich schaue mit Verwunderung auf das, was vor mir liegt.«

Ergreife dein Gutes

»Und soll geschehen, ehe sie rufen, will ich antworten; wenn sie noch reden, will ich hören.«

Jesaja 65, 24

Ergreife dein Gutes! Dies ist eine neue Redensart für. »Ehe sie rufen, will ich antworten.« Dein Gutes geht dir voran; es kommt vor dich hin. Aber wie sollst du dein Gutes ergreifen? Du musst Ohren haben, um zu hören, und Augen, um zu sehen, sonst wird es dir entrinnen. Manche Menschen ergreifen ihr Gutes im Leben nie; sie pflegen zu sagen: »Mein Leben war immer ein Mühseliges, für mich kommt nie eine gute Zeit.« Das sind Menschen, die ihre Gelegenheiten verschlafen oder die aus Trägheit ihr Gutes nicht ergriffen haben.

Eine Frau erzählte einer Gruppe von Bekannten, dass sie drei Tage nichts gegessen habe. Sie liefen herum und baten ihre Freundinnen, ihr Arbeit zu geben; aber sie lehnte sie ab. Sie erklärte, dass sie nie vor zwölf Uhr aufstehe, dass es ihr gefalle, im Bett zu liegen und Zeitschriften zu lesen.

Sie wollte nur, dass die Menschen sie unterstützten, während sie »Vogue« und »Harper's Bazaar« las. Wir müssen uns davor hüten, in einen Zustand der Trägheit zu verfallen. Nimm diesen Ausspruch: »Ich bin hell wach für mein Gutes, ich lasse mir nie eine gute Gelegenheit entgehen.« Die meisten Menschen sind für ihr Gutes nur halb wach.

Eine Studentin sagte mir: »Wenn ich nicht auf die Zügel achte, fahre ich mich fest im Gedränge.«

Ich will die Geschichte einer Frau, einer meiner Schülerinnen, erzählen, welche der Führung ihrer Eingebung folgte, was erstaunliche Ergebnisse zeitigte. Sie wurde eingeladen, Bekannte in der nahen Stadt zu besuchen. Sie hatte sehr wenig Geld. Als sie an ihr Ziel kam, war das Haus verschlossen; sie waren weggegangen; sie war verzweifelt, dann begann sie zu beten.

Sie sagte: »Unendliche Intelligenz, gib mir eine bestimmte Führung, lass mich wissen, was ich jetzt tun soll.« Der Name eines bestimmten Hotels kam ihr in den Sinn – er blieb darin haften – der Name schien in großen Lettern vor ihr zu stehen. Sie hatte gerade genug Geld, um nach New York und zum Hotel zu kommen. Als sie eintrat, kam ihr plötzlich eine alte Bekannte entgegen, die sie herzlich begrüßte und die sie seit vielen Jahren nicht mehr gesehen hatte. Sie erklärte mir, dass sie im Hotel wohne, aber auf einige Monate fortgehen wolle, und sie fügte hinzu: »Möchtest du nicht in meinen Räumen wohnen, solange ich weg bin, es wird dich keinen Cent kosten.« Meine Freundin nahm dankbar an, und erstaunt schaute sie auf das Wirken des geistigen Gesetzes.

Sie hatte das Gute ergriffen, indem sie ihrer Eingebung folgte.

Alles Vorwärtsgehen kommt vom Wünschen. Die heutige Wissenschaft geht zurück auf Lamarck und seine Theorie: Kraft des Wünschens. Er behauptet, dass die Vögel nicht fliegen, weil sie Flügel haben, sondern sie haben Flügel, weil sie fliegen wollten. Das Ergebnis der »Anstrengung des treibenden Wunsches«.

Denk an die unwiderstehliche Gewalt des Gedankens mit klarer Absicht. Viele Menschen sind die meiste Zeit in einem Nebel, treffen falsche Entscheidungen und gehen den falschen Weg.

Während der Weihnachtseinkäufe sagte ein Mädchen zu einer Verkäuferin in einem der großen Geschäfte: »Das ist wohl Ihr arbeitsreichster Tag?« »Oh nein«, erwiderte sie, »der Tag nach Weihnachten ist für uns der arbeitsreichste, wenn die Leute die meisten Sachen zurückbringen.« Hunderte von Menschen, die die falschen Geschenke aussuchten, weil sie nicht auf ihre intuitive Führung gehört haben. Ganz gleich, was du tust, bitte um Führung. Sie spart Zeit und Kraft und oft lebenslanges Elend.

Alles Leiden kommt von der Nichtbeachtung der Intuition. Wenn nicht unmittelbar Intuition das Haus baut, arbeiten die vergebens, die es bauen. Gewöhne dich daran, auf diese Intuition zu achten, dann wirst du immer auf dem rechten Wege sein.

»Und soll geschehen, ehe sie rufen, will ich antworten; wenn sie noch reden, will ich hören.«

Wenn wir mit dem geistigen Gesetz arbeiten, bringen wir das heran, was schon ist. Im universellen Geist ist es schon als Idee vorhanden, aber durch einen aufrichtigen Wunsch kristallisiert es sich nach außen.

Die Idee eines Vogels war ein Bild im göttlichen Geist. Die Fische nahmen diese Idee auf und wollten selbst Vögel werden. Bringen deine Wünsche dir Flügel? Wir sollten alle etwas scheinbar Unmögliches zuwege bringen.

Eine meiner Bejahungen lautet: »Das Unerwartete geschieht; mein scheinbar Unmögliches kommt zuwege.«

Vergrößere nicht deine Hindernisse, verherrliche den Herrn – das bedeutet: Verherrliche Gottes Macht.

Der Durchschnittsmensch wird bei allen Hindernissen und Hemmungen, die da sind, verweilen, und hält dadurch das Gute ab, das sich einstellen will.

»Du verbindest dich mit dem, was du mit Aufmerksamkeit behandelst«, wenn du also Hindernissen und Hemmungen deine ungeteilte Aufmerksamkeit schenkst, werden sie immer schlimmer.

Gib Gott deine ungeteilte Aufmerksamkeit. Im Angesicht aller Hindernisse sage unentwegt leise: »Gottes Wege sind wunderbar, seine Methoden sind sicher.«

Gottes Macht ist unbesiegbar. »Rufe mich und ich werde dir antworten und dir große und mächtige Dinge zeigen, die du nicht kennst.«

»Wenn wir unser Gutes beweisen, müssen wir von widerlichen Äußerlichkeiten wegsehen; urteilt nicht nach dem äußeren Schein.«

Nimm einen Spruch, der dir ein Gefühl der Sicherheit geben wird: »Der lange Arm Gottes reicht über Menschen und Verhältnisse, prüft die Lage und schützt meine Interessen.«

Ich wurde gebeten, das Wort für einen Mann zu sprechen, der eine Geschäftsunterredung mit einer scheinbar skrupellosen Person haben sollte. Ich wendete den Spruch an und Recht und Gerechtigkeit ergaben sich aus der Lage, gerade zu der Zeit, als ich sprach.

Wir haben alle die Aussage von Sprichwörtern gehört: »Verzögerte Hoffnung lässt das Herz krank werden, aber wenn die Erfüllung kommt, ist sie ein Baum des Lebens.« Wenn wir aufrichtig wünschen (ohne Ängstlichkeiten), ergreifen wir das Gewünschte und der Wunsch kristallisiert siech nach außen. »Ich will dir die rechten Wünsche deines Herzens geben.«

»Selbstsüchtige Wünsche, Wünsche, die anderen schaden, bringen dem Urheber immer Schaden.«

Der rechte Wunsch könnte ein Echo aus dem Unendlichen genannt werden. Er ist schon vollkommener Gedanke im göttlichen Geist.

Alle Erfinder ergreifen die Idee jener Dinge, die sie erfinden. Ich sage in meinem Buch »Das Lebensspiel und seine Regeln«, das Telefon suchte die Glocke.

Oft entdecken zwei Menschen zur gleichen Zeit die gleichen Erfindungen, ihre Gedanken stimmen überein.

Das Wichtigste im Leben ist, den göttlichen Plan zu offenbaren. Genau so, wie das Bild der Eiche schon in der Eichel enthalten ist, so ist auch der göttliche Plan deines Lebens in deinem Überbewusstsein und du musst das vollkommene Muster in deinen Angelegenheiten ausarbeiten. Du wirst dann ein magisches Leben führen, denn nach dem göttlichen Plan sind alle Zustände dauernd vollkommen. Die Menschen trotzen dem göttlichen Plan, wenn sie gegenüber ihren Möglichkeiten schlafen. Vielleicht sollte die Frau, die den größten Teil des Tages im Bett lag und Zeitschriften las, für Zeitschriften schreiben, doch ihre zur Gewohnheit gewordene Trägheit stumpfte jeden Wunsch, vorwärts zu kommen, ab.

Die Fische, die Flügel wünschten, waren munter und wachsam, sie verbrachten ihre Tage nicht auf dem Bett des Ozeans mit der Lektüre von »Vogue« und »Harper's Bazaar«.

Erwache, der du schläfst, und ergreife dein Gutes.

»Rufe mich und ich werde dir antworten und dir große und mächtige Dinge zeigen, die du nicht kennst.«

Ich ergreife nun mein Gutes, denn ehe ich rief, wurde mir geantwortet.

Flüsse in der Wüste

»Denn siehe, ich will ein Neues machen, jetzt soll es aufwachsen; und ihr werdet erfahren, dass ich Wege in der Wüste mache und Wasserströme in der Einöde.«

Jesaja 43

In diesem 43. Kapitel von Jesaja sind wunderbare Aussprüche, welche die unwiderstehliche Macht höherer Intelligenz zeigen, die sehend in der Zeit der Not zu Hilfe kommt, gleich, wie unmöglich die Lage scheint, die unendliche Intelligenz zeigt den Ausweg.

Wenn der Mensch mit Gottes Macht arbeitet, wird er unbedingt und absolut. Wir wollen uns eine Vorstellung von dieser verloren gegangenen Macht machen, die wir in jedem Augenblick rufen können. Stelle deine Verbindung mit der unendlichen Intelligenz her (Gott in dir), und jeder Schein vom Bösen verflüchtigt sich, denn dieser kommt aus den »eitlen Einbildungen« des Menschen.

In meinen Frage- und Antwort-Klassen werde ich immer wieder gefragt: »Wie stellen Sie eine bewusste Verbindung mit dieser unsichtbaren Macht her?«

Ich erwiderte: »Durch mein Wort.« »Durch dein Wort wirst du gerechtfertigt.« (Jesus Christus)

Der Hauptmann sagte zu Jesus Christus: »Sprich das Wort, Herr, und mein Knecht wird gesund.«

»Wer den Namen des Herrn anruft, soll erlöst werden.« Beachte das Wort »anruft«: Du rufst den Herrn des Gesetzes an, wenn du eine Bejahung (Aussage) der Wahrheit machst.

Wie ich immer sage, nimm einen Ausspruch an, der zutrifft, das heißt, der dir ein Gefühl der Sicherheit gibt.

Die Menschen sind versklavt (gekettet, geknechtet) durch Vorstellungen des Mangels: Mangel an Liebe, Mangel an Gesellschaft, Mangel an Gesundheit usw.

Sie sind geknechtet durch die Gedanken der Einmischung und der Unvollkommenheit. Sie schlafen den adamschen Schlaf: Adam (der Stammvater) aß von »Maya«, dem Baum der Täuschung, und sah zwei Kräfte, das Gute und das Böse.

Es war der christliche Auftrag, die Menschen für die Wahrheit der einen Macht, für Gott, zu erwecken. »Wache auf, der du schläfst.« Wenn dir irgendetwas Gutes fehlt, dann schläfst du für dein Gutes. Wie erwachst du aus dem adamschen Traum der Gegensätze, nachdem du Jahrhunderte in diesen angeborenen Gedanken fest geschlafen hast?

Jesus Christus sagte: »Wenn zwei von euch übereinstimmen, so soll es geschehen.« Es ist das Gesetz der Übereinstimmung.

Es scheint manchmal unmöglich, dein Gutes selbst klar zu sehen; dann ist der Heiler (Heilende, Heiland), der Arzt oder der Freund nötig. Viele erfolgreiche Männer sagen, sie hätten Erfolg gehabt, weil ihre Frau an sie glaubte.

Aus einer jetzt erscheinenden Zeitung will ich Walter P. Chryslers Anerkennung für seine Frau zitieren: »Nichts«, so sagte er einst, »hat mir in meinem Leben mehr Befriedigung gegeben, als die Art, wie meine Frau an mich geglaubt hat von allem Anfang an, durch all diese Jahre.«

Chrysler schrieb von ihr: »Es schien mir, dass ich niemandem außer Della begreiflich machen konnte, dass ich ehrgeizig war. Ihr konnte ich davon erzählen und sie nickte. Ich wagte es sogar, ihr zu sagen, dass ich eines Tages Mechanikermeister werden wolle.« Sie unterstützte stets seinen Ehrgeiz.

Rede über deine Anliegen so wenig als möglich und dann nur mit solchen Menschen, die dich ermutigen und begeistern. Die Welt ist voll von Menschen, die dir sagen, »das kann man nicht machen«, dass du viel zu hoch hinaus willst.

Wenn die Menschen in den Wahrheits-Versammlungen oder Gottesdiensten beisammensitzen, öffnet oft ein Wort oder Gedanke einen Weg in der Wüste.

Natürlich spricht die Bibel von Zuständen des Bewusstseins.

Du bist in einer Einöde, wenn du nicht in Harmonie bist – wenn du verärgert bist, grollst, dich ängstigst oder unentschlossen bist. Unentschlossenheit ist die Ursache von vielen Krankheiten, da du dich nicht »entschließen« kannst.

Eines Tages, als ich in einem Omnibus fuhr, hielt eine Frau ihn an und fragte den Schaffner nach dem Endziel. Er sagte es ihr; aber sie war unentschlossen. Sie stieg halb ein, dann wieder aus und dann wieder ein: Der Schaffner wandte sich ihr zu und sagte: »Bitte, entschließen Sie sich.«

Der intuitive Mensch ist nie unentschlossen: Er erhält seine Führung und geht kühn voran, da er weiß, dass er auf dem Zauberpfad ist.

In der Wahrheit bitten wir immer um bestimmte Leitgedanken für das, was wir zu tun haben; du wirst jederzeit einen bekommen, wenn du darum bittest. Manchmal kommt er als Eingebung, manchmal von außen.

Eine meiner Schülerinnen namens Ada ging die Straße hinunter, unentschlossen, ob sie an einen bestimmten Ort gehen sollte oder nicht; sie bat um einen Leitspruch; zwei Frauen gingen vor ihr her. Eine wandte sich an die andere und fragte: »Warum gehst du nicht, Ada?« Der Name der Frau war zufällig auch Ada, - meine Freundin hielt dies für eine Führung und ging an den betreffenden Ort; das Ergebnis brachte ihr Erfolg.

Wir führen wirklich ein magisches Leben, auf jedem Schritt geführt und versorgt, wenn wir Ohren haben, um zu hören, und Augen, um zu sehen. Natürlich haben wir die Ebene des Verstandes zu verlassen und empfangen dann vom Unterbewusstsein, dem Gott in uns, der sagt: »Dies ist dein Weg, gehe ihn!« Was du wissen solltest, wird dir offenbart. Was dir fehlt, wird dir verschafft werden! »So spricht der Herr, der einen Weg im Meer und einen Pfad in den mächtigen Wassern macht.« »Gedenke nicht der früheren Dinge, betrachte auch nicht die Dinge von ehedem.« Menschen, die in der Vergangenheit leben, haben ihre Verbindung mit dem wunderbaren Jetzt aufgegeben. Gott kennt nur das Jetzt. Jetzt ist die bestimmte Zeit, heute ist der Tag. Viele Menschen führen ein Leben der Einschränkung, des Hortens und Sparens, ängstigen sich, das zu gebrauchen, was sie haben, was mehr Mangel und Beschränkung bringt.

Ich gebe das Beispiel einer Frau, die in einer kleinen Stadt auf dem Lande wohnte: »Sie konnte kaum sehen, was um sie war und hatte sehr wenig Geld. Eine gütige Freundin führte sie zu einem Augenarzt und schenkte ihr die Brille, die sie befähigte, ganz normal zu sehen. Kurze Zeit darauf traf sie die Frau ohne Brille auf der Straße. Sie rief aus: »Wo ist Ihre Brille?« Die Frau erwiderte: »Nun, Sie werden doch nicht von mir erwarten, dass ich sie abnütze, indem ich sie jeden Tag verwende, nicht wahr? Ich trage sie nur am Sonntag.«

Du musst im Jetzt leben und für deine Gelegenheiten hell wach sein.

»Denn siehe, ich will ein Neues machen, jetzt soll es aufwachsen, dass ihr erfahren werdet, dass ich einen Weg in der Wüste mache und Wasserströme in der Einöde.«

Diese Botschaft ist für den Einzelmenschen bestimmt; denke an deine Aufgabe und wisse, dass die unendliche Intelligenz den Weg der Erfüllung kennt. Ich sage ein »Weg«, denn ehe du riefst, wurde dir geantwortet. Die Versorgung geht immer der Bitte voraus. Gott ist der Geber und die Gabe und schafft nun seine eigenen wunderbaren Wege.

Wenn du gebeten hast, dass sich der göttliche Plan deines Lebens offenbaren möge, bist du davor geschützt, Dinge zu erhalten, die nicht im göttlichen Plan sind.

Du denkst vielleicht, dass dein ganzes Glück davon abhängt, ob du etwas Besonderes in deinem Leben erhältst, später dankst du Gott, dass du es nicht erhalten hast.

Manchmal bist du versucht, dem überlegenen Verstand zu folgen und mit deiner Intuition zu hadern, doch plötzlich stößt dich die Hand des Schicksals an deinen richtigen Platz. Durch den Stoß findest du dich wieder auf dem zauberhaften Pfad.

Du bist nun hell wach für dein Gutes, hast Ohren, zu hören (deine intuitive Führung), und Augen, die die offenen Wege der Erfüllung sehen.

Der Geist in mir ist befreit. Ich erfülle jetzt meine Bestimmung